ALLAH BÜYÜK

© 2017, AZ Kitap
© Bu kitabın her türlü yayın hakları Fikir ve Sanat Eserleri Yasası gereğince AZ Kitap'a aittir.

T.C. Kültür ve Turizm Bakanlığı Sertifika No: 27414

AZ Kitap: 150
Din ve Yaşam: 5

Yayın Yönetmeni: Mehmet Zekai Küpçük
Yayın Koordinatörü: Selçuk Alkan
Editör: M. Endülüs Özbay

Kapak Tasarım: Murat Karanfil
İç Tasarım: Yeliz Yıldız Karasakal

Baskı: İnkılap Kitabevi Baskı Tesisleri
Çobançeşme Mah. Altay Sk. No: 8
Yenibosna – Bahçelievler / İstanbul
Tel: 0212 496 11 11
Sertifika No: 10614

ISBN: 978-605-9272-67-4

2. Baskı: 2017

internet: www.azkitap.com
e-mail: az@azkitap.com

AZ Yayıncılık Hiz. San. Tic. Ltd. Şti.
İkitelli Organize Sanayi Bölgesi, Heskop San. ve Tic. Mrkz.
M5 Blok, No: 77, İkitelli-Başakşehir-İSTANBUL
Tel - Faks: 0212 512 86 64

ALLAH BÜYÜK

FERUDUN ÖZDEMİR

A'dan Z'ye İyi Kitaplar

FERUDUN ÖZDEMİR

Yazar 1975 Hatay Kırıkhan doğumludur. Çok küçük yaşlarda başladığı basın yayın hayatını hâlen TRT'de sürdürmektedir. Türkiye'nin iki ulusal radyosunun kuruluşunda görev almış (Radyo7, Marmara Fm) ve Türkiye'nin en çok dinlenen radyo programlarına imza atmıştır. İki albüm çıkarmıştır. Ulusal televizyonlarda ilgiyle izlenen birçok TV programının yapımcılığını ve sunuculuğunu yapmıştır. Yazar sosyal medyanın en güçlü sosyal grubu olan #EKiP'in kurucusu ve başkanıdır. Yayınevimizden "Allah Var Problem Yok", "Allah De Kalbim", "Bu Da Geçer Ya Hu" ve "Tankları Durduran Ebabiller" isimli kitapları yayımlanmıştır.

Söyleşi ve Seminerler İçin Yazar İletişim:
WhatsApp: *0535 640 16 16*

İletişim: www.ferudunozdemir.com.tr
ferudun@allahvarproblemyok.com
www.twitter.com/FerudunOzdemir
www.facebook.com/ozdemirferudun
www.instagram.com/ferudunozdemir

İÇİNDEKİLER

GİRİŞ 9

Bölüm Bir
DERDİN ÇOK AMA ÜZÜLME: ALLAH BÜYÜK! ... 11

Dünyanın en büyük derdi kimde? 13
Yüce Allah'ın (c.c.), O'na sığınıp yardım isteyenlere
vaadi vardır 17
Rabbimiz, her an her yerde ve bizleri görüp gözetir 21
Allah (c.c.) bize şah damarımızdan daha yakın 24
Kimsenin görmediği bir yer 34
Ben Allah'a müracaat ederim 47
Allah'ın dostları vardır 48
Allah'ın Sevdiği Kullar 56
Allah'ı (c.c.) tefekkür etmek de bir ibadettir 57
Allah'ın Cevabı 60
Nereye bakarsanız bakın; O'nun eserini görürsünüz 61
Allah'ın Eşsiz Detay Sanatı: Altın Oran 65
Kulak Havadaki Ses Dalgalarını Nasıl Toplar? 67
İnsan Yüzünde Altın Oran 69
DNA'da Altın Oran 70
Deniz Kabuklarındaki Düzen 71
Kar Kristallerinde Altın Oran 72
Allah adildir 73
Beni niye ziyaret etmedin? 74
Allah hem Hâkim'dir, hem Kadir'dir, hem Mürid'dir 75
Dene ama başaramazsın 77
Her boyutta O var! 77
Asıl Öğrenilmesi Gereken İlim 86
İnsan, aklıyla Allah'ı bulabilir mi? 89
Zaman Mefhumu 91

Bölüm İki
TEK SAHİBİMİZ ALLAH; KALPLERİMİZE FERAHLIK VEREN, BİZİ GÖRÜP GÖZETENDİR 101

Kabağın Sahibi 101
Kalpleri Ferahlatan Yalnızca Allah'tır 103
Allah'ın Zatı Mutlaktır 109
Zaman'ı Yaratan O'dur 112
Kalbin Hakiki Sahibi 119
Marconi'ye ziyaret 120
Allah bizi niçin yarattı? 125
Einstein ve Paralel Evrenler 128
Belirsizlik İlkesi'nin Düşündürdükleri 129
Young Deneyi 131
Özel Görelilik Kuramı 134
Genel Görelilik Kuramı 138
Olasılıklar Dalgası 144
Radyoaktif Işınımlar 146
Madde Olmayan Madde (Anti Madde) 149
Newton Fiziği - Kuantum Fiziği 153
Her Şeyin Aslı Tek'de Birleşiyor 155
Evren, olasılıklar bütünüdür 160
Allah insanlarla konuşur mu? 162
Levh-i Mahfuz 164
Kaza-i Muallâk ve Kaza-i Mübrem 167
Muhteşem Bir Evrende Yer Almaktayız 171
İnsandaki sanat O'nun eseri 179
Yaratılış Mucizesi 192
İnsandaki muhteşem bir sanat eseri: Endokrin Sistem ... 213
Hipofiz Arka Lobunun Hormonları 218
Lotus çiçeğinde O'nun sanatı 224
Bir sanat örneği daha: Buzsuz kutup bölgeleri 226

Bölüm Üç
**KALPLER ANCAK ALLAH'I ANMAKLA
HUZUR BULUR** 233
O (c.c.) dilerse, her şey olur 233
Sıkıntıdan kurtulmak için elbette sebeplere
yapışmak gerekir 236
Sıkıntıları giderip ferahlık sağlayan dualar 240
Madde Ötesi Boyutlarda İnsan 241
Her şey İnsan'ın hizmetine verilmiş 260
Allah Gönderdi 262
Allah'ın 99 güzel ismi (Esma-ül Hüsna) 264

SON SÖZ *300*

GİRİŞ

Dünyada en büyük şey nedir sizce? Bulutlar mı, ovalar mı, denizler mi, okyanuslar mı, dağlar mı, çöller mi? Dünya dışında Güneş mi, gezegenler mi, Samanyolu mu, hangisi daha büyük? Sonsuz kâinatı düşününce dünyamız, okyanusta bir damlacık kadar değil mi? "Derdim var dünyadan büyük!" dediğimizde; bu derdimiz, sonsuz kâinatın uhdesinde ne kadar yer kaplıyor? Hepsini geçelim, haberdar olduğumuz bu sonsuz kâinat kadar, haberdar olamadığımız on sekiz bin âlemin yaratıcısı olan Allah'ın *(c.c.)* büyüklüğü karşısında "büyük" diyebileceğimiz ne kalır ki ortada? O halde dertlerimiz, acılarımız, kederlerimiz ne kadar büyük olursa olsun, kâinatın sahibi, bizi yaratan, ruhundan üfleyen, bize değer veren, dünyadaki canlı cansız tüm varlıkları insanın hizmetine sunan bir Rabbimiz olduğunu aklımızdan çıkarmayalım.

Borcumuz, derdimiz, yalnızlığımız, ağrılarımız, kederlerimiz, acılarımız, aldatılmışlığımız, ümitsizliğimiz, çaresizliğimiz, yenilmişliğimiz büyük olabilir. Ama bizim Rabbimiz var; bizi her an görüp gözeten, her an yaratmada olan, her an sonsuz sayıdaki hadiseleri var eden, yok eden, yeniden yaratan, düzelten, düzenleyen bilen, işiten... Herkesten, her şeyden büyük Allah var,

Allah'ımız var... Bunu bilen gönül dostları derler ya "Allah büyük!" diye...

İnsanız... Güzellikler kadar çirkinlikler, mutluluklar kadar acılar da yaşayabiliyoruz bu imtihan dünyasında... Bizim sığınacağımız tek kapı var: Allah'ın kapısı... Allah'ın kapısı, bildiğimiz maddi bir kapı değil, kalben ona yönelmemizle birlikte ruhumuza aralanan manevî, madde üstü, metafizik bir kapı... O kapıya kalben yönelenler boş dönmedi... En umutsuz anında Allah'a sığınanlar; ama gerçekten kalbiyle, ruhuyla, etiyle kemiğiyle, tüm benliğiyle, damarlarında akan kanla, hücreleriyle kendini O'na teslim edenler, bu dünyada da öte âlemde de huzura kavuştular. Tarih, bu tür ibretlerle doludur. Hz. İbrahim, ateşlere atıldığında Yüce Allah'ın emriyle, o ateş, serin ve selamet bir gül bahçesine dönmedi mi? Kuyularda, zindanlarda hapis kalan Yusuf, gün geldi devletin en yetkili yöneticilerinden biri olmadı mı? Hastalığın verdiği acıyla ızdırap çeken Hz. Eyüp, O'na sığındığında sıhhatine kavuşmadı mı? O hâlde derdimiz ne kadar büyük olursa olsun; aklımızdan çıkarmayacağımız parola şu olmalı: "Allah Büyük!"

Bölüm Bir

DERDİN ÇOK AMA ÜZÜLME: ALLAH BÜYÜK!

O'ndan başka büyük olmadığına göre, bize göre büyük olan her şey, O'nun huzurunda güdük kalır. Koskocaman dertlerimiz bile… Derdi veren Allah, bu dertle birlikte dermanı da yaratmıştır. Dermanı aramak bizden, istemek bizden; O'na yalvarmak, yönelmek, dua etmek, bizden, icabet etmek O'ndan… El-Muciyb ismi şerifinin sırrı da burada değil midir? Öyleyse ya Muciyb; Sen'den büyük hiçbir şey yoktur, Sen bizlere taşıyamayacağımız yük yüklemeyeceğini buyuruyorsun Kitap'ında… Yüklerimizi üzerimizden al, kalbimize huzur, sükûnet ver, hastalıklarımıza şifa, borçlarımıza eda fırsatı ver. Hangi derdimiz varsa Sana yöneldik, Sana sığındık Sen'den talep ediyoruz ya Rab! Kusurlarımız çok, sana karşı hamd ve şükürde, ibadette, kulluk görevlerinde eksiklerimiz çok, insanlar içerisindeki hâl, tavır ve davranışlarımızda kusurlarımız çok. Affet bizi ya Rab! Şafî ismi şerifinle hastalıklarımıza şifa ver. Sen el-Malik'sin, her şeyin sahibisin. Bize şah damarımızdan yakınsın, bizi bizden daha iyi bilir ve tanırsın. Dertlerimize deva ver ya Rab! Aldığımız her nefes için şükretmeye kalkışsak bile şükrederken aldığımız nefes için yine şükrümüzü sana tam olarak sunamayız.

Biz kuluz, aciziz, günahkârız, Sen Rahman ve Rahim'sin, Sana sığınır, Sen'den isteriz. Birisi bize yardım edecekse bu Sen'in iradenle olur. Bize gelen bir nimet varsa, onu Sen o kişiyle bize göndermişsindir. Sen'den başka sahip yok, terbiyeci yok, şifa veren yok, dert ortağı yok, Sen'den başka ilah yok ya Rab! Bu günahkâr hâlimizle bizi yine kabul et, ruh ve gönül kirlerimizden arınmada bizlere yardım et, Sen'in yolunda, Sırat-ı Müstakim'de kalmayı nasip eyle…

Bizi bize bırakma, nefsimize bırakma, Sen her şeye kadirsin, Sen affedicisin. Bizi, anamızı, babamızı, çocuklarımızı, tüm sevdiklerimizi, dostlarımızı, akrabalarımızı tüm Müslümanları ve hatta tüm insanlığı koru ve yardım et. Zalimlere hak ettiklerini bu veya öte âlemde vereceğine inanıyoruz. Bizi sapmışlardan değil, Sen'in yolunda olanlardan eyle… Şaşkınlardan, şaşırmışlardan, sapkınlardan, sapıtmışlardan eyleme, onlardan koru bizleri…

Sen dilersen olur, dilemezsen olmaz. Ya Rabbi; büyük kelimesi bile Sen'in adın anıldığında küçük ve güdük kalır. Sen büyüğün de büyüğü, ezel ve ebed olan yüce Rabbimizsin. Dertlerimizi Sana havale ettik, dualarımızı Sana yönelttik, ellerimizi Sana açtık, kalbimizi Sana açtık, nurunla aydınlat, huzur ver, şifa ver, deva ver, çare ver Yarabbi…

Dünyanın en büyük derdi kimde?

Yaşayan milyarlarca insanın her biri farklı bir yaşam tarzı geçiriyor. Hiçbirinin hayatı başkasının hayatına benzemiyor. Ama bir sorun yaşadıklarında, ya da bir zorlukla karşılaştıklarında her biri "dünyanın en büyük derdinin" kendilerinde olduğunu sanıyor.

Bazen bir sınavda başarısız olan, bazen istediği bir kıyafeti alamayan, bazen saçlarına istediği şekli veremeyen, zayıflamakta zorlanan, bazen hoşlanmadığı biri ile aynı iş yerinde çalışmak zorunda kalan insanlar büyük bir sıkıntı yaşadıklarını ifade ederler. Aynı şekilde, bir kişinin söylediği sözden kendince kötü anlam çıkaran, en iyi arkadaşı ile arasını açmış, günlük hayatta, bir olayda haksızlığa uğradığını düşünen, karşısındaki kişi hakkında şüpheye düşen, yeterince sevilmediğini ya da ona önem verilmediğini düşünerek dünyaya küsüp içine kapanan insanlar hayatlarının berbat olduğunu düşünürler. Günlerce dertlerini anlatırlar, ne kadar zarar gördüklerini, ne kadar zor durumda kaldıklarını ve ne kadar acı çektiklerini anlatırlar. Gün boyunca en çok bu konu ile meşgul olurlar. Akşam yataklarına uzandıkları zaman, yolda yürürken, arabada giderken, kahvaltı yaparken, kısacası, hemen hemen her yerde bu büyük dertlerini düşünürler.

Oysa açıktır ki, bunların hiçbiri dert değil. Genel olarak, insanların karşılaştıkları olayların hiçbiri dert değil. Ayrıca, eğer bu insanlar yaşadıklarından daha ağır sorunlarla karşılaşsalar bile, bunlar yine de hayatlarını berbat eden olaylar olmayacaktı. Ciddi bir sağlık sorunu, ağır bir depresyon, büyük borçlar, işsizlik ya da ağır çalışma koşulları, ailede yaşanan sorunlar da olabilirdi. Ama bunlar da insanların kendilerini dünyanın en dertli insanı olarak görmeleri için bir neden değil.

Yukarıdaki satırlar çok iddialı gibi oldu değil mi? Ya da, "Yazar efendi, senin tuzun kuru herhalde; bir de bizim çektiklerimizi çeksen!" diye söylenenler bile olmuştur, eminim. Ama inanın ki bu hayatta dört dörtlük bir düzen süren, tamamen mutlu, dertsiz, sıkıntısız bir insan yok. Hepimizin bir imtihanı var. Hepimizin, bazılarını içimize attığımız, kimseyle paylaşmadığımız, bazılarını ise dostlarımıza anlattığımız, bizzat acısını çektiğimiz dertlerimiz var. Bu satırları yazan kişinin de bir sürü derdi var. Ama olaya farklı bir bakış açısı getirmek istiyorum şimdi sizlere:

Her şeyden önce Kur'an ahlakını bilen bir insan için dünyada "dert" diye bir şey yoktur. Allah'ın hayır olarak yarattığı, hikmet dolu olaylar vardır. Allah'ın o kişinin imanını, Allah'a olan güvenini, sadakatini, güzel ahlakını sınamak için yarattığı sınavlar vardır. Bu konuda unutulmaması gereken en önemli şeylerden biri de şudur: Olumlu veya olumsuz gibi görünen tüm olaylar mümin için sadece hayırdır. Bunlar, onun ihtiyacı olan, onu en güzel şekilde eğitecek/terbiye edecek, ona en çok fayda sağlayacak, dünyada ve ahirette ona en güzel sonuçları kazandıracak olaylardır. Bunun yanı sıra, yaşadığı bir sıkıntı dolayısıyla kendisini dünyanın en büyük sorunuyla karşı karşıya zanneden bir insanın dünyanın diğer yerlerinde yaşayan Müslümanların neler yaşadıklarını düşünmesi de, kendi sorunlarının aslında ne kadar basit ve ne kadar kolay çözülebilir olaylar olduğunu anlaması için önemli bir vesiledir. Doğu Türkistan'da, Filistin'de, Irak'ta, Afganistan'da, Kırım'da, Kerkük'te, Suriye'de ve dünyanın daha birçok bölgesinde Müslümanların yaşadığı zulüm ve baskıları düşündüğümüzde, bizim dert dediğimiz şeylerin aslına kuru ve önemsiz olduğu daha net bir şekilde anlaşılacaktır.

İslam dünyasında devam eden çatışmalar, fitneler, baskı ve zulümler, binlerce masum Müslüman'ın hayatına mal olmuş, on binlerce insan sakat kalmış, milyonlarca Müslüman evsiz kalıp yurtlarından sürülmüş, birçoğu da sadece inançlarından dolayı hapis edilmişler. Doğu Türkistan'da sırf Müslüman oldukları için genç kızlar, çocuklar, yaşlılar çok büyük zulme maruz kalmanın yanı sıra, sebepsiz olarak idam ediliyor, tutuklanıyor, işkence görüyorlar.

Doğu Türkistan'da yaşanan olaylar, dünya Müslümanların yaşadıkları acıların ve sıkıntıların sadece bir parçasıdır. Doğu Türkistan gibi Filistin'de, Suriye'de, Irak'ta Müslümanlar katlediliyorlar, kendi topraklarında sürgün hayatı yaşıyorlar. Irak'ta yaşanan karışıklıkların ve ölenlerin ardı arkası kesilmiyor. Kerküklü kardeşlerimiz ölüm korkusuyla yaşıyorlar. Kırım'da Müslümanlar zorluklar altında varlıklarını sürdürmeye çalışıyorlar. Afganistan'da neredeyse her gün Müslüman kanı dökülüyor. Pakistan'da ise binlerce Müslüman kendi ülkesinde mülteci hayatı yaşıyor. Yakın geçmişte Bosnalı Müslümanlar tüm dünyanın gözü önünde, Avrupa'nın merkezinde acımasızca soykırıma maruz kalmışlardır.

Birçok ülkede hapishaneler, düşüncelerine ve inançlarına göre tutuklanmış Müslümanlarla doludur. Müslümanlar neredeyse bir yüzyıldır baskı altında acımasızca ezilmektedirler.

Böylece, sınavdan alınan başarısız sonuç, arkadaşı ona soğuk davrandığı, gideceği bir yere geciktiği ya da istediği bir şeyi alamadığı için büyük dert sahibi olduğunu düşünen insanların kendilerini bu insanların yerlerine koyarak durumlarını tekrar gözden geçirmeleri ve Allah'ın kendilerine lütfettiği nimetler için şükür etmeleri gerekir. Filistin'de sokakta bombardıman altında kalan, çatışmalarda analarını-babalarını kaybeden, kendine bakacak, büyütecek durumda olmayan, maruz kaldıkları kötü hayat şartlarına göre birçok hastalığa yakalanan, soğuk hava koşullarında giyecek kıyafetleri bile olmayıp sokaklarda yaşayan küçük çocukları düşünmelidirler. Güvenilir ve korunan bir yerde, sıcak bir evde, bir güzellik içinde yaşadıkları için Allah'a hamd etmelidirler. Müslüman kardeşlerimiz bu kadar zor, güvensiz ve tehlikeli bir hayat yaşarken, sırf bir gün, bir anlık sıkıntı yaşadılar diye, bütün bunları unutup kendi sorunlarına sarılmamalıdırlar.

Demeliyiz ki: "Ben de çok zor koşullarda yaşayabilirdim ve bunlardan daha büyük zorluklarla imtihan edilebilirdim. Allah'a hamdolsun. Benim bu kadar nimet içerisinde küçük bir şeyden şikâyet etmem, Allah'ın bana olan sonsuz lütuflarına karşı nankörlük olur." Ardından "Allah Büyük!" diyerek, içinde bulunduğumuz zorluklar ve tüm Müslümanların felaha kavuşması için dua etmeliyiz.

Allah kime ne şekilde bir deneme takdir etmişse, bu o kişi için en güzel olandır. Elbette, güzel ahlakla sabredenlerin ecrini Allah dünyada da ahirette verecektir.

Yüce Allah'ın (c.c.), O'na sığınıp yardım isteyenlere vaadi vardır

İnşirah Sûresi'nde Müslüman için her zorlukla beraber kolaylık olduğu haber veriliyor. Hastalığı yaratan Allah'ın şifayı da yaratması gibi, her zorluk beraberinde kolaylık getiriyor. Bu gerçek, Kur'an'da şöyle haber verilmiştir:

"Kuşkusuz, her güçlükle beraber kolaylık vardır. Kuşkusuz, her güçlükle beraber kolaylık vardır." **(İnşirah Sûresi, 5-6)**

Allah'ın bu desteğinin ve yardımının sadece gerçekten inananlar farkındadır. Onlar hayatları boyunca ne ile karşılaşırlarsa karşılaşsınlar, Allah'ın daima inananların yardımcısı olduğunu bilmenin getirdiği güven ve huzur duygusu ile hareket ederler. Allah'ın, kullarına şöyle bir vaadi vardır:

"Allah, sizin düşmanlarınızı daha iyi bilendir. Dost olarak Allah yeter! Yardımcı olarak da Allah yeter!" **(Nisa Sûresi, 45)**

Allah, insanın tüm yaşamı boyunca ona yardımcı olur. Tarih boyunca Allah inananlara çeşitli yollarla yardım etti. Bazen peygamberlerine mucizeler verip, bazen

Müslümanları görünmeyen ordular ve meleklerle, koruyucularla, hatta doğa olayları ile destekledi. Allah *(c.c.)* Fetih Sûresi'nde şöyle bildirir:

"Mü'minlerin kalplerine, imanlarına iman katıp-arttırsınlar diye, güven duygusu ve huzur indiren O'dur. Göklerin ve yerin orduları Allah'ındır. Allah bilendir, hüküm ve hikmet sahibidir. **(Fetih Sûresi, 4)**

"Göklerin ve yerin orduları Allah'ındır. Allah üstün ve güçlüdür, hüküm ve hikmet sahibidir." **(Fetih Sûresi, 7)**

Ayetlerden gördüğümüz gibi, göklerin ve yerin ordularının sahibi olan Rabbimiz'in inananlara desteği çok büyüktür. Kur'an'da Allah'ın inananlara yardımından bahsedildiği bazı ayetler şöyledir:

"Şüphesiz Biz elçilerimize ve iman edenlere, dünya hayatında ve şahitlerin şahitlik edecekleri günde yardım ederiz." **(Mü'min Sûresi, 51)**

"Ey iman edenler! Eğer siz Allah'a (O'nun dinine) yardım ederseniz, O da size yardım eder ve ayaklarınızı sağlamlaştırır." **(Muhammed Sûresi, 7)**

"Eğer Allah size yardım ederse, artık sizi yenecek yoktur. Eğer sizi yardımsız bırakırsa, ondan sonra size yardım edecek kimdir? Müminler Allah'a dayanıp güvensinler." **(Ali İmran Sûresi, 160)**

"Hayır! Allah sahibinizdir. O, yardım edenlerin en hayırlısıdır." **(Ali İmran Sûresi, 150)**

Tüm insanlar dünya hayatında Allah'a ve ahiret gününe olan inançları ile sınanır. Allah'ın yarattığı bu imtihanın bir gereği olarak dışarıdan bakıldığında kötülük edenler de, iyi olanlar da aynı şartlarda yaşıyor gibi görünürler. Oysa iman edenlerin yaşadığı hayat dini inkâr edenlerden çok farklıdır. Allah iman eden kullarına daima kolaylık yaratır, zor durumlarda bile mutlaka çıkış yolu gösterir. Bunlar, Allah'ın açık yardımlarıdır. Kur'an'da Allah'ın kullarına ummadıkları yollarla yardım edeceği, onlara destek ve kolaylık yaratacağı da haber veriliyor. Ahzab Sûresi'nin 9. ayetinde bu yardım; "Rüzgâr ve sizin görmediğiniz ordular" şeklinde tarif edilmiştir. Bir başka ayette ise Rabbimiz'in insanlara "koruyucular" *(Enam Sûresi, 61)* gönderdiği bildirilmiştir.

Allah'ın yardımları inananlara çeşitli şekillerde tezahür etmektedir. Bunlardan birisi, meleklerin zor zamanlarda müminlerin yardımına gönderilmesidir. Allah *(c.c.)* Kur'an'da Peygamberimiz *(s.a.v.)* döneminde yaşanmış bir olayı örnek vererek şöyle bildirir:

"O zaman müminlere (şöyle) diyordun: 'Rabbinizin, indirilen meleklerden üç bini ile size yardım etmesi, size kâfi gelmiyor mu? Bilâkis, eğer siz sabrederseniz ve takva sahibi olursanız ve onlar size aniden gelirlerse (saldırırlarsa), Rabbiniz bu nişaneli meleklerden beş bini ile size yardım eder. Ve Allah, onu (bu yardım vaadini), size müjde olması ve kalplerinizin onunla tatmin olmasından başka bir şey için yapmadı. Yardım ancak, Azîz ve Hakîm olan Allah'ın katındandır." **(Ali İmran Sûresi, 124-126)**

Allah'ın dilediği kuluna dilediği şekilde yardım edeceğini bilen müminlerin en zor anlarda dahi içlerinde güven ve huzur hissi olur. Bu ruh hâli içinde manevi yönden çok güzel bir hayat yaşarlar.

Yüce Allah *(c.c.)* Fetih Sûresi'nde müminler üzerinde yarattığı manevi desteği şöyle haber verir:

"Müminlerin kalplerine, imanlarına iman katıp-arttırsınlar diye, güven duygusu ve huzur 'indiren O'dur. Göklerin ve yerin orduları Allah'ındır. Allah bilendir, hüküm ve hikmet sahibidir." **(Fetih Sûresi, 4)**

Allah *(c.c.)*, sıkıntı sırasında samimi olanların kalplerine güven ve huzur duygusu yerleştirir ve bu manevi desteğin sonucunda müminler huzur, güven ve kararlılık duygusunu yaşarlar.

Aslında bu huzur ve güven duygusu, müminlerin tüm yaşamlarına hâkimdir. Allah'a ve ahirete iman eden insanlar Allah'ın, her şeyin tek hâkimi olduğunu bildikleri için zaten hiçbir olay karşısında paniğe kapılmaz, hüzne ve sıkıntıya düşmezler. Sonsuz merhamet sahibi olan Rabbimizin her şeyi kendileri için en hayırlı şekilde, ahiretlerine en yararlı olarak yarattığını bilirler. Karşılaştıkları zorluk ne kadar büyük görünse de, sonuçta geçici olduğunun bilincindedirler. Çünkü dünya hayatının, ahiretin yanında çok kısa olduğunu unutmazlar. Ömür boyu sıkıntı çekse bile, tevekkül ve güzel ahlakla geçirilen ömrün sonunda kişinin sonsuz cennet hayatında alacağı karşılık kuşkusuz benzersiz olacaktır. Cennette müminler üzüntü, yokluk, bıkkınlık, zorluk yaşamayacak, aksine sonsuz güzellikler içinde nefislerinin arzu ettiklerinin tümüne kavuşacaklardır. Bu gerçeğin bilincinde olmak iman eden insanın her olaya sarsılmaz tevekkülle yaklaşmasına sebeptir. Bunun manevi huzur ve sevinç duygusu da dünyadaki en büyük nimetlerden biridir.

Unutulmamalıdır ki, tüm kalpler ve tüm güç Allah'ın elindedir. Allah dilediği an dilediği olayı, dilediği şekilde yaratır. Huzur ve güven arayan insan, Allah vermedikçe hiçbir şekilde bunu elde edemez. Her işinde Allah'a yönelen, her işinin karşılığını sadece Allah'tan bekleyen insan daima Allah'ın yardımını ve desteğini çeşitli yollardan elde eder.

"Hayır! Allah sahibinizdir. O, yardım edenlerin en hayırlısıdır." **(Ali İmran Sûresi, 150)**

Kargaşa içinde olabilir, üzüntü, sıkıntı, kıskançlık, ümitsizlik, kin, nefret gibi duygular hayatımızın büyük bölümünü kapsayabilir. Bu karanlık ruh hâli, sonsuz güç ve kudret sahibi olan Rabbimiz'e teslim olunca bir anda ortadan kalkar. Ayette bu durum "karanlıklardan aydınlığa çıkma" olarak ifade edilir:

"Allah, inananların dostudur, onları karanlıklardan aydınlığa çıkarır. İnkâr edenlerin velileri ise tağuttur, onları aydınlıktan karanlıklara çıkarırlar. Onlar ateş halkıdır, orada sürekli kalacaklardır." **(Bakara Sûresi, 257)**

Rabbimiz, her an her yerde ve bizleri görüp gözetir

De ki: "Eğer Rabbimin sözlerini yazmak için deniz mürekkep olsa, Rabbimin sözleri tükenmeden önce, deniz muhakkak tükenecekti, bir mislini daha yardımcı getirsek bile." **(Kehf, 109)**

Yeryüzünde nereye dönersen dön, nereye gidersen git, nereye eğilirsen eğil, nereden kalkarsan kalk! Hatta ve hatta yeryüzünü aş da Ay'a, Güneş'e ya da herhangi bir gezegene doğru yol al! Hiç fark etmez... Şu kâinatı Yaratan'ın sanatından emareleri her yerde göreceksin. Makro dünyalara çıkabildiğin kadar mikro dünyalara da inebildikçe muhteşem sanat eserlerinden birçoğuna şahit olacaksın. Bu evreni yaratan yüce Allah, yarattığı her şeyde, canlı cansız ya da bilmediğimiz başka maddelerde ve her şeyde kendini sanatıyla gizlemiştir. İnsana da akıl ve beyin vermiştir ki şu evreni keşif yolculuğuna çıksın, düşünsün, taşınsın, akletsin, ibret alsın diye... Kur'an'ın birçok yerinde "düşünmez misiniz, akletmez misiniz" diye soruyor yüce Rabbimiz... Sonra ekliyor "ibretler vardır, nice ayetler vardır" diye...

Kim demiş ki yüce Allah bizim düşünmemizi istemiyor diye? Bilakis, kitabında "düşünün, akledin" diyor ve hatta öncelikle "okuyun" diyor... Bunları yapın ki, sizi bu dünyaya getiren gücün ne kadar büyük ve hatta "büyük" kelimesinin bile aciz kaldığı bir büyüklükte olduğunun farkına varın... Bizler de onun birer sanat eseriyiz... Gözümüz ayrı bir evren, kulağımız, burnumuz, derimiz, tenimiz, beynimiz, dokularımız, moleküllerimiz, atomlarımız, her biri ayrı birer dünya... Her biri, birbirine bağlı bir sistem üzere ayrı bir sistem... Her birinin detaylarına girdiğinizde kaybolacağınız derin ve gizemli bir dünya var... On sekiz bin âlem var... Uyurken hormonlarınızı ya da kalp atışınızı ya da nefes alışınızı kontrol edebiliyor musunuz? Hepsi O'ndan, yüce

Allah'tan aldığı ilhamla çalışmaya devam etmekte; ta ki onlara verilen yaşam süresinin bitimine kadar...

Bir kuşun ötüşü, vahşi, bir kaplanın yavrusuna olan şefkati, balıklar, kelebekler, arılar, karıncalar, gökyüzündeki bulutlar, denizler, nehirler ve Güneş... Günbatımının ihtişamı, gündoğumunun ihtişamı... Şelalelerin azameti, dağların ürpertici cüssesi... Bir kuzunun meleyişi... Evet... Bakın... Bakın ve görün ki, O, her şeyde kendi muhteşem sanatından birer katre emare gizlemiş bu güzelliklere... Sonra madde içlerine doğru gidin... Moleküllerin dizilişine, atomların birer sanat nizamında dizilişine, bir kar tanesinin o sanatvarî kristal yapısına bir bakın... Allah her yerde... "Her yerde" derken, ona mekân tayin edemeyiz tabi ki... O, mekândan münezzeh olmakla birlikte, sonsuz bir gücü, sonlu ve sınırlı olan aklımız ve dilimizle tarif etmeye kalkışınca böyle oluyor... Gerçekte onun ilmi her yeri kapsamış ve kuşatmıştır... Onun ilminin olmadığı, bilmediği, haberdar olmadığı, duymadığı, göremediği hiç bir şey yoktur... Her bir zerre, hem dünyada ve hem uzayda, hem bildiğimiz ve hem de bilmediğimiz zaman ve mekânlarda, onun emrinde, ondan aldığı ilhamla yaşam yolculuğunda seyr etmekte... Onun ilmi, bilgisi ve izniyle ne yapacaksa onu yapmakta... Böyle yüce bir sanatkârın sonsuz sanat eserlerinden sadece birisiyiz biz... Ancak en çok önem ve değer verdiği, ona akıl, beyin ve konuşma niteliklerini hediye ettiği ve yeryüzünde onun temsilcisi olarak bir unvan verdiği ve böylece yaratıklarının en şereflisi ve en üstünü olma potansiyellerini ektiği birer sanat eseriyiz biz... Ama hakkını verirsek... Biz eşref-i mahlûkat potansiyelini veren yüce Allah'a hamdolsun... Ama eğer insan sapıtırsa, esfeli safilin, yani aşağıdan daha aşağı olur; olursa, bunu ona Allah yaptırmamıştır, bu onun kendi tercihidir. Allah kimseye zulmetmez... Kişi seçimini yapar ve o seçime göre Allah yaratır...

Allah (c.c.) bize şah damarımızdan daha yakın

"Andolsun, insanı biz yarattık ve nefsinin ona verdiği vesveseyi de biz biliriz. Çünkü biz, ona şah damarından daha yakınız." **(Kaf, 16)**

Bir aleti, bir mekanizmayı yapan kişi, onun tüm özelliklerini bilir. Ama gerçekte o kişi, o alet ya da mekanizmanın yaratıcısı değildir. Çünkü o makinenin malzemelerini yoktan var etmemiştir. Olsa olsa, onları bir araya getirmiştir. Tabi, bunda epey zahmet çekmiştir, yorulmuştur, kafa beyin patlatmıştır. Emeği vardır hani... Ama yaratıcı değildir. Var olan, daha önce yaratılan gereçleri, malzemeleri bir araya getirerek bir kombinasyon oluşturmuştur. Buna rağmen, o makinenin her bir köşesinde, o mucidin parmak izi ve beyninin emeğinin emareleri yer alır. Teşbihte hata olmaz diyerek böyle bir örnek ten yola çıktık... Peki, her şeyin, görünenin, görünmeyenin, bilinenin, bilinmeyenin yaratıcısı olan Allah, yarattıklarının en gizli sırlarını nasıl bilmez? Ve yarattıklarına dikkatlice bakıldığında O'nun sanatının inceliklerini ve emareleri nasıl görülmez? Yaratılan insanın tüm sırrının ilmi, Allah katındadır. O, insanın söylediğini, söylemediğini, sakladığını, saklamadığını, açığa vurduğunu, vurmadığını ve hatta kendi kontrolü dışında gerçekleşen solunum, sindirim, dolaşım kadar, alyuvarlarının, akyuvarlarının en küçük cüzüne kadar olan her şeyi, her faaliyeti, her olayı bilir. Dolayısıyla O, bize şahdamarımızdan daha yakındır. Ne yaparsak yapalım, ne düşünürsek düşünelim; bu Allah'ın haberi dâhilindedir.

"Çünkü onun sağında ve solunda oturan, her davranışı yakalayıp tespit eden iki melek vardır. İnsan hiçbir söz söylemez ki, yanında gözetleyen, dediklerini zapt eden bir melek hazır bulunmasın."(Kaf, 17-18)

Allah'ın ilmi ve sanatı her şeyi kuşatmıştır. Bir çiçeğe, bir ağaca, bir kuşa baktığınızda o muhteşem sanat harikalarını görmemek mümkün değil.

Allah'ın sanatı her yerde tecelli ettiğine göre, Allah'tan uzak, Allah'ın sanatını aksettirmeyen hiçbir şey yoktur gerçekte. Bu gözler Allah'ı göremez. Çünkü yaratılan ve sınırlı olan bir varlık, sonsuz güç sahibi Zat'ı görebilecek kapasitede değildir. Hz. Musa *(a.s.)* Allah'ı görmek istedi bu gözlerle. Ama Allah, bir dağa tecelli etmeye başladığında dağ paramparça oldu. O sonsuz güç ve kudretin azametine dağ dayanmadı, bu gözler, bu aciz beden nasıl dayanır? Tabi Allah dilerse dayanır. Peygamber Efendimize bu, Miraç'ta nasip oldu. Ama yüce Allah, her şeyi bir sebebe bağlamış, eşyaya ait bir tabiat mekanizması yaratmıştır. Dolayısıyla bu sebepler çerçevesinde, bizler Allah'ın yarattığı bir Güneş'e bile doğudan bakamazken, gözlerimiz kamaşır ve yanarken, nasıl olur da bu çıplak gözlerle O'nu temaşa edebiliriz?

Maddesel varlıklar Allah'ı göremezler, ama Allah, kendi yarattığı maddeyi her şekliyle görür. Yani biz Allah'ın varlığını gözlerimizle algılayamayız. Ama Allah bizim içimizi, dışımızı, bakışlarımızı, düşüncelerimizi tam olarak kuşatmıştır. O'nun bilgisi dışında, tek bir söz söyleyemeyiz, hatta tek bir nefes dahi alamayız.

Amerikan Beyin Cerrahları Birliği tarafından "yüzyılın adamı" seçilen ve Harvey Cushing ile beraber 20. Yüzyıl'ın en önemli nöroşirüji uzmanı olarak nitelenen Beyin Cerrahı Prof. Doktor Gazi Yaşargil diyor ki:

"Okuduklarım ve bildiklerimle baktığımda makro ve mikro kozmosta gördüğüm mükemmellik karşısında şaşkın durumdayım. O zaman diyorsunuz ki, akıllı bir yaratıcı var. Akıllı yaratıcı, Allah... Düşünün ki insan hayatı kısacık. Dünya milyarlarca yıldır var. İnsan, en fazla 120 yıl yaşayabiliyor. İnsan toz parçası bile değil. Dalga içindeki bir damla...

Beynimiz hakkında pek az şey biliyoruz. Beyin çok değişik hücrelerden yapılmış. Yapısı ve işlevleri ise muazzam... Bizim 1,5 kilogramlık beynimiz, içindeki 1 trilyonluk hücresiyle makro kozmos ile mikro kozmosu kavrayabiliyor. Hem evreni, hem de hücre içini kavramamız, algılamamız ilginç. Bunu hiçbir hayvan algılayamıyor. Beyin beni şaşırtıyor...

Dünyada 6 milyar insan içinde 10 milyon çocuk belki de piyano dersi alıyor. Ama içlerinden belki sadece 10 tane kabiliyet çıkacak. Beyinde kabiliyet meselesini bilemiyoruz. Futbol ya da basketbol oynamak çok zor bir şey değil. Ama topla oynamakta bile kabiliyet söz konusu. Hafıza, zekâ, hepsi beyinde nerede, bilmek istiyoruz..."

Allah'ın bize gösterdiği algıları seyrederken, yani hayatımızı sürerken de bize en yakın olan varlık, Allah'ın kendisidir. Kur'an'da yer alan *"Andolsun, insanı Biz yarattık ve nefsinin ona ne vesveseler vermekte olduğunu biliriz. Biz ona şah damarından daha yakınız."* **(Kaf Sûresi, 16)** ayetinin sırrı da bu gerçekte gizlidir. Bir insan kendi bedeninin aslıyla muhatap olduğunu zannettiğinde ve gördüğü her anın zihninde gerçekleştiğini düşünmediğinde, bu önemli gerçeği kavrayamaz. Çünkü "kendi" zannettiği yer beyniyse, dışarısı olarak kabul ettiği yer kendisine 20-30 cm gibi belirli bir uzaklıkta olur. Ama maddenin sadece beynindeki kopyasıyla muhatap olduğunu kavradığında, artık dışarısı, içerisi, uzak, yakın gibi kavramlar anlamsızlaşır. Allah kendisini çepeçevre kuşatmıştır ve ona "sonsuz yakın"dır.

Asla zatını kavrayamayacağımız, ama isim ve sıfatların tecellilerini kâinatta mutlaka bulabileceğimiz Yüce Allah'ımızın bizi muhatap kabul edip, bize kitap göndermesi eşsiz bir nimettir. Kur'an'ı okurken, insan bir noktaya gelir ki, Cenab-ı Hak'la konuşur gibi olur. Ayetler bizzat ona ait olduğu için ağızdan çıkan her kelime O'nun emir, müjde ve yasaklarının yeniden canlanmasına vesile olur. Her bir kelimeye karşılık olarak yaratılan güzel ruhlar ve melekler, hadislerin ifadesiyle kıyamete kadar o güzel kelimeyi zikreder ve sahibine sürekli sevap yazılır.

Âlemlerin Rabbi olan Allah, bir lütuf eseri olarak kullarıyla konuşmuş ve onlara kitaplar göndermiş. O da yetmemiş izah etmesi ve yaşantısıyla da birebir örnek olması için peygamberler göndermiş. Bazı vaatlerde ve uyarılarda bulunmuş, ta ki insanoğlu imtihanını başarıyla verebilsin.

Diğer taraftan Allah'ın mahlûkatıyla konuşması vardır. Allah, ezelî ve ebedî kelâm sahibidir. Peygamberlerine vahiy gönderdiği gibi, mahlûkâtıyla da ilham yoluyla konuşur, mahlûkatının her ihtiyacını onlara ilham yoluyla bildirir, onlara imdat eder. Kullarının kalbine dilediği bilgileri ilhamla aktarır, doğruları ilham eder.

Allah, peygamberleriyle vahiy yoluyla konuşur. Hz. Musa *(a.s.)*'nın Tûr Dağı'nda vahye mazhar kılınışını ve Allah'ın kelâmına muhatap oluşunu Kur'an'da şöyle buluruz:

"Musa, tayin ettiğimiz vakitte gelince, Rabbi onunla konuştu." **(Arâf Sûresi, 7/143)**

Bir sonraki ayet:

"Ey Musa! Seni gönderdiklerimle ve konuşmamla insanlar arasından seçtim." **(Arâf Sûresi, 7/144)**

Bir başka ayette şöyle buyurulur:

"Bir kısım peygamberleri sana daha önce anlattık. Bir kısmını ise sana anlatmadık. Allah, Musa ile gerçekten konuştu." **(Nisâ Sûresi, 4/164)**

Şu ayet de, Cenâb-ı Hakk'ın kullarıyla konuşmasının keyfiyeti hakkında bize bilgi vermektedir:

"Allah, bir insanla ancak vahiy suretiyle veya perde arkasından konuşur. Yahut bir elçi gönderir; izniyle dilediğini vahyeder." **(Şura Sûresi, 42/51)**

İlhamlar da Allah'ın çok perdelerden geçmiş konuşmalarıdır. Fakat vahiy kadar gölgesiz ve sâfî değildir. Saîd Nursî Hazretlerine göre, ilhamların husûsiyet ve külliyet cihetinde çok çeşitli dereceleri vardır. En cüzi olanı ve en basiti hayvanların ilhamıdır. Onlardan biraz yüksek, avam insanların ilhamları gelmektedir. Sonra sırayla ilhamlar, avam melâikenin ilhamları, evliyâ ilhamları ve melâike-i izam ilhamları tarzında derece derece yükselmektedir. İlham sırrına binaen her bir veli kalbinin telefonuyla: *"Kalbim benim Rabbimden haber veriyor."* diyebilmektedir. **(5. Sözler, s. 124)**

İmam Ahmet'in rivayetine göre Resûlullah der ki: 'Şüphesiz bir kişi yüce Allah'ı hoşnut edecek bir kelime söylediği zaman, bu kelimenin nereye ulaşacağını tahmin bile edemez. Yüce Allah o söz sayesinde o kişiye, kendisine hoşnut olarak kavuşacağını yazar. Ve şüphesiz bir kişi de yüce Allah'ı öfkelendirecek bir kelime söylediği zaman onun nereye ulaşacağını tahmin edemez. Bu söz nedeni ile Allah Teâlâ o kişiye kendisine öfkeli olarak kavuşacağını yazar." **(Tirmizi)**

Fahrür-Razi'nin ifadesine göre; Allah, ilmi ile insana damarındaki kandan daha yakındır. Çünkü damara bir engel vardır. O, ona gizli kalabilir. Fakat Allah'ın ilmine engel mümkün değildir. Buna şu mânâ da söylenebilir: "Kendisinde kudretimizin eşsizliği itibarıyla biz ona habli verid'den daha yakınızdır. Emrimiz, onda damarlarındaki kanın akışı gibi cereyan eder." Keşşaf sahibi de şöyle der: "Biz ona daha yakınız." ifadesi mecazdır, maksat ona ilminin yakınlığı ve ondan ve durumlarından bilgisine, sanki zatı yakınmış gibi, en gizli şeylerinden hiçbirisi gizli kalmayacak, bir şekilde ilgili olmasıdır. Nitekim Allah her yerdedir, denilir. Hâlbuki Allah, makamlardan yüce ve münezzehtir. Bundan anlaşılan mecaz denilmesinin sebebi, sözlükte yakınlık ve uzaklık mekân ve mesafe itibarıyla isimlerde hakikat olduğu ve Allah'ın zatında mekân yakınlığı tasavvur olunamayacağı içindir.

Kadı Beydâvî ile Ebu's-Suud da bunu bir nükte ilavesiyle özetlemişler de şöyle demişlerdir: Yani "Biz onun halini ona habli veridden daha yakın olandan daha iyi biliriz." demektir. Zatın yakınlığı ile ilmin yakınlığına mecaz yapılmıştır. Çünkü o onun gerekçesidir." Görülüyor ki bu ifadede "Ona daha yakın olandan" diye bir "mufaddalün aleyh" takdir olunmuştur. Çünkü akreb (daha yakın), âlem (daha iyi bilmek) mânâsına mecaz olunca habli verid, ilim itibarıyla "mufaddalün aleyh" olamaz. Şu halde o "olan kimse" kim? O ya kendisinden kinayedir, bu şekilde habli veridden maksat, kendi şahsı olup mânâ "onu kendisinden daha iyi biliriz" demek olur. Yahut zikredilecek meleklerdir ki, bu durumda o hafaza meleklerinin de, ona habli verid'den daha yakın olduklarına fakat Allah'ın onlardan daha yakın olduğuna dikkat çekilmiş oluyor ki, bu mânâ, ayetin kendinden sonraki kısma bağlanmasından çıkarılır. Alûsî burada vahdet ehlinin (vahdet-i vücud görüşünde olanların) sözleri hal sahibi olmayanlar için zor anlaşılır şeylerdendir, demiştir.

Muhyiddin-i Arabî, Fütuhat-ı Mekkiye'sinin Esma-i Hüsnâ babında "Akreb" ism-i şerifinde şu sözleri söyler:

"*En yakın olanın huzuru, huzurların en yücesidir. O huzur, keşif ehli için zat iledir. O huzur, hakkında günahkâr denilen kimse hakkında içinde uzaklık bulunan bir yakınlıktır. Bu huzurun sahibine en yakın olanın kulu ve yakının kulu denilir, çünkü o Aziz ve Celil olan Allah bize habli veridden daha yakındır. 'Ben yakınım. Dua edenin duasına icabet ederim."* **(Bakara, 2/186)** buyurmuş. *'Şüphesiz ki o hakkıyla işitendir, yakın olandır.'* **(Sebe, 34/50)** buyurmuştur. Peygamber *(s.a.v.)* Efendimiz'in haber verdiği gibi Arş'tan dünya semasına inişiyle yakındır, daha yakındır. Çünkü nerede olsak bizimle beraberdir. Onun için "Karib" (yakın), "Akreb" (daha yakın) isimleriyle isimlendirilmiştir. O, bize bizden daha yakındır. Çünkü habli verid, bizdendir ve damar bize bitişiktir. O ise ondan da yakındır. Çünkü bitişme ancak O'nunladır. İşitmemiz, görmemiz, ayağa kalkmamız, oturmamız, istememiz, hükmümüz O'nunladır. Bu hükümler ise habli veridde yoktur. Demek ki, o bize habli veridden daha yakındır. Çünkü bizden habli veridin gayesi diğer damarların durumu gibi hayat hükmünün akışı ve kanların yolu olmasından ibarettir. Sonra Allah Teâlâ bize de kendisine yakınlığı emretti. Çünkü biz O'nun sureti üzere mahlûkları olduğumuz cihetle bizi emsal menzilesine koydu. Hâlbuki iki misil zıttırlar. Zıt ise, zıt olduğu şeye bizzat nefsindeki sıfatlarda ortak oluşundan dolayı gayet yakın olmakla beraber aynı zamanda gayet de uzaktır. Kulda böyle ilâhî irade ile Allah'tan uzaklık meydana gelmekle Allah Teâlâ kendisine yakınlık yollarını meşru kıldı ki, bu uzaklık ile beraber yapılması meşru kılınan fiilleri yapmakla o onun kulağı, gözü ve bütün duyguları olana kadar bu şekilde kul zillet ve ihtiyacından dolayı ona zıttır. Ve onun için meşru kılınan şeylerde zillet ve ihtiyacı sebebiyle fiilin ona isnadı sahih olmuştur da kendisine nispet edilen fiil ile ona yakınlığa yol bulmuş ve dolayısıyla Hak Teâlâ'nın "Ben onun kulağı ve gözü olurum." diye onun bütün hüvviyetiyle bütün duyguları olduğunu haber verdiği yakınlık ile yaklaşmıştır. Bundan da daha yakın olunca artık olmaz, (Abid kâin olmaz) çünkü "Kulağı, gözü ve dili" buyururken zamiri kula göndermekle kulun aynını tesbit etmiş ve O "tıpkı kendisi" olmadığını ispat buyurmuştur. Çünkü o ancak kuvvetleriyledir "tıpkı kendisidir." Kuvvetleri onun zatî tarifindendir. O olmayış "Attığın zaman sen atmadın fakat Allah attı." *(Enfal, 8/17)* buyurduğu gibidir ki, o zaman suret ve mânâ ikisi de Allah'ındır, hepsine sahip olmuş, tamamen aynı olmuştur. Artık kâinatta başka yok, ancak o Esma-i Hüsna'sının menzillerinde kendiliğinden yüce, münezzeh ve sübhan olan Allah vardır. Çünkü orada, O'ndan başka kendisini tesbih ve tenzih edeceğin yoktur. Allah Teâlâ yakınlıkları hep bu huzurdan meşru kıldı."

İnsanların bazısı bir kötülük düşündüğünde ya da taraftarları olan kişilerle bir kötülük planladıklarında, dedikodu yaptıklarında, düzenler kurduklarında bunları insanlardan gizlediklerini zannederler. Oysa Allah, her insanın bütün düşündüklerini, aklından geçirdiklerini, iki kişi arasındaki fısıldanmaları, göklerde ve yerde olan her şeyi bilir. İnsanın yaptığı her şeye, tüm detaylarıyla şahittir. Belki o kişi yaptığı o kötülük dolu konuşmayı unutacaktır, ancak Allah insanların unuttukları her şeyi hesap gününde önlerine getirecektir. Nasıl ki bazı mekânlarda bulunan gizli kameralar, mobeseler ya da alenî olarak mekânda bulunan kameralar orada yaptığımız her şeyi kaydediyorsa, ilahi kamera da her yerde ve her mekânda, en gizli yerde bile tüm yaptıklarımızı kaydetmektedir.

Peygamberimiz *(s.a.v.)* de bu konuya dikkat çekerek, insanları verecekleri hesap için uyarmıştır. Bu konudaki ayetlerden bazıları şöyledir:

De ki: *"Sinelerinizde olanı -gizleseniz de, açığa vursanız da- Allah bilir. Ve göklerde olanı da, yerde olanı da bilir. Allah, her şeye güç yetirendir."* **(Al-i İmran Sûresi, 29)**

De ki: *"Benimle aranızda şahit olarak Allah yeter; kuşkusuz O, kullarından gerçeğiyle haberdardır, görendir."* **(İsra Sûresi, 96)**

Buna rağmen yüz çevirecek olurlarsa, de ki: *"Size eşitlik üzere açıklamada bulundum. Tehdit edildiğiniz (sorgu ve azab günü) yakın mı, uzak mı, bilemem. Şüphesiz O, sözün açıkta söylenenini de bilmekte, saklamakta olduklarınızı da bilmektedir."* **(Enbiya Sûresi, 109-110)**

De ki: *"Siz Allah'a dininizi mi öğreteceksiniz? Oysa Allah, göklerde ve yerde olanları bilir. Allah, her şeyi bilendir."* **(Hucurat Sûresi, 16)**

"Rabbim, yerde ve gökte söylenmiş her sözü bilir. Allah, her şeyi işiten ve her şeyin aslını bilendir." **(21/Enbiyâ Sûresi, 4)**

Kimsenin görmediği bir yer

Eski zamanda bir hoca, talebelerinden birini, çalışkanlığından, zekâ ve anlayışından dolayı diğerlerinden daha çok seviyor ve takdir ediyordu. Hocanın bu sevgi ve takdiri diğer öğrenciler tarafından biliniyor ve için için kıskanılıyordu. "Hocamız neden yalnız bu arkadaşa ilgi ve yakınlık gösteriyor, aramızdaki tek zeki ve çalışkan o mu?" şeklinde söyleniyorlardı. Aslında Hoca da onların bu tür düşüncelerinin farkındaydı. Bir gün derse gelirken yanında öğrencilerinin sayısınca kuş getirdi. Her öğrenciye bunlardan bir tane vererek:

"Haydi bakalım; bu kuşları hiç kimsenin görmediği bir yerde kesin getirin, ama dikkat edin hiç kimse görmesin!" dedi.

Bunun üzerine talebeler sağa sola dağıldılar. Bir müddet sonra da kuşları kesip dönmeye başladılar. Kimileri övünüyordu: "Ben falan yerde kestim, hiç kimse görmedi." diye... Hoca da böyle övünenlere bir "aferin" çekiyordu.

Biraz sonra bütün öğrenciler kuşları kesmiş olarak döndüler. En sonra Hoca'nın sevdiği öğrenci geldi, üstelik kuşu da kesmemişti. Hoca sordu:

"Oğlum, kuşu niçin kesmedin? Bak arkadaşlarının hepsi kestiler... Yoksa kimsenin göremeyeceği bir yer bulamadın mı?"

"Evet, hocam, insanların göremeyeceği yer ben de bulabilirdim, ama Allah'ın görmeyeceği bir yer bulamadım. O nedenle kuşu kesemeden geri döndüm."

Bu cevap, diğer öğrencilerin akıllarını başlarına getirdi. Yaptıkları dikkatsizliği anladılar. Hepsi biliyordu Allah'ın göremeyeceği yer olmadığını, ama önemli olan onu düşünebilmekti. Bundan sonra arkadaşlarının farkını anlayıp hocalarının ona ilgisine hak verdiler.

"*Allah yaptıklarınızı görendir.*" **(Teğabun Sûresi, 2)**

"*Şüphesiz Allah, göklerin ve yerin gizliliklerini bilir. Allah yaptıklarınızı görendir.*" **(Hucurat Süresi 12)**

"*Gaybı ve hazır olanı bilendir; büyüktür, her şeyin üstündedir.*" **(Rad, 9)**

Bizi yanıltan nokta şu: Aklımız, her varlığın mutlaka mekânda olması gerektiğini düşünüyor. Çünkü daima bir mekânda olan, yer tutan varlıklarla karşılaşmış. Mekânı olmayan bir varlığı tasavvur edemiyor. Allah tasavvurunda da bildiklerinden yola çıkıyor, mekândan münezzeh olan Allah Teâlâ'nın da bir mekânı olması gerektiğini düşünüyor. Bu sebeple kâinatın içinde veya dışında bir yer arıyor. Kâinatın içinde veya dışında olmak, yaratılanlar için söz konusudur. Nerede, diye sorduğun zaman, daha suali sorarken Allah'ın bir yeri olmalı, diye bir kabulle yola çıkıyorsun."

"Evet, Cenab-ı Hak 'Biz insana şah damarından daha yakınız.' **(Kaf, 50/16)** buyuruyor. Bana şah damarımdan daha yakın olan Allah, demek ki keyfiyetsiz, kemmiyetsiz olarak her yerde hazır ve nazırdır. O, 'İnsanla kalbi arasına girer.' **(Enfal,8/24)**. Demek ki bana kalbimden de yakın. Eğer ben desem ki, 'Kalbimde Allah vardır' doğrudur. Çünkü O beni benden daha iyi bilir. Ben kendi kalbimi anlayamamış olabilirim. Ve yine: 'Attığın zaman sen atmadın, attığını Allah attı.' *(Enfal, 8/17)* buyurulduğuna göre, demek ki Bedir'de ve daha başka yerlerde Efendimiz *(s.a.v.)* adına atan da Allah *(c.c.)* idi. Öyleyse atmaya varıncaya kadar her şeye doğrudan tesir ediyor. Öyleyse Allah her yerde... Bu ve benzeri ayetler, Rabbimizin, Rahmaniyet ve Rahimiyetiyle, Cemaliyle, Celaliyle, Kemaliyle, Kudretiyle, İlmiyle, İradesiyle ve diğer sıfat ve isimleriyle her yerde hazır ve nazır olduğunu gösteriyor."

Yüce Allah, şu evrende yarattığı her şeyi ama her şeyi, bizim bildiklerimizi, bilmediklerimizi, gördüklerimizi, görmediklerimizi, farkında olduklarımızı, olmadıklarımızı, ezelden ebede olan her şeyi en ince ayrıntısına kadar bilir, tüm kâinata, olaylara, mahlûkata ve her şeye hâkimdir. Evrende kaç tane gezegen ve kaç tane gök taşı olduğunu, yerin içinde ve yüzeyinde kaç tane kum taneciğinin bulunduğunu, dünya üzerindeki milyarlarca insanın, hayvanın, bitkinin hücrelerinde kodlu olan şifreleri, insanların hayatları boyunca her yaptıklarını ve tüm düşündüklerini, içlerinde gizlediklerini dahi eksiksizce bilir.

Gökleri, yeri, bu ikisi arasında olan her şeyi, kâinatta işleyen tüm kanunları, her an meydana gelen tüm olayları yaratan Yüce Allah *(c.c.)*, "Habir" sıfatıyla her şeyin iç yüzünden ve gizli taraflarından haberdardır. Allah'ın bilmesi, bizlerin bilmesine benzemez; çünkü O'nun bilmesi sınırsızdır. Kur'an'da haber verilen ve insanın unutmaması gereken önemli sır ise, Allah'ın *(c.c.)* insanın içini, aklından geçenleri, gizli veya açık işlediği tüm fiilleri de bildiğidir.

İnsanlar genellikle içinde yaşadıkları duyguların, düşüncelerin, sıkıntıların yalnızca kendi bilgileri dâhilinde olduğunu zannederler; ama bu, gerçekte böyle değildir. Kâinatın her noktasına tam olarak hâkim olan yüce Rabbimiz, insanın içine de, dışına da hâkimdir. Allah, insanların içlerinden geçirdikleri, niyet edip uyguladıkları veya uygulamadıkları ya da gizlice tasarladıkları her şeyden haberdardır. Bu gerçek, ayetlerde şöyle bildirilmiştir:

"Haberiniz olsun; gerçekten onlar, ondan gizlenmek için göğüslerini büker (Hak'tan kaçınıp yan çizer)ler. (Yine) Haberiniz olsun; onlar, örtülerine büründükleri zaman, O, gizli tuttuklarını da, açığa vurduklarını da bilir. Çünkü O, sinelerin özünde saklı duranı bilendir." (Hud Sûresi, 5)

Yüce Allah'ın bilgisi öyledir ki, gökteki yıldızlardan yeryüzüne düşen yağmur damlalarının sayısına, dünya üzerinde yaşamış ilk insandan kıyamete kadar yaşayacak olan en son insana kadar herkesin her bir düşüncesini en ince ayrıntısına kadar bilir. Yeryüzünde Allah'tan habersiz hiçbir şey olamayacağı gibi hiç kimse de, Allah'ın bilgisi dışında içinden bir şey geçiremez. Allah, herkesin içinden geçeni mutlaka bilir. Kur'an'da bu gerçek, şöyle haber verilmiştir:

"Allah'ın göklerde ve yerde olanların tümünü gerçekten bilmekte olduğunu görmüyor musun? Fısıldaşmakta olan üç kişiden dördüncüleri mutlaka O'dur; beşin altıncısı da mutlaka O'dur. Bundan az veya çok olsun, her nerede olsalar mutlaka O, kendileriyle beraberdir. Sonra

yaptıklarını kıyamet günü kendilerine haber verecektir. Şüphesiz Allah, her şeyi bilendir." **(Mücadele Sûresi, 7)**

Bu yüzden, hiçbir insanın gönlünden geçenleri Allah'tan gizlemesi mümkün değildir. Allah, kişinin yaptığı tüm fiilleri, kalbinden geçen düşünceleri, hatta onun dahi tam olarak bilmediği bilinçaltını bilir. Bu durumda insan Allah'a karşı son derece samimi ve boyun eğici olmalı, zaaflarını, eksiklerini, kusurlarını Allah'a samimi bir biçimde açmalı, dua etmeli ve O'ndan yardım istemelidir. Duanın maddi ve manevi yararları vardır. Maddi yararlar, genellikle vücut sağlığında kendini gösterir. Modern tıp, ilâç ve tedavinin yanında, hastanın moralini kuvvetlendirmeye de önem verir. Hastalıklara karşı dua etmek suretiyle Allah'tan şifa dileme, ilk peygamberlerden bu yana süregelen bir inanç ve uygulamadır. Örneklerini Hz. Peygamber'de *(s.a.v.)* de gördüğümüz şifa niyetiyle dua etme, sağlam bir geleneğe sahiptir. Batı dünyasında da dua ve telkin yoluyla tedavi yapan kişiler ile mukaddeslik atfedilen yerler vardır.

Dua, başa gelen olumsuz olayları anlamlandırmada bireylere yardımcı olur ve onları belirsizliğin meydana getirdiği boşluktan kurtarır. Bu bağlamda dua, başa çıkma sürecine katılır ve ruhsal çöküntü risklerine karşı dayanma güçlerini artırır. Hangi gelişim dönemine ait olursa olsun, her çeşit tedavinin gayesi bireyin hayatını korumaya, düzene sokmaya ve mükemmelleştirmeye yöneliktir. Bu gayenin maddî ve manevî olmak üzere iki yönü vardır. Bugünkü modern tıpta, fiziksel sağlığın psikolojik faktörlere ne kadar bağlı olduğu gittikçe daha çok kabul gören bir durumdur. Dolayısıyla yalnız ruh sağlığıyla ilgilenen psikiyatr ve psikoterapistler değil, fiziksel sağlıkla ilgilenen diğer uzmanlık alanları da, söz konusu iki yönü beraberce değerlendirip, bir bütün olarak dikkate almalıdırlar.

Dua o kadar önemli ki, insanı gazaptan kurtarır Allah buyurmuştur ki: 'Kim bana duâ etmezse ona gadab ederim.'" *(İbn Mâce, Duâ, 1; İbn Hanbel, 3/477.)*

Dua kelime olarak çağırmak, davet etmek, dilemek, istemek gibi anlamlara gelir. Terim olarak dua, yaratılmış insanın bütün benliği ile Yüce Allah'a yönelerek ondan istek ve dilekte bulunması demektir.

İbn Abbas *(r.a.)* Hz. Peygamber'in şu şekilde dua ettiğini rivayet etmektedir:

Resûlullah *(s.a.)* dua ettiği zaman, ellerini birleştirir, iç kısımlarını yüzüne doğru tutardı. İşte ellerin duada tutulma keyfiyeti bu şekildedir.

Ebu Musa el-Eşarî *(r.a.)* şöyle rivayet eder:

Biz Hz. Peygamberle beraber seferden dönüyorduk. Medine'ye yaklaştığımızda Hz. Peygamber tekbir getirdi, ashab da onunla beraber tekbir getirerek seslerini oldukça yükselttiler.

Bunun üzerine Hz. Peygamber *(s.a.)* şöyle buyurdu:

"Ey insanlar! Çağırdığınız Allah, ne sağırdır, ne de gaib. İyi bilin ki, çağırdığınız zat, sizinle bineklerinizin boynu arasındadır; (size her şeyden daha yakındır)."

İnsanlar, gün içerisinde bir hengâmenin içerisinde koşturur dururlar. Bu gerçeğe Yüce Allah şöyle değinmektedir:

"Çünkü gündüz senin için uzun uğraşılar vardır."
(Müzemmil Sûresi, 7)

Gün içinde kimi insanlar iş yerlerinde, kimileri okullarında kimileriyse evlerinde ya da başka yerlerde birçok işle meşgul olurlar. Bazı insanlar yaptıkları işe kendilerini bazen öylesine kaptırırlar ki o an başka hiçbir şey düşünmez olurlar. Oysa insan bir işe en çok daldığı zaman bile Allah ona şahittir ve ne yaptığını, bunu yaparken içinden ne geçirdiğini bilir. Sonsuz ilim sahibi Yüce Allah, bunu Kur'an'da şöyle haber verir:

"Senin içinde olduğun herhangi bir durum, onun hakkında Kur'an'dan okuduğun herhangi bir şey ve sizin işlediğiniz herhangi bir iş yoktur ki, ona (iyice) daldığınızda, Biz sizin üzerinizde şahitler durmuş olmayalım. Yerde ve gökte zerre ağırlığınca hiçbir şey Rabbinden uzakta (saklı) kalmaz. Bunun daha küçüğü de, daha büyüğü de yoktur ki, apaçık bir kitapta (kayıtlı) olmasın."
(Yunus Sûresi, 61)

"(Öyle) Adamlar ki, ne ticaret, ne alış-veriş onları Allah'ı zikretmekten, dosdoğru namazı kılmaktan ve zekâtı vermekten tutkuya kaptırıp alıkoymaz; onlar, kalplerin ve gözlerin inkılâba uğrayacağı (dehşetten allak bullak olacağı) günden korkarlar." **(Nur Sûresi, 37)**

Allah'ın açıkta olanı da, gizliyi de, saklıyı da bildiği düşüncesi insana neler katabilir? Kişi, Allah'ın her an kendisiyle olduğunu, yaptığı, söylediği, ertelediği, kafasında planladığı her şeye her an şahit olduğunu, yazıcı meleklerin de tüm bunları kaydetmekte olduklarını bilir. Bunu bilmek, hem imanın çok keskin bir göstergesi, hem de ebedi hayatı belirleyecek çok önemli bir özellik olan Allah korkusunu artırır. Bu yüzden, Allah'ın rızasına uygun olmayacak bir şey üzerinde düşünmekten titizlikle kaçınır. Bu da onu her an Allah'ın istediği gibi davranmaya, sevk eder. Bu şekilde davranmanın önemi bir ayette şu şekilde haber verilmiştir:

"Ey iman edenler! Allah'tan korkun. Herkes yarın için neyi takdim ettiğine baksın. Allah'tan korkun. Hiç şüphesiz Allah, yaptıklarınızdan haberdardır."
(Haşr Sûresi, 18)

Yeryüzündeki her şeyin tek hâkimi ve her insanın, her varlığın, maddi manevi her şeyin tek sahibi olan Allah'ın, insanın her isteğini duyması, aklından geçen her şeyi bilmesi ve dualarına icabet etmesi, insan için çok büyük bir nimet ve rahmettir. İnsanın Allah'tan bir şey istemesi için yalnızca samimi olarak aklından geçirmesi, içinden yalvararak O'na dua etmesi yeterlidir. Allah, insana kendisine en yakın saydığı herkesten daha yakındır. Kur'an'da "Biz ona şahdamarından daha yakınız." *(Kaf Sûresi, 16)* ayetiyle, Allah'ın insana ne denli yakın olduğu bildirilir. Allah'ın her an yanında olduğunu, kendisini gördüğünü, işittiğini, her düşüncesinden haberdar olduğunu bilmek, samimi olduğu sürece Allah'ın her işinde kendisine yardım edeceğini, her isteğini kabul edeceğini ümit etmek, bir müminin Allah'a olan sevgisini, teslimiyetini ve gönülden bağlılığını artırır.

İçinden geçirdiği her düşünceyi Allah'ın bildiğini bilen kişi, insanların arasında bulunduğu zaman da, kimsenin görmediği ortamlarda da Allah'ın hoşnut olmayacağı işleri yapmaktan titizlikle sakınır. Çünkü bir kötülüğü ister herkesin içinde, isterse yalnız başına yapsın, ister açığa vursun isterse saklasın, Allah'ın bunu bileceğini ve kendisini her davranışından sorguya çekeceğini bilir. Allah'ın onun bu konudaki samimiyetini deneyeceğini ve imtihan kastıyla kendisine çeşitli uygun ortamlar yaratacağını da bilir. Bu nedenle müminler, Allah'ın sınırlarını korumada son derece titiz davranırlar. Allah, bir Kur'an ayetinde müminlere şöyle sesleniyor:

"Günahın açıkta olanını da, gizlisini de terk edin. Çünkü günahı kazananlar, yüklendikleri nedeniyle karşılık göreceklerdir." *(Enam Sûresi, 120)*

Allah Kur'an'da, insanlara yalandan sakınıp doğru söz söylemelerini bildirmiştir:

"Ey iman edenler, Allah'tan sakının ve sözü doğru söyleyin. Ki O (Allah), amellerinizi ıslah etsin ve günahlarınızı bağışlasın..." *(Ahzab Sûresi, 70-71)*

İnsan çevresindekilerin haberi olmayacağını düşünerek doğru olmayan şeyler yapabilir, kötü işlere meyledebilir. Ancak Allah'ın tüm bunlardan haberdar olacağının farkında kişi, bu farkındalığın verdiği sinyallerle, yapacağı kötü bir şeyden hemen kaçınır.

"Sen, asla ölmeyen ve daima diri olan (Allah)a tevekkül et ve O'nu hamd ile tesbih et. Kullarının günahlarından O'nun haberdar olması yeter." *(Furkan Sûresi, 58)*

Aslında Yüce Allah'ın kişinin içinden geçenleri bilmesi çok büyük bir nimettir. Bu sayede insan, dualarının her zaman Allah'a ulaşacağını bilmenin, O'nun her zaman her olayın iç yüzünü biliyor olmasının ve her an her saniye kendisiyle beraber olduğunu bilmenin huzurunu yaşar. Allah'ın kendisine bu kadar yakın olması ona büyük bir güç verir.

"Göklerde ve yerde ne varsa Allah'ındır. İçinizdekini açığa vursanız da, gizleseniz de, Allah sizi onunla sorguya çeker..." *(Bakara Sûresi, 284)*

Allah'ın *(c.c.)*, gizliyi de aşikârı da bilmesine delil birçok ayet yer alır Kur'an'da... Bunlardan bazılarını şöyle paylaşmak mümkün:

"Onlar, göğüslerindekini bilinçaltına itip O'ndan gizlemek isterler. İyi bilin ki elbiselerini büründükleri zaman dahi onların gizlediklerini ve açıkladıklarını bilir. O, gizli düşünceleri bilendir." *(Hud, 5)*

"(Niyetini) Sözle açıklasan da (açıklamasan da) O, gizliyi ve gizlinin gizlisini bilir." *(Ta-Ha, 7)*

De ki: "Rabbim, ancak kötü işlerin açığını ve gizlisini, günahları, haksız yere saldırmayı, kendilerine hiçbir otorite ve güç vermediği bir şeyi Allah'a ortak koşmanızı ve Allah hakkında bilmediğiniz şeyleri söylemenizi haram kılmıştır." *(Araf, 33)*

"Gizliyi ve açığı bilendir; büyüktür, yücedir."

"Sözü ister gizleyin, ister açıklayın, ister gecenin karanlığında saklanın, ister gündüzün ortaya çıkın O'nun için birdir." *(Rad, 10)*

"Rabbimiz, bizim gizlediğimizi ve açıkladığımızı bilirsin. Yerde ve gökte hiç bir şey Allah'a gizli kalmaz." *(İbrahim, 38)*

"İnkâr edenlerin inkârları seni üzmesin. Onların dönüşü bizedir ve yapmış olduklarını onlara bildireceğiz. Allah gizli düşünceleri iyi bilendir." *(Lokman, 23)*

"İnsanlardan, Allah'a inandık diyenlerden bazıları var ki, Allah yolunda sıkıntı çekince halkın zulüm ve işkencesini Allah'ın cezası gibi sayar. Ama Rabbinden sana bir zafer gelse, 'Biz sizinle birlikte idik,' derler. Allah, herkesin en gizli düşüncelerini bilmez mi?" *(Ankebut, 10)*

"İnkârcılar, 'Saat, hiç bir vakit gerçekleşmeyecek,' dediler. De ki, 'Kesinlikle, Rabbime andolsun size gelecektir. O, geleceği bilendir. Göklerde ve yerde bir zerre O'ndan gizli kalmaz. İster ondan küçük olsun yahut büyük olsun... Hepsi apaçık bir kitaptadır." *(Sebe, 3)*

"Allah'ın hazinelerinin yanımda olduğunu söylemiyorum, gizliyi bilmiyorum, melek olduğumu da ileri sürmüyorum. Gözlerinizin horladığı kimselere Allah'ın bir iyilik bağışlamayacağını da söylemiyorum. Onların gizli düşüncelerini Allah daha iyi bilir. Aksi takdirde zalimlerden olurum." *(Hud, 31)*

"Allah'a verdikleri sözden caydıkları ve yalan söyledikleri için kendisiyle karşılaşacakları güne kadar kalplerine ikiyüzlülük soktu." *(Tevbe, 77)*

"Bilmezler mi ki, Allah onların hem gizlediklerini hem fısıldadıklarını bilir ve Allah tüm gizlileri bilendir..." *(Tevbe, 78)*

(Savaştan gelip) kendilerine döndüğünüzde size özürler sayarlar. De ki: "Boşuna özür saymayın; size artık inanmayız, Allah durumunuzu bize bildirmiş bulunuyor. Allah ve elçisi sizin işlerinizi görecek ve sonra da gizliyi ve açığı bilenin huzuruna döndürüleceksiniz. O yaptıklarınız her şeyi size bildirecektir." *(Tevbe, 94)*

"Çalışın; Allah, elçisi ve inananlar yaptığınızı görecektir. Gizliyi ve açığı bilene döndürüleceksiniz ve O da yapmış olduklarınızı size bildirecektir." de. *(Tevbe, 105)*

"Gökten yere kadar bütün işleri O kontrol eder. Sonra sizin saydığınızdan bin yıla eşit bir gün içinde kendisine yükselirler." *(Secde, 5)*

"Gizliyi de açığı da bilen, üstün ve rahim işte böyledir." *(Secde, 6)*

De ki, "Gökleri ve yeri yoktan var eden, gizliyi ve açığı Bilen Allah'ım; ayrılığa düştükleri konularda kulların arasında hükmü yalnız sen verirsin." *(Zümer, 46)*

"Ayetlerimiz konusunda çarpıtmalar yapanlar bizden gizli kalmaz. Ateşe atılan mı, yoksa diriliş gününde güven içinde bize gelen mi daha iyidir? Dilediğiniz gibi davranın. O, yaptıklarınızı elbette görendir. *(Fussilet, 40)*

De ki; "Kaçmakta olduğunuz ölüm, mutlaka size ulaşacak ve daha sonra gizliyi ve açığı bilenin huzuruna döndürüleceksiniz. Yaptığınız her şeyi size bildirecektir." *(Cuma, 8)*

"Göklerde ve yerde olanları bilir; sizin gizlediklerinizi ve açığa vurduklarınızı da bilir. Allah gizli düşüncelerinizi çok iyi bilir. *(Teğabün, 4)*

"Gizliyi ve açığı bilendir; üstündür, bilgedir." *(Teğabün, 18)*

"İsterseniz sözünüzü gizleyin veya onu açıklayın; O gizli düşüncelerinizi çok iyi bilir. *(Mülk, 13)*

"Ey inananlar; benim düşmanımı ve sizin düşmanınızı dost edinmeyin. Size gelen gerçeği inkâr etmiş ve Rabbiniz olan Allah'a inandığınız için elçiyi ve sizi (ülkenizden) çıkarmış oldukları halde siz onlara sevgi gösteriyorsunuz. Rızamı kazanmak için yolumda bir cihada çıktıysanız, onları nasıl gizlice sevebilirsiniz? Oysa ben, gizlediğinizi de açığa vurduğunuzu da çok iyi bilirim. Sizden kim böyle davranırsa doğru yoldan sapmış olur. *(Mümtehine, 1)*

"Bilmezler mi ki, Allah gizledikleri ve açıkladıkları her şeyi biliyor?" *(Bakara,77)*

"İkiyüzlüler de böylece açığa çıkarılır. Kendilerine, 'Gelin, Allah yolunda savaşın ya da katkıda bulunun,' denildiğinde, onlar, 'Savaştan anlasaydık size katılırdık,' dediler. O an onlar imandan daha çok inkâra yakın idiler. Kalplerinde olmayanı ağızlarıyla söylüyorlar. Hâlbuki Allah onların gizlediğini çok iyi biliyor." *(Al-i İmran, 167)*

"Size geldiklerinde, 'İnandık,' dediler. Oysa yanınıza inkârlarıyla girip inkârlarıyla çıkmışlardı. Onların gizlediklerini Allah daha iyi biliyor". *(Maide, 61)*

"Elçiye düşen görev sadece duyurmak... Allah ise açıkladıklarınızı da gizlediklerinizi de bilir." *(Maide, 99)*

"Allah, gizlediklerinizi de açıkladıklarınızı da bilir." *(Nahl, 19)*

"Kuşkusuz Allah onların gizlediklerini de açığa vurduklarını da bilir. O, büyüklük taslayanları sevmez." *(Nahl, 23)*

"O, açıklanan sözü de bilir, gizlediklerinizi de bilir." *(Enbiya, 110)*

"Oturulmayan ve içinde eşyanız bulunan bir eve girmenizde bir sakınca yoktur. Allah, açığa vurduklarınızı da gizlediklerinizi de bilir. *(Nur, 29)*

"Hâlbuki onlar, göklerde ve yerde gizleneni açığa çıkaran Allah'a secde etmeliydiler. O, onların gizlediklerini de açığa vurduklarını da bilir." *(Neml, 25)*

"Ve Rabbin onların göğüslerinin gizlediğini de açığa vurduğunu da elbette bilir." *(Neml, 74)*

"Çünkü Rabbin, onların açığa vurduklarını bildiği gibi göğüslerinin gizlediklerini de bilir." *(Kasas, 69)*

"Allah, göklerin ve yerin geleceğini ve gizemlerini bilendir. O, göğüslerin gizlediğini bilendir." *(Fatır, 38)*

"Sözleri seni üzmesin. Gizledikleri ve açıkladıkları her şeyi çok iyi biliriz." *(Yasin, 76)*

"Gözlerin göremediğini ve göğüslerin gizlediğini bilir." *(Mümin, 19)*

Ben Allah'a müracaat ederim

Şeyh Ebû Ömer Mâzinî Hazretlerinden rivayet edilmiştir:

Küfe salihlerinden bir kimsenin hayli borcu vardı ve bu yüzden borçlulardan kaçarak evine gizlenir ve dışarıya çıkamazdı. Bir gece çok muztarib olup:

"Niçin böyle evimde oturuyorum? Malım da yok ki satıp borcumu ödeyeyim. En iyisi mescide gidip Hz. Allah'a dua ve tazarrûda bulunayım. Umarım ki duamı kabul buyurur ve borcumun edasını kolaylaştırır." diyerek evinden çıkar ve mescide varır. Namaz kılar, dua ve iltica etmeye başlar.

O gece, Kûfe'nin çok zengin zatlarından bir Hâce'ye, rüyasında: "Bizim dergâhımızda bir kimse var, borcundan şikâyet ediyor. O'nun borcunu öde." diye hitab-ı izzet gelir. Hâce uyanır ve abdest alarak iki rekât namaz kılar, niyet eder ve tekrar yatar. Yine evvelki gibi görür. Bu vaziyet üç defa aynen tekerrür edince, rüyanın rahmani olduğuna asla şüphesi kalmaz. Hemen devesine biner ve "Ya Rabbi, o kimseyi sen bana göster." diyerek yola çıkar. Deve, o kimsenin olduğu mescidin kapısına gelir ve durur. Hâce, o salih kimsenin içeriden ağlayıp yalvarmasını işitince, mescide girer ve:

"Ey kimse! Cenabı Hak duanı kabul etti, başını secdeden kaldır!" der.

O da başını secdeden kaldırır. Bunun üzerine Hâce ona 100 dirhem gümüş vererek "Borcunu ver ve kalanı da nafaka et. Eğer biterse, ben filan yerdeyim gel tekrar iste." der. O kimse de:

"Ey Hâce! Eğer daha ihtiyacım olursa sana gelmem; sana benim borcumun ödenmesini emreden Zat'a müracaat ederim." der ve o dirhemleri alarak Cenabı Hak'ka çok şükürler eder.

Allah'ın dostları vardır

Hz. Ebu Hüreyre *(r.a.)* anlatıyor:

Resûlullah buyurdular ki:

"Allah Teâlâ Hazretleri şöyle ferman buyurdu: 'Kim benim veli kuluma düşmanlık ederse ben de ona harp ilan ederim. Kulumu bana yaklaştıran şeyler arasında en çok hoşuma gideni, ona farz kıldığım (aynî veya kifaye) şeyleri eda etmesidir. Kulum bana nafile ibadetlerle yaklaşmaya devam eder, sonunda sevgime erer. Onu bir sevdim mi artık ben onun işittiği kulağı, gördüğü gözü, tuttuğu eli, yürüdüğü ayağı (aklettiği kalbi, konuştuğu dili) olurum. Benden bir şey isteyince onu veririm, benden sığınma talep etti mi onu himayeme alır, korurum. Ben yapacağım bir şeyde, mümin kulumun ruhunu kabzetmedeki tereddüdüm kadar hiç tereddüde düşmedim: O ölümü sevmez, ben de onun sevmediği şeyi sevmem."

(Buhârî, Rikak 38.)

Bu hadis, Resûlullah'ın Rabbinden rivayet ettiği hadis-i kutsilerden biridir. Hadiste geçen "veliyullah" tabiri ile Allah'ı bilen, ibadetlerine eksiksiz, muntazam ve ihlâsla devam eden kimse kastedilmiştir.

İbnu Hacer der ki:

"Böyle bir kimseye düşmanlık yapacak birinin varlığı olamaz" denilerek hadis müşkil bulundu. "Zira düşmanlık iki tarafın varlığı ile vukua gelir. Hâlbuki velinin taşıması gereken vasıflarından biri de hilm ve kendisine karşı cehalette bulunan kimseye müsamaha göstermektir." Bu müşkile şu açıklama getirilmiştir: "Düşmanlık sadece husumete ve dünyevi muamelelere münhasır değildir. Bilakis bazı kereler buğz, taassuptan doğar; tıpkı bir Rafizî'nin Hz. Ebu Bekr'e *(r.a.)* buğzu gibi; bidatçinin Resûlullah'a buğzu gibi. Her iki örnekte de buğz, tek taraftan vaki olmuştur. Veli tarafının buğzu ise Allah rızası içindir ve Allah adınadır. Fâsık-ı mütecahire, yani fıskını alenen yapan kimseye, veli Allah adına buğz eder. Öbür taraf da veliye, gittiği yolun kötülüğünü söyleyip, şehevatına uymaktan kendisini men ettiği için buğz eder. Buğz, bazı kereler, bir tarafta bilfiil olup, diğer tarafta bilkuvve bulunsa da buna düşmanlık denir."

Bazı âlimler demiştir ki: "Veliyullah, takva ve taatla Allah'ın dostluğuna talip olduğu için, Allah da onu, muhafaza ve ona yardımını garanti ederek dostluğa kabul eder. Allah'ın cereyan eden bir sünnetine göre düşmanın düşmanı dosttur, düşmanın dostu da düşmandır. Öyleyse veliyullahın düşmanı Allah'ın da düşmanıdır. Bu durumda veliyullaha düşmanlık eden ona harp açmış gibi olur. Ona harp açan da sanki Allah'a harp açmış gibi olur."

Kulun Allah'a yaklaşması ile ilgili olarak Ebu'l-Kasım el-Kuşeyrî demiştir ki: "Kulun Allah'a yakınlığı önce imanı ile sonra ihsanı ile vukua gelir. Allah'ın kuluna yakınlığı dünyada, ona lütfedeceği irfan ile ahirette de, Rıdvan ile vukua gelir. Bu ikisi arasında Allah'ın çeşitli nimetleri, ikramları ayrıca tecelli eder. Kulun hakka yakınlığı halktan uzaklığı ile kemalini bulur." Kuşeyrî devamla der ki: "Allah'ın ilim ve kudretiyle yakınlığı bütün insanlara şamildir. Lütuf ve nusretiyle yakınlığı ise havassa mahsustur. Ünsiyetiyle yakınlığı ise velilere hastır."

Hadisin zahiri, Allah'ın, kula olan sevgisinin, kulun nafile ibadetlere devamı ile tahakkuk edeceğini, buna bağlı olduğunu ifade etmektedir. Hadisin evvelinde en sevgili ibadetin farzlar olduğu ifade edildikten sonra, nafilelerle Allah'ın sevgisine erişebileceğinin ifade edilmiş olması müşkil bulunmuş ise de, şu açıklama yapılmıştır: "Nafilelerden murat, farzların ihtiva ettiği, farzları ikmal eden nafilelerdir." Bunu, Ebu Ümame rivayetinde gelen bir açıklık teyit eder: "Âdemoğlu! Sen, benim yanımda olana, sana farz kıldıklarımı eda etmedikçe ulaşamazsın." Fâkihânî der ki: "Hadisin manası şudur: Kul farzları eda eder, namaz, oruç vesaireye bağlı nafileleri yapmaya devam ederse, bununla Allah'ın muhabbetine ulaşır."

Bu hususta İbnu Hübeyre'nin bir ifadesi de kayda değer:

"Kulum bana nafile ibadetlerle yaklaşmaya devam eder..." sözünden, nafilenin farzın önüne geçmeyeceği hükmü çıkar. Zira nafileye, nafile denmesi, farzlara ziyade olarak gelmesindendir. Öyleyse farz eda edilmedikçe nafile hâsıl olmaz. Kim farzı eda eder, üzerine nafileyi de ziyade kılar ve bunu da devam ettirirse, işte bundan (Allah'a) yaklaşma iradesi tahakkuk eder."

İbnu Hacer ilave eder: "Nitekim câri âdete göre, yakınlaşmalar çoğu kere, yakınlaşmayı sağlayanın üzerine vacip olmayan şeylerle hâsıl olmaktadır; hediye, bağış gibi... Üzerindeki haraç veya bir para borcunu ödeyen kimse, kalplerde, hediye kadar yakınlık sağlayamaz. Keza Resûlullah'a teşri edilen şeyler arasında, farzları ikmal etmek üzere nafileler de var. Bu husus, Müslim'in bir hadisinde şöyle ifade edilmiştir:

"Bakın araştırın; kulumun, farzdaki eksikliğini tamamlayacak nafilesi var mı?"

Öyleyse, nafilelerle Allah'a yaklaşmaktan murat, öncelikle farzı mükemmel yapmaktır; farzı ihlal ve ihmal etmek değildir. Nitekim bazı büyükler de şöyle söylemiştir:

"Kim nafile yerine farzla meşgul ise mazurdur, kim de farz yerine nafile ile meşgulse mağrur (şeytan tarafından aldatılmış)tır."

Hadiste açıklama gerektiren bir husus, Allah Teâlâ Hazretlerinin kulun kulağı, gözü, eli, ayağı, kalbi vs. olması meselesidir. Evet, bu nasıl olur? Meseleye değişik açılardan izah getirilmiştir:

Bu bir temsildir, zahiri murat değildir. Manası şu olmalıdır: "Benim emrimi tercihte ben onun gözü ve kulağı oldum. O taatimi sever, bana hizmeti tercih eder, tıpkı bu organlarını sevdiği gibi." Mana şudur: "O kulum, her şeyiyle benimle meşguldür. Beni razı etmeyecek şeye kulak vermez, gözüyle de sadece emrettiğime bakar..." Mana şudur: "Ben, ona gözüyle ve kulağıyla ulaşacağı maksatlar kılarım." "Ben ona, düşmanına karşı yardımda tıpkı gözü, kulağı eli, ayağı gibi oldum."

Fâkihânî demiştir ki: "Bana öyle geliyor ki, bu hadiste mahzuf bir ibare var. Takdiri şöyledir: "Ben, işittiği kulağın koruyucusu olurum da dinlenmesi helal olmayan şeyi dinlemez, gözünü ve diğer organlarını da öyle korurum."

Fakihani ve İbnu Hübeyre'ye göre mana şöyledir: "Öncekinden daha ince bir başka mana da muhtemeldir; bu da 'kulağı' ibaresinin manasının 'işittiği şey' demek olmasıdır. Zira Arapçada mastar, meful manasına kullanılır. Bu durumda hadisin manası şöyle olmak gerekir: "O benim zikrimden başka bir şey işitmez. Kitabımın tilavetinden başka bir şeyden lezzet almaz, bana münacattan başka bir şeyle ünsiyet edip teselli elde edemez. Benim melekûtumun acaiblerinden başka bir şey de tefekkür etmez. Ellerini ancak benim rızamın bulunduğu şeye atar, ayağı da böyle."

Hattâbî'ye göre: "Bunlar misallerdir. Maksut olan mana ise; kulun, bu azalarla mubaşeret ettiği işlerde Allah'ın ona yardımı ve o ameller hususunda muhabbetin onun için kolaylaştırılmasıdır. Bu da, maddi organlarını korumakla, kişiyi Allah'ın hoşlanmayacağı şeyleri kulağıyla dinlemekten, Allah'ın yasak ettiği şeylere gözleriyle bakmaktan, helal olmayan şeye eliyle yapışmaktan ayaklarıyla batıla gitmekten korumak suretiyle, onu Allah'ın memnun olmayacağı şeylere düşmekten korumaktır..." Hattâbî, ayrıca Allah'ın kulu sevmesi halinde, hoşlanmayacağı şeyden kulu nefret ettirerek onu yapmasına mani olacağını ilaveten belirtir.

Yine Hattâbî'ye göre bu hadisten murat, duaların süratle karşılık görüp, talepte netice alındığını ifade etmektir. Çünkü insan mesaisinin hepsi bu sayılan organlarla yapılır. Bazıları, -kaydedilen mütâlaadan alınmış olarak- şöyle demiştir: "Bu hadis, nafileleri işleye işleye insan öyle bir mertebe kazanır ki, artık onun organlarının hepsi Allah yolunda ve Allah'ın rızasına uygun şekilde hareket etmeye başlar."

Beyhakî, Kitabu'z-Zühd'de Ebu Osman el-Cizi'den naklen şu yorumu kaydeder: "Hadiste Cenab-ı Hak: 'Ben, kulumun kulağıyla ilgili dinlemedeki, gözüyle ilgili nazardaki, tutmayla ilgili eldeki, yürümeyle ilgili ayaktaki ihtiyaçlarını süratle görürüm.' buyurmaktadır.

Hadiste geçen 'Kulum benden bir şey isteyince onu veririm' ibaresi müşkil bulunmuştur. Zira abid ve saliklerden pek çoğu dua etmiş ve hatta duasında ısrar etmiş fakat dilekleri yerine gelmemiştir, denmiştir. Bu hususa şöyle cevap verilmiştir:

"Allah'ın duaya icabeti çeşitli şekillerde vukua gelir. Bazen matlub, anında aynıyla hâsıl olur. Bazen, bir hikmete binaen gecikerek hâsıl olur. Bazen de matlub, istenenden farklı şekilde hâsıl olur: Matlubta işe yarayan bir maslahat yoktur da vaki olan şeyde bu vardır. Yani kişi hırsla zararına netice verecek bir şeyi talep etmiştir. Allah rahmetiyle onu değil, neticesi hayırlı olacak bir başka şeyi verir."

Hadis, namazın kadrinin yüceliğini ifade etmektedir. Zira namaz, Allah'ın kula sevgisini hâsıl etmektedir. Çünkü o, münacat ve yakınlık mahallidir; kul namazda, araya bir vasıta girmeksizin Rabbiyle baş başadır. Kulu memnun kılacak namaz kadar müessir bir başka şey mevcut değildir. Bu sebeple hadiste "Gözümün nuru (en ziyade sevdiğim şey) namazda kılındı" denmiştir. Bu da namaz kılmada sabırlı olmakla mümkündür. Bu hususta sabır ve devamlılık üzerinde bilhassa durulmuştur. Çünkü salik bir kısım afetlere ve fütura maruzdur, şeytan rahat bırakmaz. Öyleyse sabır ve devamlılıkla bunu yenmesi gerekir.

Hz. Huzeyfe'den *(r.a.)* gelen bir rivayette namazın neticesiyle ilgili bir ziyade şöyle: "...Kulum, evliyalarımdan, asfiyalarımdan biri olur. Nebiler, sıddıklar ve şehitlerle birlikte cennette komşum olur."

Süleyman et-Tûfî demiştir ki: "Bu hadis, Allah'a sulûk ve O'nun marifet, muhabbet ve yoluna vasıl olmada mühim bir asıldır. Çünkü dâhili farzlar olan iman, harici farzlar olan İslam ve bunların ikisinden hâsıl olan her ikisinde de ihsan, -tıpkı Cibril hadisinde beyan edildiği şekilde- bu hadiste yer almaktadır. İhsan ise, salikinin zühd, ihlâs, murakabe vs. nevinden bütün tabakatını ihtiva etmektedir."

Hadis, bir kimsenin üzerine vacip olan amelleri yaptığı ve nafilelerle Allah'a yakınlık hâsıl ettiği takdirde -hadiste yeminle tekid edilmiş bu sadık vaadin varlığı sebebiyle- duasının reddedilmeyeceğini ifade eder. Hadis, ayrıca, kul en yüce mertebelere ulaşsa, Allah'ın sevdiği bir insan olma şerefine erse bile Allah'tan talepte bulunma halinden kopamayacağını, zira talepte hudu ve kulluğun izharı bulunduğunu ifade etmektedir.

Hadiste geçen son bir husus, Allah'ın tereddüt etmesi meselesidir. Hattabi: "Allah hakkında tereddüt caiz değildir" dedikten sonra iki tevil sunar:

1. Kul, hayatı sırasında, herhangi bir hastalığa maruz kalarak ölümle burun buruna gelir veya fakirliğe duçar olur. Bunun üzerine Allah'a dua eder. Allah da ona sıhhat verir, fakirliği bertaraf eder. İşte bu Allah'ın mütereddin olan fiilidir; tıpkı bir işi arzu eden kimsenin, bilahare ondan vazgeçmesi gibidir. Ancak, eceli geldi mi ölüme kavuşması kesindir. Çünkü Cenab-ı Hak kendi hakkında beka, kul hakkında fena yazmıştır.

2. Mana şudur: "Ben yaptığım bir şeyde elçilerimi, müminin nefsi hakkında geri çevirdiğim gibi geri

çevirmedim. Nitekim Hz. Musa *(a.s.)* kıssasında böyle olmuştur. Hz. Musa *(a.s.)* ölüm meleğinin gözüne tokat vurmuş ve melek ona birkaç kere gidip gelmiştir. Bu tereddüt manasının hakikati, "Allah'ın kuluna karşı duyduğu şefkat ve merhamet ve ona gösterdiği lütuf ve ikramdır" diye de izah edilmiştir.[1]

Allah'ın Sevdiği Kullar

Eski âlimlerden birisi şöyle anlatıyor:

Allah, bazı dürüst kullarına şöyle ilham etmiştir:

"Benim birtakım kullarım var; ben onlar severim, onlar beni sever. Ben onları arzular, onlar da beni arzular. Onlar beni, ben de onları anarım. Onlar bana bakar, ben de onlara bakarım. Onların yoluna girersen seni de severim, girmezsen sana küserim.

Dürüst adam sordu:

"Ya Rab! Onların belirtileri nedir?"

Allah:

"Çoban, koyununa gölge aradığı gibi bunlar da gölgeye riayet ederler. Yani Güneş'in doğuşundan öğleye kadar ibadet ederler. Kuş yuvasına döndüğü, öğleden akşama kadar yine ibadete dönerler. Akşam olup herkes yataklarına uzandıkları sırada da onlar, ayaklarını toplar ve yüzlerini benim karşımda yere sererler. Benim sözümle bana yalvarır, benim nimet ve ihsanım karşısında

---
1 Kütüb-i Sitte Şerhi, Prof. Dr. İbrahim Canan

eğilir, bazen ağlar, bazen inler ve bazen kendilerinden geçer ve bazen de hayretler içinde kalırlar. Benden dolayı çektikleri şüpheyi gördüğüm ve bana olan sevgilerinden ötürü yaptıkları şikâyetleri duyduğum için, onlara ilk ikramım, benim nurumdan onların kalbini nurlandırmaktır. Bu sayede ben onlardan haber verdiğim gibi, onlar da benden haber verirler. Sonra, yer ve gökler ve bunlarda bulunan her şey onlar için terazinin bir gözüne konsa, onlara daha çoğunu veririm. Ve nihayet rahmetimle onlara yönelirim. Rahmetimle yöneldiğim kimseye istediğini vermez miyim? Elbette veririm..." buyurdu.

Allah'ı (c.c.) tefekkür etmek de bir ibadettir

Yüce Allah *(c.c.)*, hem Hâlık'tır (yaratıcıdır), hem Hâkim'dir (yarattığı şeylerde hikmet ve fayda gözeticidir), hem de Sânî'dir (sanatlı ve eşsiz derece güzel yaratandır). Yaratmak O'na ait olduğu gibi, hikmet de, fayda gözetmek de, sanatlı yaratmak da O'na aittir. Allah'ı, yarattıklarının hikmeti hususunda sorgulamak haddimize düşmediği gibi, hikmetini bilmediğimiz yaratıkların hikmetsiz olduklarını da söyleyemeyiz. Çünkü hiçbir şeyin yaratılış hikmeti, aklımızla doğrulanmak zorunda değildir. Ancak, bize bahşedilen ve kullanmamız istenilen aklımıza, düşünce yapımıza ve inancımıza güç ve kuvvet kazandırmamız gerekiyor. Bu nedenle Allah'ın kâinatı ve varlıkları neden yarattığını araştırmakta, düşünmekte, sebep ve hikmetlerini bulmaya çalışmakta elbette bir sakınca olmadığı gibi, O'nu eserleriyle ve yarattıklarıyla tefekkür etmek aynı zamanda Peygamber Efendimizin *(s.a.v.)* tavsiyesidir aynı zamanda...

Yüce Rabbimiz olan Allah, yaratıcıdır; her an tasarruf halindedir, her an sayısız ve sınırsız derecede faaliyettedir, eylem hâlindedir, iş'tedir, her an faal ve dinamiktir; hiçbir şekilde hareketsiz, durgun ve durağan değildir. Allah dilediğini yapar, dilediği gibi yapar ve dilediği gibi hükmeder. Hiçbir şey kendisini hiçbir işten ve eylemden alıkoyamaz. İrade ettiği her şeyi bir emirle anında yapar. "Ol!" der olur. Bütün varlıklar âlemi Allah'ın sınırsız faaliyetlerinin, sayısız tecellilerinin, sınırsız iş ve eylemlerinin şahididirler. Evrende gördüğümüz baş döndürücü faaliyetler, Allah'ın dilediği gibi sonsuz tasarruflarının her an devam ettiğini göstermektedir.

Bedîüzzaman'a göre, "...O her gün yeni bir iş'tedir." Ayeti **(Rahman, 29)**, Allah'ın sınırsız bir faaliyet ve eylem içinde bulunduğunu, her an hadsiz bir tasarruf halinde olduğunu bildirmektedir. Bu sonsuz kâinat, böyle hadsiz faaliyetlerin, tasarrufların, tecellilerin ve İlâhî eylemlerin hadsiz şahitlerinden ibarettir. Herkesin, Hâlık ismiyle Allah'ı bulması ve O'na yanaşması mümkündür. Öyle ki, önce kendi Hâlık'ı hususiyetiyle, sonra bütün insanların Hâlık'ı cihetiyle, sonra bütün hayat sahibi varlıkların Hâlık'ı unvanıyla, sonra da bütün mevcudatın ve kâinâtın Hâlık'ı ismiyle alâka kurularak Allah'a zihnen ve kalben ulaşmak mümkündür. *(Sözler, s. 182)*

İnsanın şuur sahibi bir varlık olarak yaratılışının hikmeti ve gayesi, kâinat Hâlık'ını tanımak, O'na iman edip ibadet etmekten ibarettir. *(Şualar, s. 93)* Keza, her bir hayvanın, her bir kuşun, her bir canlının duyguları, kuvvetleri, cihazları, azaları ve aletleri birer ölçülü ve hikmetli kelime ve birer muntazam ve mükemmel söz hükmündedir. Bu sözlerle ve bu kelimelerle her bir hayvan, her bir kuş ve her bir canlı Yaratıcı'larına, Hallâk'larına ve Rezzak'larına şükrederler, birliğine şahadet getirirler. *(Şualar, s. 108)*

Kur'an-ı Kerim, göklerde ve yerde ne varsa ve kim varsa hepsinin, her şeyin ve her varlığın Allah'ı tesbih ve tazim ettiğini sıklıkla beyan eder.

Bediüzzaman'ın açıkladığı gibi, bitkilerin tohumları ve çekirdekleri yalnız kendi Hâlık'larına el açan birer niyet, niyaz ve dua kutucuğu hükmündedir. Bütün varlıklar kendilerinden çok Yaratıcılarını gösterirler. Kâinatta her şeyi kuşatan "yaratma" fiili, her şeyi ve her yeri Hâlık'ın vücuduna, Yaratıcı'nın varlığına ve Allah'ın birliğine apaçık işaretlerle zapt etmiştir. Demek, kâinatın ve varlıkların en temel var oluş hikmetleri, şuur sahiplerine Yaratıcıyı göstermek, Allah'ın varlığını ve birliğini her düşünce ve akıl sahibine bildirmektir.

Neden yaratıldığımıza, bizim anlayacağımız dilden bir cevap arıyorsak, bu cevabı Allah'ın: "Ben cinleri ve insanları ancak Bana ibadet etsinler diye yarattım." *(Zâriyât Sûresi, 51/56)* ayetinde bulabiliriz. Demek, yaratılış gayemiz ibadettir. Zaten bunca güzel ikramlara karşı ikram sahibi olan Yüce Allah'a ancak ibadet diliyle şükür yapılabilirdi! Yaratılışımız için gösterilen gaye ve hikmet bu olduğu gibi, emredilen de budur!

On Birinci Söz'ün başında geçen "cemal ve kemal sahibi" misalinin açılımı, aynı Söz'ün devamında kâmilen yapılmaktadır *(Sözler, s. 113)*. Cemal ve kemal sahibi olan ve mahlûkatı güzel ve eksiksiz yaratan Allah, Şâhid'dir, Hafîz'dir, Rakîb'dir, Basîr'dir, Semî'dir, Vedûd'dur. Yani Yüce Allah'ımız, isimlerinin tecellilerini mahlûkat aynasında izleyen, muhafaza eden, gören, gözeten, işiten ve sevendir. Burada; "Allah'ın bunlara ne ihtiyacı var? Ya da Kendisinin veya başkasının gözüyle görmeye ne gerek var?" gibi sorular gereksizdir. Biz muhtaç olduğumuz için görüp gösterebiliriz. Ama Cenâb-ı Allah ihtiyaç içinde olmaktan müstağnîdir, münezzehtir, müberrâdır, muallâdır. Cenâb-ı Hak sırf öyle dilediği ve böyle irade buyurduğu için görür, gözetir, muhafaza eder, müşahede eder ve gösterir.

Allah'ın Cevabı

Bir adam devamlı "Allah Allah" diye zikreder ve bu zikirden dolayı ağzı bal yemişçesine tatlanırdı.

Şeytan, böyle insanlarla çok uğraşır ve onları huzurdan uzaklaştırmak ister ya, bir gün de bu adama gelip:

"Durmadan 'Allah Allah' dediğin halde bir kerecik olsun Allah sana karşılık vermedi. Hiç 'Lebbeyk kulum' sözünü duydun mu? Demek ki Allah senin zikrini kabul etmiyor ve zikretmeni istemiyor. Niçin sen hâlâ utanmadan, 'Allah Allah' demeyi sürdürüyorsun?" diyerek adamı vazgeçirmeye çalıştı.

Adam da şeytanın bu vesvesesi üzerine utandı, sıkıldı ve zikri bıraktı. Allah'ın kendisine önem vermediğini düşünüp gönlü kırık bir halde yattı uyudu.

Rüyasına Hz. Hızır girdi ve ona:

"Neden yaptığın güzel işi terk ettin, 'Allah Allah' demekten vazgeçtin?" diye sordu.

Adam:

"Yaptığım onca zikre karşılık verilmeyince, Allah'ın buna razı olmadığını düşündüm ve tamamen kapıdan kovulmaktan korktum."

Bunun üzerine Hz. Hızır:

"Senin 'Allah' demen, Allah'ın sana 'Lebbeyk kulum' diye karşılık vermesi sayılır. Allah isminin zikrini herkese nasip eder mi?" diyerek adamı şeytanın tuzağına düşmekten kurtardı.

Nereye bakarsanız bakın; O'nun eserini görürsünüz

"... *Her şeyi sapasağlam ve yerli yerinde yapan Allah'ın sanatıdır (bu). Şüphesiz O, işlediklerinizden haberdardır.*" **(Neml, 88)**

Şu evren, şu kâinat ve uhdesinde yaşam süren canlılar ile cansız varlıklara şöyle bir dikkatlice bakarsanız Allah'ın "Sâni" (Sanatçı) isminin bir tecellisi olarak hepsinde bir simetri, bir düzen olduğunu keşfedersiniz. Bu sanatının en güzel tecellilerinden biri de insan yüzüdür.

Burun, kulaklar, gözler, dudak hepsi de yüzümüzde hem kullanış rahatlığı açısından hem de simetri açısından, en uygun yerlere yerleştirilmiştir. Yüce Allah *(c.c.)* insan yüzünde ayrıca altın oran adı verilen bir matematiksel düzen de var etmiştir. Burnumuz gözlere, kaşlarımız dudaklara hep altın oranla biçimlendirilmiştir. Üstelik Allah, sonsuz ilminin tecellisi olarak her insanın yüzünü farklı şekillendirmiştir. Allah sempatik ve sevimli görülmesi açısından yüzlerimizde mimikler ve bakış şekilleri de yaratmıştır. Kâinatın her bir köşesinde bu simetrilere, matematiksel oranlara ve estetik görünümlere rastlamanız mümkündür. Galaksiler, dünyamız, yıldızlar, ağaçlar, hayvanlar, çiçekler... Bunların hepsi yüce Allah'ın sanatının bizlere bir sunuluşudur.

"Allah... O'ndan başka İlah yoktur. Diridir, kaimdir. O'nu uyuklama ve uyku tutmaz. Göklerde ve yerde ne varsa hepsi O'nundur. İzni olmaksızın O'nun Katında şefaatte bulunacak kimdir? O, önlerindekini ve arkalarındakini bilir. (Onlar ise) Dilediği kadarının dışında, O'nun ilminden hiçbir şeyi kavrayıp-kuşatamazlar. O'nun kürsüsü, bütün gökleri ve yeri kaplayıp-kuşatmıştır. Onların korunması O'na güç gelmez. O, pek yücedir, pek büyüktür." **(Bakara Sûresi, 255)**

Dünyamız, uzaydan bakıldığında masmavi bir görünüme sahiptir. Bu maviliğin kaynağı, yeryüzünün %70'ini kaplayan dev su kütlesidir. Sadece Pasifik okyanusunun üzerinden uçakla geçmeye kalktığınızda, bu yolculuk tam 20 saat sürer.

Yukarıdan bakıldığında engin maviliği ile göze çarpan okyanusların sırları ise derinliklerde saklanmaktadır.

Diplere doğru indikçe rengârenk bir dünya ile karşılaşırız. Her biri birbirinden değişik milyonlarca canlı çıkar karşımıza...

Derinlerdeki gezintimiz sürdükçe buralarda yaşayan canlılardaki detay ve çeşitlilik hemen gözümüze çarpar. Bu kadar çok canlıda bu kadar muazzam detayların var edilmesi bizlere Allah'ın yaratım sanatındaki mükemmelliği gösterir.

Buralarda suyun metrelerce, hatta yüzlerce metre altında rengârenk ve kendine özgü kurallarıyla hâkim olan bir düzen, diplerde her an gerçekleşen mucizeler, oksijen üretiminden yenilenme ve temizlenme çalışmalarına kadar müthiş bir hayat var. Hepsi de düşünen ve merakla yaşan insanlar için yaratılış harikalarına birer örneği oluşturur...

"... Karada ve denizde olanların tümünü O bilir. O, bilmeksizin bir yaprak dahi düşmez; yerin karanlıklarındaki bir tane, yaş ve kuru dışta olmamak üzere hepsi (ve her şey) apaçık bir kitaptadır." **(Enam, 59)**

Bir kelebeğin kanadındaki simetriyi, renk düzenini ve sanatı ettiniz mi hiç? Bunun için uzman olmaya gerek yok! Sadece dikkat ve farkındalık! Kelebek kanatlarının yapısını minicik pullar oluşturur. Bu pullar üst üste dizilerek kelebeğin kanadındaki şekilleri oluştururlar. Bu pullar mükemmel bir uyumla dizilmişlerdir. Bu diziliş ile kelebeklerin o hayran kaldığımız, iki kanadında da aynı olan simetri meydana gelmiştir. Ayrıca kelebek kanadının üzerindeki desenler, onlara gizleme konusunda da yardımcı olmaktadır. Örneğin bazı kelebeklerin kanadında göz benzeri desenler vardır. Kelebeğin avcısı ona yaklaştığında, kelebek kanadındaki bu gözleri daha belirgin hale getirir ve kendisini avcısına bir yaratık olarak tanıtır. Bazı kelebeklerin renkleri ve desenleri de bulunduğu ortama uygun şekilde yaratılmıştır. Bu şekilde kelebek yemyeşil otların arasında fark edilmeyebilir, bazen de bir yaprağa çok benzeyebilirler. İşte bu "Allah'ın boyası..."

"Allah'tan daha güzel boyası olan kimdir? Biz (yalnızca) O'na kulluk ederiz." **(Bakara, 138)**

Sadece canlı âlemde olduğu gibi, cansız âleme de Allah'ın sanatı hâkimdir. Örneğin insanın yüzünün şeklini, yemesini, konuşmasını, büyümesini, yine hayvanların tüylerinin rengini, tüylerindeki deseni, vücut sistemlerini, bir çiçeğin yapraklarındaki şekilleri, fotosentez yapmasını, büyümesini kontrol eden, bilgisini taşıyan DNA molekülünde de Allah'ın yaratma sanatı vardır. DNA bir altın oranla var edilmiştir. Birçoğunuzun bildiği gibi DNA sarmal şekildedir. Bu sarmallardaki yuvarlak kısımları ele alırsak, bir yuvarlağın uzunluğu 34 angström, genişliği ise 21 angström'dür. Bu iki sayının birbirine oranı altın oran sayısını vermektedir. Yani 1,618 sayısını. Bu sayı, evrenin her yerine hâkim durumdadır. Yüce Allah benzersiz yaratma sanatı ve sonsuz ilmi ile bu matematiksel gizemi evrenin her köşesinde yaratmıştır.

"...Allah, her şey için bir ölçü kılmıştır." **(Talak, 3)**

Yüce Allah *(c.c.)*, başka bir ayetinde de gözümüzü çevirdiğimiz her yerde bir düzenin hâkim olduğunu şöyle ifade eder:

"... Rahman'ın yaratmasında hiçbir çelişki ve uygunsuzluk göremezsin. İşte gözünü çevirip gezdir; herhangi bir çatlaklık (bozukluk ve çarpıklık) görüyor musun? Sonra gözünü iki kere daha çevirip gezdir; o göz (uyumsuzluk bulmaktan) umudunu kesmiş bir halde bitkin olarak sana dönecektir." (Mülk, 3-4)

Allah'ın Eşsiz Detay Sanatı: Altın Oran[2]

Üstün güç sahibi Yüce Allah insanı yoktan yaratmıştır. Onu ve onun etrafını saran tüm güzellikleri, farkında olduğu veya olmadığı tüm nimetleri, bu nimetlerin en küçüğünü ve en büyüğünü sürekli olarak yaratan ve bunların her birinde hayranlık uyandırıcı detaylar var eden Rabbimizdir. Bu, Allah'ın detay sanatıdır. Rabbimiz, sonsuz aklı ile insanların kavrayamadıkları, henüz detaylarını keşfedemedikleri sistemler yaratmış, her detayın içinde Kendi Yüceliğini ve kudretini gösteren daha da ince güzellikler var etmiştir. Kimisi insanın yaşaması için gereken ihtiyaçları karşılarken, kimisi de bir güzellik, bir nimet olarak ona ikram edilmiştir. Bu detayların her biri bir sanattır, bir yaratılış harikasıdır. Biyolojiden mimariye, sanattan anatomiye kadar her

---
[2] altinoran.org

alanda karşımıza çıkan ve estetik duygusunun oluşmasına vesile olan altın oran da bu yaratılış harikalarından biridir.

Altın Oran Nasıl Hesaplanır?

Altın oran, Fibonacci serisi olarak bilinen özel bir matematiksel dizilimdir. Fibonacci isimli İtalyan matematikçinin bulduğu sayıların özelliği, dizideki sayılardan her birinin, kendisinden önce gelen iki sayının toplamından oluşmasıdır. (Guy Murchie, The Seven Mysteries Of Life, First Mariner Books, New York s. 58-59) Dizideki bir sayıyı kendinden önceki sayıya böldüğünüzde ise birbirine çok yakın sayılar elde edersiniz. Hatta serideki 13. sırada yer alan sayıdan sonra bu sayı sabitlenir. İşte bu sayı "altın oran" olarak adlandırılır.

233 / 144 = 1,618
377 / 233 = 1,618
610 / 377 = 1,618
987 / 610 = 1,618
1597 / 987 = 1,618
2584 / 1597 = 1,618

Altın oranın mükemmelliğine doğadaki canlılarda da rastlamak mümkündür. Örneğin filler ile soyu tükenen mamutların dişleri, aslanların tırnakları ve papağanların gagalarında logaritmik sarmal kökenli yay parçalarına göre biçimlenmiş örneklere rastlanır. Eperia örümceği de ağını daima logaritmik sarmal şeklinde örer.

İnsan Vücudundaki Altın Orana Örnekler:

Bedenin çeşitli kısımları arasında var olduğu öne sürülen ve yaklaşık altın oran değerlerine uyan ideal orantı M/m=1,618 oranına denktir.

İnsan vücudunda altın orana verilebilecek ilk örnek; göbek ile ayak arasındaki mesafe 1 birim olarak kabul edildiğinde, insan boyunun 1,618'e denk gelmesidir. Bunun dışında vücudumuzda yer alan diğer bazı altın oranlar şöyledir:

- Parmak ucu-dirsek arası / El bileği-dirsek arası,
- Omuz hizasından baş ucuna olan mesafe / Kafa boyu,
- Göbek-baş ucu arası mesafe / Omuz hizasından baş ucuna olan mesafe,
- Göbek-diz arası / Diz-ayak ucu arası

"... O'nun katında her şey bir miktar (ölçü) iledir."
(Ra'd Sûresi, 8)

Kulak Havadaki Ses Dalgalarını Nasıl Toplar?

Duyu sistemi üzerinde yapılan araştırmalar, hem kulak kepçesinin hem de iç kulağa gelen titreşimlerin beyne iletilmesini sağlayan "salyangozun" altın orana göre şekillendirilmiş özel yapılar olduğunu göstermiştir. Kulak kepçesinin dış çeperini çevreleyen ve konka adı verilen sınırın kavisli şekli gerçekte Fibonacci sayıları doğrultusunda ortaya çıkan eşit açılı sarmal bir eğri meydana getirmektedir ve hepimizin bildiği gibi kulağımızın bu şekli her insanda aynıdır.

Peki, kulak kepçesinde görülen bu özel geometrik düzenin, kulağın havadaki ses dalgalarını "toplama" fonksiyonuyla ilişkisi nedir?

Kulak kepçesinde görülen eşit açılı sarmal şeklin kulağın ses dalgalarını toplayabilmesi, kulağın olabilecek en mükemmel geometrik düzenle yaratılmış olması sayesinde gerçekleşir. Buradaki mükemmel yapıyı anlayabilmemiz için kulak çeperimizin şeklini hafifçe değiştirmemiz yeterli olacaktır. Örneğin;

• Kulaklarımızı ellerimizle ön tarafa doğru itersek gelen sesin frekansı aynı olmasına rağmen duyduğumuz sesin şiddeti artacaktır.

• Kulağımızı ellerimizle hafifçe arkaya doğru ittiğimizde ise duyduğumuz sesin şiddeti bu kez düşük kalır ve duymakta zorlanırız.

Elinizin şekline bir bakın. Orada da altın orana şahit olacaksınız. Parmaklarınız üç boğumludur. Parmağın tam boyunun ilk iki boğuma oranı altın oranı verir (başparmak dışındaki parmaklar için). (Guy Murchie, The Seven Mysteries Of Life, First Mariner Books, New York s. 58-59)

Çevreden gelen sesin frekansında hiçbir değişiklik olmamasına rağmen, kulağımızı oynattığımızda duyma oranının artması ya da azalması, kulak kepçesindeki eşit açılı sarmal eğrinin şeklen bozulmasından kaynaklanan bir durumdur. Kulağımızın şekli ile duyma kapasitesi arasında doğrusal bir ilişki bulunduğundan, kulak kepçesine geometrik şeklini veren ve Fibonacci dizisine göre oluşan sarmal eğrinin de, işitmedeki denge ile doğrudan bir ilişkisi vardır.

İnsan Yüzünde Altın Oran

İnsan yüzünde de birçok altın oran vardır. Ancak bunu elinize hemen bir cetvel alıp insanların yüzünde ölçmeyi denerseniz doğru sonucu bulamayabilirsiniz. Çünkü bu oranlandırma, bilim adamları ve sanatkârların beraberce kabul ettikleri "ideal bir insan yüzü" için geçerlidir.

Örneğin üst çenedeki ön iki dişin enlerinin toplamının boylarına oranı altın oranı verir. İlk dişin genişliğinin, merkezden ikinci dişe oranı da altın orana dayanır. Bunlar bir dişçinin dikkate alabileceği en ideal oranlardır. Bunların dışında insan yüzünde yer alan diğer bazı altın oranlar şöyledir:

- Yüzün boyu / Yüzün genişliği,
- Dudak- kaşların birleşim yeri arası / Burun boyu,
- Yüzün boyu / Çene ucu-kaşların birleşim yeri arası,
- Ağız boyu / Burun genişliği,
- Göz bebekleri arası / Kaşlar arası.

DNA'da Altın Oran

Canlıların tüm fiziksel özelliklerinin depolandığı DNA molekülü de altın orana dayandırılmış bir formda yaratılmıştır. DNA düşey doğrultuda iç içe açılmış iki sarmaldan oluşur. Bu sarmallardan her birinin, bütün yuvarlağın içindeki uzunluğu 34 angström, genişliği 21 angström'dür (1 angström; santimetrenin yüz milyonda biridir). 21 ve 34 art arda gelen iki Fibonacci sayısıdır.

Son yıllarda yapılan biyolojik araştırmalar göstermiştir ki; insan vücudundaki altın oran sadece insanın fiziksel görünümünde bulunmaz. İnsan beyninin, sinir sisteminin ve DNA'nın gerekli fonksiyonlarını yapabilmesi için de altın oranın gerekli olduğu ortaya çıkmıştır. Bu nedenle günümüzde insan vücudunda yer alan pek çok organın ve sistemin birbirleriyle uyum içinde çalışabilmesinin altın oranla yakından ilişkili olduğu düşünülmektedir.

Canlılarda Altın Orana Örnekler:

Deniz bilimcileri tarafından renkli tüyleri nedeniyle "Noel ağacı" solucanı olarak isimlendirilen bir deniz solucanı (Spirobranchus Giganteus), üzerinde yer alan ve rengârenk çam ağacı benzeri dokunaçlarını beslenmek için kullanırlar. Canlının bedeninde yer alan bu organlar, son derece düzgün ve orantılı bir şekle sahiptir. Canlının sarmal biçimindeki bu dokunaçlarının ne kadar kullanışlı ve orantılı olduğunu anlamak için 'vidayı' örnek verebiliriz. Vidanın sert bir cisim içine girmesini ve girdikten sonra kolayca yerinden çıkmamasını sağlayan, vidanın sarmal şeklidir. Vidanın sarmal kısmını incelediğimizde bu kısmın sabit bir orana göre yapıldığını ve bu yüzden de oldukça düzgün ve kullanışlı bir yapıya sahip olduğunu fark ederiz. Bu geometrik düzen, canlının sarmal şeklindeki dokunaçları için de geçerlidir. Bu dokunaçlar eşit açılı sarmal yapının dayandığı temel geometriksel kurallara göre şekillendirilmiş olduğundan, hem canlının hayati fonksiyonlarını yerine getirebilmesini sağlar, hem de hayvanın bedenine çok etkileyici bir güzellik ve estetik kazandırır.

"... Allah, her şey için bir ölçü kılmıştır." **(Talak Sûresi, 3)**

Deniz Kabuklarındaki Düzen

Bilim adamları deniz dibinde yaşayan ve yumuşakça olarak sınıflandırılan canlıların taşıdıkları kabukların yapısını incelerken bunların formu, iç ve dış yüzeylerinin yapısı dikkatlerini çekmiş ve şu açıklamayı yapmışlardır:

"İç yüzey pürüzsüz, dış yüzey de yivliydi (olukluydu). Yumuşakça kabuğun içindeydi ve kabukların iç yüzeyi pürüzsüz olmalıydı. Kabuğun dış köşeleri kabukların sertliğini artırıyor ve böylelikle gücünü yükseltiyordu. Kabuk formları yaratılışlarında kullanılan mükemmellik ve faydalarıyla hayrete düşürür.

Kabuklardaki spiral fikir mükemmel geometrik formda ve şaşırtıcı güzellikteki bilenmiş düzende ifade edilmiştir."[3]

Yumuşakçaların pek çoğunun sahip olduğu kabuk, logaritmik spiral şeklinde büyür. Hayvanlar dünyasında sarmal formda büyüme sadece yumuşakçaların kabukları ile sınırlı değildir. Özellikle antilop, yaban keçisi, koç gibi hayvanların boynuzları gelişimlerini, temelini altın orandan alan sarmallar şeklinde tamamlar.

Kar Kristallerinde Altın Oran

Altın oran, kristal yapılarda da kendini gösterir. Bunların çoğu gözümüzle göremeyeceğimiz kadar küçük yapıların içindedir. Ancak kar kristali üzerindeki altın oranı gözlerinizle görebilirsiniz. Kar kristalini oluşturan kısalı uzunlu dallanmalarda, çeşitli uzantıların oranı hep altın oranı verir.

Altın oranın "işlev" ile "anatomik şekil" arasında daima denge oluşturması ve bu dengenin görüldüğü her yerde de altın orana rastlanması, bu oranın Yüce Rabbimiz tarafından yaratılmış mucizevî bir sayı olduğunu bir kez daha gözler önüne sermektedir.

Açıktır ki yukarıda örneklerini saydığımız bu kusursuz oranın Darwin'in iddia ettiği gibi kör tesadüfler ve şuursuz atomlar tarafından meydana getirilmesi mümkün değildir. Canlıları da, onların sahip oldukları

[3] www.goldenmuseum.com

mükemmel sistemleri de yaratan âlemlerin Rabbi olan Allah'tır.

"... Şüphesiz, Allah her şeyin hesabını tam olarak yapandır." **(Nisa Sûresi, 86)**

Allah adildir

Bir gün Hz. Musa, ibadetini bitirdikten sonra bir ağacın altına oturur. Hemen yakınındaki çeşmeyi seyrederken atlı bir savaşçının çeşmeye geldiğini görür. Savaşçı, su içmek için eğildiğinde boynundaki altın kesesini ıslanmasın diye çıkarır, çeşme başına bırakır. Suyunu içtikten sonra altın kesesini unutur ve yoluna devam eder. Hemen arkasından hoplaya zıplaya bir çocuk gelir. Tam su içecekken altın kesesin fark eder; hiç düşünmeden alır ve uzaklaşır.

Çocuğun arkasından çok yaşlı bir ihtiyar inleyerek su içmeye gelir. Bu arada altın kesesini su başında unutan savaşçı, keseyi almak için çeşmeye doğru yaklaşır. Fakat çeşme başında hiç bir şey bulamaz. Hemen yanındaki yaşlı adamın boğazına sarılır ve altın kesesini vermesini ister. İhtiyar ne kadar "ben almadım" dese de savaşçıyı ikna edemez.

İyice sinirlenen savaşçı, kılıcını çeker ve yaşlı adamı oracıkta öldürür. Olan biteni gören Hz. Musa, "Ey Rabbim! Bu nasıl bir adalettir?" der. "Ben hiç bir şey bilmiyorum; senin işine sual olmaz ama ben anlamadım." der.

Bu sözlere karşılık Allah *(c.c.)* şöyle seslenir:

"Ey Musa! Ben, sana benim işlerimi anlayacak kadar akıl vermedim ki, sen benim hakkımda yorum yapıyorsun? Ama kalbinin yatışması için gerçek şudur: Savaşçı, o küçük çocuğun babasının malını yağmalamıştı. Ölen ihtiyar ise gençliğinde çok güçlü bir adamdı ama bir hiç uğruna bir köylüyü öldürmüştü. O ihtiyarı öldüren savaşçı işte o köylünün oğludur. Ey benim gafil kulum şimdi tövbe et! Çünkü benim adaletim işte bu kadar açıktır."

Beni niye ziyaret etmedin?

Ebu Hüreyre'den *(r.a.)* rivayet edildiğine göre Hz. Peygamber şöyle buyurdu:

Allah *(c.c.)* kıyamette şöyle buyurur:

"Ey Âdemoğlu! Hastalandım, beni ziyaret etmedin.".

Âdemoğlu:

"Sen âlemlerin Rabbi iken, ben seni nasıl ziyaret edebilirdim?" der.

Allah *(c.c.)* der ki:

"Falan kulum hastalandı, ziyaretine gitmedin. Onu ziyaret etseydin, beni onun yanında bulurdun. Bunu bilmiyor musun? Ey Âdemoğlu! Beni doyurmanı istedim, doyurmadın." buyurur.

Âdemoğlu:

"Sen âlemlerin Rabbi iken, ben seni nasıl doyurabilirdim?" der.

Allah Teâlâ:

"Falan kulum senden yiyecek istedi, vermedin. Eğer ona yiyecek verseydin, verdiğini benim katımda mutlaka bulacağını bilmez misin? Ey Âdemoğlu! Senden su istedim, vermedin." buyurur.

Âdemoğlu:

"Ey Rabbim! Sen âlemlerin Rabbi iken, ben sana nasıl su verebilirdim?" der.

Allah Teâlâ:

"Falan kulum senden su istedi, vermedin. Eğer ona istediğini verseydin, verdiğinin sevabını katımda bulurdun. Bunu bilmez misin?" buyurur.

Allah hem Hâkim'dir, hem Kadir'dir, hem Mürid'dir

Yüce Allah *(c.c.)*, sınırsız hikmet sahibidir, sınırsız kudret sahibidir, sınırsız irade ve emir sahibidir. Kudretine kendi hikmeti sınır koyar; hikmetini kendi kudreti sınırlar. Bütün bu sınırları ancak kendi yüksek iradesi koyar. Dışarıdan hiçbir güç Allah'ın hiçbir tasarrufuna sınır koymaz, koyamaz. Diğer yandan kudretinde hikmeti; hikmetinde kudreti vardır. Dilediği zaman dilediği şekilde yaratır. Dilediğinde emrini kudretle birleştirir; derhal, zamansız yaratır. Dilediğinde ise emrini hikmetle zamana yayar; tedricî olarak yaratır. Bu iki yaratma biçimi birbiriyle çelişmez. Kur'an-ı Kerim, her ikisine de şöyle işaret ediyor:

"Allah, gökleri ve yeri örneksiz yaratandır. Bir işe hükmetti mi ona sadece 'ol' der, o da hemen oluverir." **(Bakara, 117)**

Yüce Allah *(c.c.)*, birbirine benzeyen ama birbirinin aynısı olmayan milyonlarca şeyin her birini müstakil yaratıyor. Örneğin, bahar mevsimi geldiğinde her bir ağaçta, her bir bitkide milyonlarca yaprak ve çiçek yaratılır; hiçbiri bir diğerinin taklidi, kopyası, tıpkı baskısı olmadığı gibi; her biri müstakil, ilk, orijinal, kopyasız ve tek bir fert olarak bizzat yaratılır. İşte bu tecelli, Allah'ın tek oluşunun en bariz, en açık, en görünen mühürlerinden sadece biridir. El de böyledir, ayak da böyledir, göz de böyledir, kaş da böyledir, saç da böyledir. Tepeden tırnağa insan böyle yaratılır; zerreden küreye kâinat böyle benzersiz biçimde halk edilir. Şüphesiz insanın her bir aza ve organında sayısız hikmetler, faydalar, olmazsa olmaz maslahatlar vardır. İnsanı kâinatın bir mikro-modeli olarak yaratmak elbette eşsiz bir tecellidir. Fakat Allah'ın kendi zatının da, esmasının da, sıfatlarının da eşi, benzeri, emsali, dengi yoktur! Ve hiç şüphesiz Allah'ın yarattığı her bir şey bir saç teli kadar orijinal, maslahatlarla dolu ve mükemmeldir. Allah, insanı kendi yaratılışı üzerinde doğru düşünmeye davet ediyor:

"Ey insan! Seni yaratan, şekillendirip ölçülü yapan, dilediği bir biçimde seni oluşturan cömert Rabbine karşı seni aldatan nedir?" **(İnfitar Sûresi, 6-8)**

Dene ama başaramazsın

Seyyid Abdülhakim Arvasi diyor ki:

1. Günah işleyeceğin zaman, O'nun rızkını yeme! Rızkını yiyip de, O'na isyan doğru olur mu?

2. O'na asi olmak istersen, O'nun mülkünden çık! Mülkünde olup da, O'na isyan layık olur mu?

3. O'na isyan etmek istersen, gördüğü yerde günah işleme! Onun mülkünde olup, rızkını yiyip, gördüğü yerde günah işlemek, uygun olur mu?

4. Can alıcı melek gelince, tövbe edinceye kadar izin iste! O meleği kovamazsın. Kudretin var iken, o gelmeden önce tövbe et! O da, bu saattir. Zira ölüm meleği ani gelir.

Her boyutta O var!

"Özen içinde yollar ve yörüngelerle donatılmış göğe andolsun; siz, gerçekten birbirini tutmaz bir söz (çelişkili ve aykırı görüşler) içindesiniz. Ondan çevrilen çevrilir, kahrolsun, o zan ve tahminle yalan söyleyenler ki onlar, bilgisizliğin kuşatması içinde habersizdirler." **(Zariyat Sûresi, 7-11)**

M.Ö. 400'lü yıllarda Demoktritos, maddenin daha fazla bölünmesi imkânsız en küçük parçasına "bölünemez" anlamında olan "atom" ismini vermişti. Bilimsel olarak ise 1808 yıllarında Dalton, maddelerin atomlardan oluştuğunu ispat etti. 20. Yüzyıl, fizikte devrimler çağıdır. Einstein'ın öne sürdüğü Özel ve Genel İzafiyet Teorileri, Kuantum Mekaniği, Hologram, Moleküler Biyoloji alanlarında ivmeli gelişmeler baş göstermiştir. Bristol Üniversitesi Fizik bölümünden Robert Gilmore'nin "Alice Kuantum Diyarında" isimli eserinin önsözünde şu sözler yer almaktadır:

"Yirminci Yüzyıl'ın ilk yarısında, evren anlayışımız tümüyle alt-üst oldu. Eski klasik fizik kuramlarının yerini, dünyaya bakış açımızı değiştiren Kuantum Mekaniği aldı. Kuantum Mekaniği, yalnız eski Newton'cu mekaniğin ortaya attığı düşünceleri ile değil, sağduyumuzla da pek çok açıdan uyuşmazlık içerisindedir. Yine de bu kuramların en şaşırtıcı yanı, fiziksel sistemlerin gözlenen davranışını önceden haber vermedeki olağanüstü başarısıdır. Kuantum mekaniğinin bize saçma geldiği anlar da olabilir. Fakat doğanın izlediği yol budur. Biz de buna uymak zorundayız."

"Yaratan, hiç yaratmayan gibi midir? Artık öğüt alıp düşünmez misiniz? Eğer Allah'ın nimetini saymaya kalkışacak olursanız, onu bir genelleme yaparak bile sayamazsınız. Gerçekten Allah, bağışlayandır, esirgeyendir." **(Nahl, 17-18)**

Kuantum teorisine göre atom çekirdeğinde yer alan proton ve nötronlar, her biri "kuark (quark) " diye anılan küçük parçacıklardan oluşur. Bu parçacıklar, ışık hızına yakın hızlarda hareket ederler ve nükleer kuantın etkisini oluştururlar. Elektronlar da bu nükleer kuvvet nedeniyle çekirdeğin etrafında çeşitli yörüngelerde "dans" ederler. Bu dans hareketi, hem kendi etraflarında, hem de çekirdek etrafında "spin" denilen hareketler şeklinde gerçekleşir. Ancak, Heisenberg'in Belirsizlik Kuramı'na göre, bir elektronun kesin yerini tespit etmek mümkün olmuyor. Bir elektronun, gerçekten tespit edilen noktasında olup olmadığı durumu bu ilkeyi destekliyor. Buna göre, elektron orada hem var olabilir, ama olmayabilir de... Çünkü elektronlar, nesnelerin var olduğu gibi var olmazlar. Belki var olma özelliği gösterirler.

"Şüphesiz sizin Rabbiniz, altı günde gökleri ve yeri yaratan, sonra arşa istiva eden, işleri evirip-çeviren de Allah'tır. O'nun izni olmadıktan sonra, hiç kimse şefaatçi (aracı) olamaz. İşte Rabbiniz olan Allah budur, öyleyse O'na kulluk edin. Yine de öğüt alıp düşünmeyecek misiniz?" **(Yunus Sûresi, 3)**

Bu görüş, bilim çevrelerince birçok itiraz almış olsa da, maddenin mikro dünyasına girildikçe karşımıza çıkan çözülmemiş şifrelere işaret etmektedir. Elektronun belirli bir noktada var olup olmadığını, teşbihte hata olmazsa, pervanenin büyük bir hızla dönerken, kanatlarının bir noktada hem var, hem de yok olduğu duruma benzetebiliriz. Elektron örneğinde, tabii ki ışık hızı söz konusu olduğundan, bu örneğe göre oldukça kompleks bir durumdur.

"Göklerin ve yerin mülkü Allah'ındır. Allah her şeye güç yetirendir. Şüphesiz göklerin ve yerin yaratılışında, gece ile gündüzün ardı ardına gelişinde temiz akıl sahipleri için gerçekten ayetler vardır. Onlar, ayakta iken, otururken, yan yatarken Allah'ı zikrederler ve göklerin ve yerin yaratılışı konusunda düşünürler. Ve derler ki:

"Rabbimiz, sen bunu boşuna yaratmadın. Sen pek yücesin, bizi ateşin azabından koru." **(Al-i İmran, 189–191)**

Kuantum fiziğinin maddenin var oluşuyla ve doğasıyla ilgili önermelerinden dalga-parçacık ikiliği, maddenin atom altı boyutunda, mikro-bilardo topları gibi parçacıklardan ve aynı zamanda su dalgalarına benzer dalgalardan oluşmayı anlatır. Bu durumda maddenin (evrende gördüğümüz her şey, bizler de dâhil...) aslının parçacık mı, yoksa değişik enerji düzeylerini kapsayan dalgalardan mı oluştuğu tartışmaları 20. yüzyılın başlarında iyiden iyiye ateşlenmişti. Aynı şekilde ışığın da dalgacık mı, yoksa tanecik mi olduğu tartışmaları fizik alanındaki araştırmalarda hep dile getirilmiştir. Araştırmalar, ışığın da maddenin de hem parçacık ve hem de dalgacık özelliklerini taşıdıklarını göstermektedir.

"Mülk elinde bulunan (Allah) ne yücedir. O, her şeye güç yetirendir... O, biri diğeriyle tam bir uyum içinde yedi gök yaratmış olandır. Rahman'ın yaratmasında hiçbir çelişki ve uygunsuzluk göremezsin. İşte gözü(nü) çevirip-gezdir; herhangi bir çatlaklık (bozukluk ve çarpıklık) görüyor musun? Sonra gözünü iki kere daha çevirip-gezdir; o göz umudunu kesmiş bir halde bitkin olarak sana dönecektir." **(Mülk Sûresi, 1-4)**

Huygens'ten beri ışığın kırınım ve girişim yaptığı biliniyordu. Örneğin ışık ," Young deneyi" düzeneğinden geçirilirse, karşıdaki ekranda aydınlık-karanlık noktalar oluşur; yani "girişim" yapar. Yarım bardak suya sokulan bir kalemin kırık olarak algılandığı görülür. Bilim adamları bu olayları, ışığın dalga modeli ile açıklıyorlar. Einstein, fotoelektrik olayını açıkladıktan sonra ışığın aynı zamanda parçacık özelliği taşıması gerektiği savunuldu. Yine, ışığın cisimler üzerinde uyguladığı anlık basınçlar ve Geiger sayacında göstermiş olduğu etkiler, parçacık teorisini desteklemektedir.

"Yaratmak bakımından siz mi daha güçsünüz yoksa gök mü? (Allah) Onu bina etti. Boyunu yükseltti, ona belli bir düzen verdi. Gecesini kararttı, kuşluğunu açığa-çıkardı. Bundan sonra yeryüzünü serip döşedi. Ondan da suyunu ve otlağını çıkardı. Dağlarını dikip-oturttu; size ve hayvanlarınıza bir yarar (meta) olmak üzere." **(Naziat Sûresi, 27-33)**

Kuantum araştırmacısı John Gribbin, bu konudaki gelişmelerden şöyle bahsediyor:

"Bohr, parçacık fiziğinin ve dalga fiziğinin eşit ölçüde geçerli olup, aynı gerçekliğin tamamlayıcı tarifleri olduğunu söylemiştir. İki tarif de kendi başına tam değildir. Fakat parçacık kavramını kullanmanın daha uygun şartları olduğu gibi, dalga kavramını kullanmanın daha uygun olduğu yerler de vardır. Elektron, gibi temel bir varlık, ne parçacıktır, ne dalga... Bazı şartlarda dalga gibi, bazı şartlarda da parçacık gibi davranır."

Sonunda Niels Bohr:

"Işığın dalgacık mı, tanecik mi olduğunun belirlenmesi, ancak gözlemin sorduğu soruya göre cevaplanabilir." gibi ilginç bir açıklama getirmiştir. Biz bakarken elektronun ne yaptığına dair bildiklerimizin sınırlı olması, bakmadığımızda ise ne yaptığını bilememiz akılları durduran bir şey olsa gerek...

"Göklerde ve yerde bulunanlar O'nundur; hepsi O'na 'gönülden boyun eğmiş' bulunuyorlar. Yaratmayı başlatan, sonra onu iade edecek olan O'dur; bu O'na göre pek kolaydır. Göklerde ve yerde en yüce misal O'nundur. O, güçlü ve üstün olandır, hüküm ve hikmet sahibidir." **(Rum Sûresi, 26-27)**

Peki, bir şey aynı zamanda hem "öyle" hem de "böyle" olabilir mi? Yani bir yere giriyorken aynı zamanda oradan çıkıyor olabilir misiniz? Veya hem kitap okuyup, hem de aynı zamanda kaynak işlemi yapan? Daha da ileri giderek ya şöyle sorarsam: "Siz İstanbul'da evde otururken, aynı zamanda Himalaya dağlarında gezebilir misiniz?" Kuantum felsefeye göre bu ihtimaller var... Yani, evrenin işleyişi kesin kurallardan öte olasılıklar bütününden oluşmakta... Acaba bilge üstad Nasreddin Hoca'nın mahkemedeki davalı ve davacının her ikisine de "Haklısın" demesi, kuantum felsefeyi mi esas alıyordu?

"...Rabbim, ilim bakımından her şeyi kuşatmıştır. Yine de öğüt alıp-düşünmeyecek misiniz?" **(Enam, 80)**

Henüz maddenin aslını kesin olarak keşfedemeyen ve birtakım teoriler öne süren insanoğlu, evreni çözebildiğini nasıl iddia edebilecektir? Araştırmalar, bir yerden sonra çözülemeyen belirsizlik kanallarında tıkanıp kalmaktadır; tıpkı kuantum araştırmalarındaki "Belirsizlik İlkesi" gibi... Belirsizlik, bize göre belirsizliktir. Oysa Evreni yaratan Sonsuz Kudret'e göre tüm bunlar saklı bir sır değil, bilakis, sadece "Ol" demekle olan ve ortaya çıkan sistemlerdir. Araştırmak, keşfetmek insanoğluna düşüyor. Ancak her şeyi akıl-mantık gözlüğüyle çözmeye kalktığımızda, her şeyin aslının elle tutulur, gözle görülür bir madde olduğu gerçeğinden yola çıktığımızda, işte böyle " Belirsizlik" sürecinde çabalamamız söz konusu olabiliyor...

Kuantum fiziğinin bizlere öğrettiklerinden bir tanesi de, her şeyin elle tutulur, gözle görülür gerçeğinden hareketle bu evrende yer almadığı olmuştur.

Kuantum dünyasında gördüklerimizi alabiliyoruz. Görmediklerimiz ise ihtimaller dalgası içerisinde yer almakta... Kuantum felsefesinin şu yorumu ise size oldukça ilginç gelebilir:

"Evrende gördüğümüz her şey aslında gerçek değildir; belki de birbirleriyle uyum içerisinde olan birer hayalden ibarettir."

Fizikçi David Bohm'un araştırmalarında ulaştığı noktaya dikkat vermeye değer:

"Tüm Evren holografik bir yapıdır ya da mistiklerin yüzyıllardır söylediği gibi sadece bir hayaldir."

Gribbin, bu durumu şöyle yorumlar: "Gerçek dediğimiz her şey, gerçek olarak değerlendirilemeyecek şeylerden yapılmıştır."

Dediler ki: *"Sen Yücesin, bize öğrettiğinden başka bizim hiçbir bilgimiz yok. Gerçekten Sen, her şeyi bilen, hüküm ve hikmet sahibi olansın."* **(Bakara, 32.ayet)**

Newton fiziğinde, gözle görülen tüm nesnelerin, varlıkların en küçük ve bölünemez parçasına "atom" deniliyordu. Fizik bilimindeki gelişmeler, atomun da bölünebileceği gerçeğini ortaya koymuştur. Atomun, sadece dışta elektron ve ortada bir çekirdekten oluşmadığı, çekirdeğin içerisinde nötron ve protonların yanında diğer atom altı parçacıklarının da mevcut olduğu gerçeği dile getirilmiştir. Bu minik atom altı parçacıklara ulaşıldığında ise bilim adamları hayretler içerisinde kalmışlardır. Çünkü foton, mezon, bozon, v.b. atom altı parçacıklara inildiğinde, maddi varlık âleminin sona erdiğini, artık bir parçacık ya da minik maddeler yerine birtakım enerji bulutçukları ile karşı karşıya kalmışlardır; titreşen enerji paketçikleri... Madde değil...

Bugün, bilim adamları atomun elektronlar, protonlar, nötronlar, pozitronlar, nötrinonlar, mezonlar ve hiperonlardan meydana geldiğine inanmaktadırlar. Gerçekte, atomun göbeğinde 20'den fazla ayrı zerrecik bulmuşlardır. Gene de atomun her şeyi izah edebilecek, buna yardımcı olacak bir tek tam resminin bulunmadığını itiraf etmektedirler.

Nasıl oluyor ki şu etrafımızda gördüğümüz masa, sandalye, kalem, fincan, ağaç, kedi, insan, taş, kaya v.b. sayılarca nesne, mikro-âlemde aslında maddeden değil de, enerji kuantlarından oluşuyor? Yahu, şu kalemi elimle tutuyorum, gözlerimle görüyorum... Sert bir madde işte... Parmaklarım onu hissediyor, kâğıda yazdığımda kalem ucunun varlığını görüyorum; nasıl olur? Peki, kalemin moleküllerine, atomlarına ve atom altına inildikçe, madde değil de enerji dalgalarından oluşan birtakım madde ötesi oluşumlar, aslında kalemin var gibi görünüp, gerçekte olmadığı anlamına mı geliyor? Şimdi, biz insanoğlu, var mıyız? Yok muyuz? Kuantum felsefe, her iki soruya da olumlu yanıt verir. Şu anda var olabilirsiniz de; olmayabilirsinizde... Şu anda hem varsınız; hem de yoksunuz... Varsak, bizi oluşturan mikro-mekanizmalar nasıl madde değil? Biz insanlar madde miyiz? Enerji miyiz?

Peki, biz hangisiyiz? Madde mi? Ruh mu? Enerji mi? El cevap: Biz hepsiyiz ve biz, hepsini yaratan Evren-Üstü Zekâ'nın, Evrenin Sahibi'nin "OL!" deyip de olduğu ve sırrına hala muvaffak olamadığımız hem maddeyiz, hem ruhuz, hem enerjiyiz, hem varız, hem de yokuz... Tüm madde âlemi de, madde ötesi âlem de, kaynağını, "TEK" olan, önceden de var olan, sonradan da var olacak o "TEK" varlıktan almaktadır. O, hep vardır, O'nun ilmi her şeyi kapsamıştır. Her şey O'nun aslı içerisinde yer almaktadır ve her şey O'nun sürekli kontrolü altında, bir var olmakta, bir yok olmakta, sonra tekrar var olmakta... Ta ki bu ilahi döngü, O'nun iradesiyle sonlanana kadar... Bu var oluş-yok oluş o kadar hızlı bir şekilde cereyan etmektedir ki insan gözü bunu asla takip edememekte ve tüm Evrenin her an var olduğunu ve yerinde durduğunu zannetmektedir.

Şimdi, şu var oluş-yok oluş ve tekrar var oluşla devam eden süreci açıklamaya çalışalım:

Bir vantilatör pervanesi çok yüksek devirlerde döndüğünde ne görürsünüz? Pervanenin kanatlarının her an, 360 derecelik ortamda var olduğunu, değil mi? Hatta pervaneye elinizi yaklaştırmak istemezsiniz. Çünkü parmağınız yaralanabilir, hatta kopabilir. Aslında pervanenin kanatları normal olarak 3 adettir. Ancak yüksek devirde döndüğü için sadece 3 adet pervane kanadı her an 360 derecelik vantilatör ortamında her an her konumda varmış gibi görünür. Parmağımızı koymayı düşündüğümüz noktada, o üç pervane kanadından biri, bir an vardır, bir an yoktur. Ama bu var-oluş yok-oluş süresi o kadar küçüktür ki pervanenin kanadı sanki her an oradaymış gibi görünür ve etkilidir de…

"O Allah ki, yaratandır, (en güzel bir biçimde) kusursuzca var edendir, 'şekil ve suret' verendir. En güzel isimler O'nundur. Göklerde ve yerde olanların tümü O'nu tesbih etmektedir. O, Aziz, Hakimdir." **(Haşr, 24.ayet)**

Asıl Öğrenilmesi Gereken İlim

Şakîk-i Belhî, otuz üç senedir yanında olan Hâtem el-Asam'a sordu:

"Kaç senedir yanımdasın?"

"Otuz üç senedir."

"Bu süre içinde benden ne öğrendin?"

"Sekiz şey öğrendim."

Şakîk şaşırdı, sordu:

"İnna lillahi ve inna ileyhi raciun! Ömrüm seninle geçtiği halde benden ancak sekiz şey mi öğrenebildin?"

"Evet hocam. Ben yalan konuşmayı sevmem. Sadece sekiz şey öğrendim."

"Peki, anlat bakalım nedir o sekiz şey? Söyle dinleyelim."

Hâtem, öğrendiklerini şöyle anlattı:

"Birincisi; baktım ki herkesin ayrı ayrı bir dostu var. Ama bütün dostlar, sonunda mezar başından geri döndüğü için ben, hiç birine güvenmedim. Ancak mezarımda da bana arkadaş olacak iyi amelleri dost seçtim."

Şakîk:

"Çok güzel. İkincisini söyle bakalım." dedi.

Hâtem:

"İkincisi; Allah'ın "Allah'ın azametinden korkup nefsini, arzu ve isteklerinden alıkoyanın varacağı yer Cennet'tir." **(Nâziat, 40-41)** ayetini düşündüm; hak olduğunu bildim ve nefsimin aşırı arzularını yenmeye çalıştım ve böylece Allah'a itaate devam ettim.

Üçüncüsü; baktım ki herkes elindeki kıymetli sermayeyi koruyor, kasalarda saklıyor, kaybolmaması için her çareye başvuruyor. Hâlbuki Allah'ın "Sizin elinizde olan her şey tükenecek, ancak Allah katında olanın sonu yoktur." ayetini düşündüm ve ben de kaybolmaması için kıymetli kabul bütün varlığımı Allah'a emanet ettim; O'nun rızası uğrunda harcadım.

Dördüncüsü; baktım ki, insanların her biri mal, şeref aramaktadır. Anladım ki bunlar bir şey değil. Allah'ın "Allah katında en keremliniz, en çok muttaki olanınızdır." **(Hucurât, 13)** ayetine baktım da, Allah katında kerim olmak için malı, şerefi değil, takvayı seçtim.

Beşincisi; baktım ki, insanlar zaman zaman birbirlerine saldırıyorlar, birbirlerini aşağılayıp duruyorlar. Bunun sebebini haset denilen çekememezlikte buldum. Sonra Allah'ın "Biz, onların dünya hayatındaki geçimliklerini taksim ettik." ayetini düşündüm ve anladım ki bu taksimat, Allah'ın taksimidir. Bunda kimsenin etkisi yoktur. Ben de Allah'ın taksiminden razı oldum, hased hastalığını attım ve kimseye düşmanlık etmedim.

Altıncısı; insanların birbirlerine düşman olup birbirlerini öldürdüklerini gördüm. Allah'ın "Asıl düşmanınız şeytandır. Onu düşman tanıyın." ayetini düşündüm ve asıl düşmanın şeytan olduğunu anlayınca, yalnız onu düşman bildim ve başka kimseye düşman olmadım.

Yedincisi; baktım ki, insanlar şu bir lokma için helal-haram demeden her türlü rezilliğe katlanıyorlar. Allah'ın "Bütün yaratıkların rızkı Allah üzerinedir." ayetini düşündüm. Benim de bu canlı varlıklardan biri olmam sebebiyle Allah'ın rızkıma kefil olduğunu anladım, isteklerime bakmadan Allah'ın bende olan hakkı ile meşgul oldum.

Sekizincisi; baktım ki, insanlardan bir kısmı servetine, ticaretine, bir kısmı sağlığına olmak üzere, kendileri gibi bir yaratığa güvenip ona bel bağlamaktadır. Allah'ın "Allah'a tevekkül edene Allah yeter" ayetini düşündüm ve ben de sonu olan şeylere değil ancak Allah'a tevekkül ettim ve O'na bağlandım. O da bana yeter. İşte senden öğrendiklerim bunlardır." dedi.

Bunun üzerine Şakîk:

"Hâtem, Allah seni başarılı kılsın. Doğrusu ben, Tevrat, İncil, Zebur ve Kur'an'ı Kerim'i inceledim. Bütün dini işleri ve hayır çeşitlerini şu sekiz konu üzerinde gördüm. Şu sekiz esasa uyan, dört kitabın hükmüyle amel etmiş olur." dedi.

İnsan, aklıyla Allah'ı bulabilir mi?

Her insan, hangi kültür ve inanç toplumunda bulunursa bulunsun; mükellef çağına ulaştıktan sonra, doğru muhakeme gücüyle bütün kainatın bir Sahibi ve yaratıcısı olduğunu bilmekle ve iman etmekle mükelleftir. Allah'ı bulmak ve bilmek aklın vazifesidir. Ancak kendilerine Peygamber tebliği ulaşmayanlar, imanın diğer erkânı ve ibadetler hususunda elbette sorumlu olmazlar.

Kur'an'da Hz. İbrahim'in *(a.s.)* akli muhakeme yoluyla Allah'ın varlığını nasıl bulduğu hikâye edilir. Yıldızlara, Ay'a ve Güneş'e tapan bir toplumda Hz. İbrahim'in *(a.s.)* yıldızları, Ay'ı ve Güneş'i sorgulayarak ve muhakeme ederek, yakini bir bilgiye ve imana ulaşması, insanlık tarihi açısından önemli bir ibret levhasıdır. Kur'an, Hz. İbrahim'e *(a.s.)* yakini bilgiye kavuşması için böyle bir sorgulama usulü ile göklerin ve yerin hükümranlığının gösterildiğini kaydeder. *(En'am Sûresi, 75)*

Hz. İbrahim *(a.s.)* bir gün, "Gece basınca bir yıldız gördü. 'İşte benim Rabb'im.' dedi. Yıldız batınca, 'Batanları sevmem.' dedi. Ay'ı doğarken görünce, 'İşte bu benim Rabb'im!' dedi. Ay batınca, 'Rabb'im beni doğruya eriştirmeseydi, andolsun ki, sapıklardan olurdum!' dedi. Güneşi doğarken görünce, 'İşte bu benim Rabb'im! Bu daha büyük!' dedi. Güneş batınca, 'Ey milletim! Doğrusu ben ortak koştuklarınızdan uzağım!' dedi." *(En'am Sûresi, 76,77,78)*

Genç bir muhakeme ve zekâ fırtınasına sahip olan Hz. İbrahim *(a.s.)* bir yandan etrafındaki hâdiseleri sorguluyor, diğer yandan da kavmine "doğru muhakemeyi" öğretiyordu. Muhakemesinde her kademede bir adım daha Allah'a yaklaştı.

Birinci kademede batanların ve ufûle gidenlerin Rab olamayacağına intikal eden Hz. İbrahim *(a.s.)*, diğer kademelerde bu kanaatini artırdı ve yakinini güçlendirdi. Ay'ı daha parlak gördüğünde "belki bu olabilir mi?" demişti. Fakat Ay da batınca biraz daha düşündü ve Allah'ın kendisini doğruya eriştireceğine dair bilgi ve kanaatini güçlendirdi, Ay'dan vazgeçti.

Üçüncü kademede Güneş daha parlaktır, daha caziptir, daha göz alıcıdır. "Belki bu olabilir mi?" derken, Güneş'in de batışı Hz. İbrahim'in *(a.s.)* dimağında bomba gibi fırtınaların esmesine neden oldu. "Rab olan batar mı? Yaratıcı olan ufule gider mi? Hükümran olan tasarruftan vazgeçer mi? Sahip ve Malik olan, varlıkların tedbirini ve idaresini başka ellere bırakır mı?" Hz. İbrahim *(a.s.)* Güneş'in batmasıyla birlikte kendisine geldi ve "Ey kavmim! Siz batanları ilâh edinmişsiniz. Oysa Allah her an hâkimdir, batmaz, hayatı son bulmaz, bizden ayrılmaz, ufule gitmez." manasını hissederek "doğru imana" yakinen ulaştı, kavmine de doğru imanı gösterdi.

Zaman Mefhumu

Evren, önceden bir saat gibi kurulup, kendi kendine işler gibi görünse de, bu işleyiş her lahza O'nun kontrolündedir... Yani, Evrenin Sahibi, evreni yaratıp, düzeni kurup bir kenara çekilmemiştir... O her an, her yerde vardır; zaman kavramı O'nun için geçerli değildir; O şimdi de vardır, sonra da... Önceden de vardı... Evreni yaratmadan önce de... Sonradan da var olacaktır... Geçen yıllar, asırlar, binyıllar, sadece bizim için geçerlidir... O'nun için milyar yıl öncesi ya da sonrası diye bir şey yoktur... Zaman kavramı, bizim için geçerlidir... Zira Einstein'ın ve Kuantum fizikçilerinin araştırmaları da, dördüncü boyut olan zaman mefhumunun normal şartlar altında, yani günlük hayatta Newton fiziği çerçevesinde geçerli olduğunu göstermektedir. Ancak, kuantum teoriler, izafiyet teorileri, zamanın da izafi olduğu, zamanın yavaşlayabileceği ve hatta durabileceği, yani olmayabileceği konusuna işaret etmişlerdir.

Bu konuda John Gribin şöyle diyor:

"Görelilik kuramına göre hareket eden saatlerin yavaş işlediğini, ışık hızına yaklaştıkça daha da yavaşladığını biliyoruz. Işık hızındayken zaman akmaz; saat durur. Bir foton doğal olarak ışık hızında hareket eder. Foton için zamanın bir anlamı yoktur. Uzaktaki bir yıldızdan yola çıkan ve yeryüzüne ulaşan bir foton, dünyadaki saatlerle ölçüldüğünde, yolda binlerce yıl geçirebilir. Fakat foton açısından bu yolculuk hiç zaman almaz. Kozmik ışıma geçmişi olan bir foton, bizim bakış açımızla belki de evrenin başladığı 15 milyar yıl önceki Büyük Patlama'dan beri yolculuk ediyor olabilir. Fakat fotonun kendisi için Büyük Patlama ve bizim şu anımız aynı zamandır."

"Göğü kudretimizle biz kurduk ve şüphesiz bizim (her şeye) gücümüz yeter." **(Zariyat, 47)**

Zamanın bir algı olduğu konusunda anlatıldığı gibi, zamanı da Allah yaratmıştır ve Allah zamana bağımlı değildir. Dolayısıyla bizim için gelecekte var olacak olan varlıklar da aslında Allah katında "tek bir an" içinde yaratılmışlardır ve şu anda vardırlar. Ancak biz zamana bağımlı olduğumuz için onları henüz görmeyiz.

Allah katında zaman olmadığı için, bütün olaylar tek bir anda gerçekleşmektedir ve o "şu an"dır. "Şu anda" bizim için geçmiş ve gelecek olan tüm olaylar Allah katında, bizim olayları gördüğümüz netlikten çok daha net ve canlı olarak yaşanmaktadır. Örneğin, Hz. Yunus şu anda gemideki kura sonucunda denize atılmaktadır, Hz. Yusuf şu anda kardeşleri tarafından kuyuya atılmaktadır, şu anda zindandaki ilk yemeğini yemekte, zindandan şu anda çıkarak yürümektedir. Hz. Meryem şu anda Cebrail ile konuşmakta, Hz. İsa şu anda doğmaktadır. Hz. Nuh, gemisinin ilk çivisini şu anda çakmakta, Hz. Nuh ve ailesi şu anda gemiden Allah'ın kendileri için seçtiği topraklara inmektedirler. Hz. Musa'nın annesi onun beşiğini şu anda suya bırakmakta, Hz. Musa şu anda çalılıkta Allah'tan ilk vahyini almakta, deniz şu anda ikiye yarılmakta, inananlar şu anda denizden geçerken, Firavun şu anda ordusuyla birlikte boğularak ölmektedir. Hz. Musa şu anda Hızır ile buluşup görüşmektedir, Hızır da yetim çocukların duvarını şu anda onarmaktadır. Hz. Zülkarneyn'den kendilerini korumak için bir set inşa etmelerini isteyenler, taleplerini şu anda ona iletmektedirler ve Hz. Zülkarneyn kıyamete kadar delinemeyecek ve aşılamayacak olan seddi şu an inşa etmektedir. Hz. İbrahim babasına şu anda nasihat etmekte, putperest kavminin putlarını şu anda kırmaktadır ve kavminin kendisini attığı ateş Hz. İbrahim'e şu anda serinlik vermektedir. Hz. Muhammed şu anda Cebrail'den vahiy almakta, tam şu anda Mescid-i Haram'dan Mescid-i Aksa'ya götürülmektedir. Lut kavmini bir sarsıntı şu anda yerle bir etmektedir. Cennet ehli şu anda tahtlarda oturmuş karşılıklı sohbetler etmektedir. Cehennem ehli ise şu anda ateşe sunulmakta, büyük bir azap ve telafisi olmayan bir pişmanlık içinde acı çekmektedir.

Allah bu görüntülerin tamamını, "şu anda", bizim bilemeyeceğimiz daha keskin bir netlikte görmekte ve duymaktadır. Allah, bizim duyamadığımız dalga boyundaki sesleri de duymakta ve göremediğimiz görüntüleri de görmektedir. Bizim şahit olduğumuz ve olmadığımız tüm olaylar ve tüm sesler Allah katında her an hazırdır ve tüm canlılığı ile her an yaşanmaktadır. Bunların hiçbiri hiçbir zaman kaybolmaz, her zaman Allah'ın hafızasında tüm detayları ile yaşanır.

Hz. Musa ve yanındakiler şu anda yarılan denizden kaçarak kurtulmaktadırlar. Firavun'un ordusu şu anda kapanan denizin içinde boğulmaktadır. Hz Nuh'un gemisi ve Hz. Süleyman'ın sarayı şu anda inşa edilmektedir. Ve tüm bu olaylar bizim bildiğimizden çok daha net ve canlı olarak şu anda Allah'ın hafızasında mevcut bulunmaktadırlar.

Bu gerçek sizin hayatınız için de geçerlidir. Örneğin dedenizden size kalan evin temeli aslında şu anda atılmaktadır. Babanız bu evde şu anda doğmaktadır. Sizin ilk konuşmaya başladığınız an da şu andır. Bugününüzden tam 10 sene sonra yediğiniz yemeği aslında şu anda yemektesiniz.

Tüm bu örneklerin karşımıza bir kez daha çıkardığı gerçek şudur: Hiçbir an, hiçbir kare, hiçbir olay, hiçbir varlık yok olmamıştır ve olmayacaktır. Nasıl televizyonda izlediğimiz bir film, film şeridine kaydedildiyse, çeşitli karelerden oluşuyorsa ve bu kareleri bizim görmememiz onların olmadığı anlamına gelmiyorsa, bizim "geçmişte yaşanmış" veya "gelecekte yaşanacak" dediğimiz olaylar için de aynı şey geçerlidir.

Fakat bir noktanın yanlış anlaşılmaması çok önemlidir: Bu sahnelerin hiçbiri bir hatıra ya da bir anı gibi veya hayal gibi değildir. Bunların tümü, aynen şu an yaşadığınız an gibi canlıdır. Her şey diri olarak korunmaktadır. Biz yalnızca Allah bize bu algıları vermediği için onları geçmiş, bitmiş olaylar olarak görürüz. Ve Allah dilediği an bize bu görüntüleri gösterebilir, bu olaylara ait algıları vererek bize de bu olayları yaşatabilir.[4]

Bu örneklerde de görüldüğü gibi, Allah için geçmiş, gelecek, şimdi hepsi birdir. İşte bu nedenle Allah'a hiçbir şey gizli kalmaz. Nitekim ayette de bu gerçeğe dikkat çekilmiştir:

---

4 maddeninardindakisir.com

"Ey oğlum, (yaptığın iş) gerçekten bir hardal tanesi ağırlığında olsa da, (bu,) ister bir kaya parçasından ya da göklerde veya yer(in derinliklerinde) de bulunsa bile, Allah onu getirir (açığa çıkarır). Şüphesiz Allah, latif olandır, (her şeyden) haberdardır. **(Lokman, 16)**

Amerikalı bilim insanları, atomun titreşimlerini ölçebilen yüz defa daha hassas iki süper atomik saatle yaptıkları bir deneyle, yerçekiminden uzaklaştıkça zamanın daha çabuk geçtiğini kanıtladı. Yirminci yüzyılın en ünlü fizikçisi Albert Einstein'ın görecelik kuramına göre, yerçekiminin etkisiyle zaman daha yavaş akıyor ve buna göre yerçekiminin daha az olduğu bir yere doğru uçmakta olan bir uçağın yolcuları her uçuşta birkaç nanosaniye daha fazla yaşlanıyorlar.

Bilim adamları, yıllar önce bu ilginç olayı, yüksek irtifada uçan bir füzenin içinde bulunan atomik saat ile aynı zamanda, manyetik alanın etkilerinin daha güçlü olduğu yeryüzünde bulunan başka bir atomik saat ile yaptıkları ölçümlerle gözler önüne serdiler.

ABD'nin Colorado eyaletindeki Ulusal Standartlar ve Teknoloji Enstitüsü'nde (NIST) görevli fizikçiler bu defa aynı olayı, yüz defa daha hassas iki süper atomik saat kullanarak günlük hayatta da izleyebildi.

İçinde atomik saat bulunan ve yüksek irtifada uçan füze ile yeryüzünde bulunan saat yerine, bu sefer sadece 33 santimetrelik bir irtifa farkı ile deney yapıldı.

Amerikan bilim dergisi Science'ta yayımlanan deneyin sonucuna göre, kişi 33 santimetre yüksekte, yani iki basamak yukarıda bulununca biraz daha çabuk yaşlanıyor. Fark çok zayıf olduğu için hemen fark edilmediğini belirten araştırmaya göre bu fark, 97 yıllık bir ömürde saniyenin 90 milyarda biri kadar.

Araştırmayı kaleme alan bilim adamları, bu farkın insanlar tarafından hissedilmese bile, bu çok hassas, ufacık farkı ölçebilme imkânı, jeofizik gibi başka araştırma alanlarında da kullanılabileceğini belirtiyor.

NIST'teki görevli araştırmacılar, İzafiyet Teorisi ya da Görecelik (relativity) kuramının günlük hayata başka bir etkisini daha tespit etti. Yaptıkları araştırmaya göre, kişi saatte 32 kilometre daha hızlı gittiğinde, zaman daha yavaş geçiyor.

Deneyler için araştırmacıların kullandığı, ne bir dakika ileri giden, ne de bir dakika geri kalan, NIST'in farklı laboratuarlarında bulunan saatler, birbirlerine 75 metre uzunluğundaki bir fiber optik kabloyla bağlı.

Bunu Einstein'ın yıllar önceki örneği ile de açıklayalım. Bu örneğe göre aynı yaştaki ikizlerden biri Dünya'da kalırken, diğeri ışık hızına yakın bir hızda uzay yolcuğuna çıkar. Uzaya çıkan kişi, geri döndüğünde ikiz kardeşini kendisinden çok daha yaşlı bulacaktır. Bunun nedeni uzayda seyahat eden kardeş için zamanın daha yavaş akmasıdır. Aynı örnek bir baba ve oğul için de düşünülebilir; "eğer babanın yaşı 27, oğlunun yaşı 3 olsa, 30 dünya senesi sonra baba dünyaya döndüğünde oğul 33 yaşında, baba ise 30 yaşında olacaktır."

Zamanın izafi oluşu, saatlerin yavaşlaması veya hızlanmasından değil; tüm maddesel sistemin atom altı seviyesindeki parçacıklara kadar farklı hızlarda çalışmasından ileri gelir. Zamanın kısaldığı böyle bir ortamda insan vücudundaki kalp atışları, hücre bölünmesi, beyin faaliyetleri gibi işlemler daha ağır işlemektedir. Kişi zamanın yavaşlamasını hiç fark etmeden günlük yaşamını sürdürür.

"Gerçekten, senin Rabbinin Katında bir gün, sizin saymakta olduklarınızdan bin yıl gibidir." (Hac, 47)

Zamanı ve mekânı yaratan Allah'tır. Yaratıcı, yarattığı varlıklar içinde, altında ve onlara muhtaç olur biçimde olmaz. Öyleyse, Allah'ı, bizzat yarattığı "zaman ve mekânın" içindeymiş gibi düşünemeyiz. Yani "Bu kâinattan önce neredeydi? Ne yapıyordu? Ne ile meşguldü?" gibi sorular, Allah'ın, bizzat sonsuz kudretiyle yarattığı "zaman ve mekân kavramının" içinde olması halinde sorulabilecek sorulardır. Oysa Kâinatın Yaratıcısı kâinat cinsinden olmadığından, zamanla ve mekânla sınırlıymış gibi düşünülemez.

Zaman bütünüyle izafidir, yani görecelidir, yani yere ve duruma göre farklı ölçüler arz eder. Örneğin Dünya'nın 1 yılı 365 gün iken, Merkür'ün 1 yılı 88 gün; Venüs'ün 1 yılı 225 gün; Mars'ın 1 yılı 322 gün; Uranüs'ün 84 yılı sadece 5 gün; Neptün'ün 164 yılı 282 gün; Plüton'un 248 yılı yalnızca 116 gün; Satürn'ün 29 yılı 167 gün ve Jüpiter'in 11 yılı 314 günden ibarettir. Güneş'in dokuz gezegeni arasında zaman bu kadar göreceli ise, farklı ölçülerle biliniyorsa; bizzat güneşte, yıldızlarda, manevi âlemlerde ve ahiret âleminde "zamanın" daha büyük farklılıklar arz etmesi kaçınılmazdır.

Bu durumda, Allah'ın ezelî oluşunu, yani Kadim oluşunu, yani öncesiz oluşunu, yani başlangıçsızlığını hangi zaman birimi ile açıklayabiliriz? Zaman sadece, bizim gibi, Allah'ın sonradan yarattığı bir mahlûktur.

Bütün "zamanları" yaratan Allah'tır. Allah'ın *(c.c.)* kendi Yüce Zât'ı ise zaman üstüdür. Allah'a göre dün, bugün, yarın diye bir şey yoktur. O hep vardır. Ona göre, Big Bang denilen, kâinatın başlangıcındaki büyük patlama ne kadar şu an ise, Güneş sisteminin oluşumu ne kadar şu an ise, Hazret-i Âdem'in *(a.s.)* yaratılışı ne kadar şu an ise, bizim hayatımız da, ölümümüz de, kıyametin kopuşu da, bizim dirilmemiz de, mahşerde toplanmamız da, Cennet bağlarında dolaşmamızda o kadar şu anla ilgili alanlar ve kavramlardır.

Fakat biz bu sürecin içinde olduğumuzdan, bizim bu yüksek hakikati, yani Allah'ın "zaman üstü" oluşunu kavramamız zordur. Meselâ, hep toprağın içinde yaşayan, gözü olmayan ve çok ince duyarlı duyargalarıyla yaşayan, yön bulan ve hareket eden bir yer altı hayvanı için, ışığın ve görmenin hiçbir anlamı ve tanımı yoktur. Ona ne görmeyi, ne ışığı, ne hareket etmek için ışığa muhtaç oluşumuzu kavratamazsınız. O nasıl ışığı kavramakta zorluk çekiyorsa, biz de "zaman üstü oluşu" kavramakta zorluk çekeriz.

Onun için biz, Allah Kadim'dir, Ezeli'dir, Evvel'dir, Daimî'dir, Ebedî'dir, Bâkî'dir deriz. Ve bu isimleri hep yanlışlıkla zaman kavramı içinde tanımlamaya ve anlamaya çalışırız. Çünkü biz zaman kavramı içinde yaşıyoruz.

Biz kendimizi zamandan ayrı sayamıyoruz. Yani zamansız yapabileceğimizi asla düşünemiyoruz. Bundan dolayı, Allah'ın bu isimlerini tanımlarken de zamana ihtiyacımız varmış gibi geliyor bize. Oysa bu bizim yanılgı noktamızdır.

Bölüm İki

TEK SAHİBİMİZ ALLAH; KALPLERİMİZE FERAHLIK VEREN, BİZİ GÖRÜP GÖZETENDİR

Kabağın Sahibi

Vaktiyle bir derviş berbere gider. Berberden saçını dibinden kazımasını, sakal ve bıyığını kısaltmasını ister. Tereddütsüz bir şekilde berber koltuğuna oturan derviş:

"Vur usturayı berber efendi!" der.

Berber, dervişin saçlarını kazımaya başlar. Derviş de aynada kendini takip etmektedir. Başının sağ kısmı tamamen kazınmıştır. Berber tam diğer tarafa usturayı vuracakken, yağız mı yağız, bıçkın mı bıçkın bir kabadayı girer içeri. Doğruca dervişin yanına gider, başının kazınmış kısmına okkalı bir tokat atarak:

"Kalk bakalım kabak, kalk da tıraşımızı olalım!" diye kükrer.

Dervişlik bu… Sövene dilsiz, vurana elsiz olmak gerek. Ses çıkarmaz, biraz çaresiz, biraz mütevekkil usulca kalkar yerinden.

Berber, bu gariban müşterisine karşı mahcup olmakla beraber kabadayının pervasızlığından da korkmuştur. Ses çıkaramaz.

Kabadayı koltuğa oturur, berber tıraşa başlar. Fakat küstah kabadayı, tıraş esnasında da boş durmaz; sürekli aşağılar derviși, alay eder:

"Kabak aşağı, kabak yukarı!"

Nihayet tıraş biter, kabadayı dükkândan çıkar. Henüz birkaç metre gitmiştir ki, gemden boşanmış bir at arabası, yokuştan aşağı hızla kabadayının üzerine doğru gelir. Kabadayı şaşkınlıkla yol ortasında kalakalır. Derken, iki atın ortasına denge için yerleştirilmiş uzun sivri demir, kabadayının karnına batıverir. Kaşla göz arasında babayiğit kabadayı oracığa yığılır kalır; ölmüştür. Herkes bir anda olup biten bu olayın hayret ve şaşkınlığı içindedir. Berber de şok olmuştur; bir manzaraya, bir dervişe bakar ve dervişin beddua ettiğini düşünerek gayri ihtiyarî sorar:

"Biraz ağır olmadı mı derviş efendi?"

Derviş mahzun, düşünceli cevap verir:

"Vallahi gücenmedim ona. Hakkımı da helâl etmiştim. Gel gör ki, kabağın bir de sahibi var. O gücenmiş olmalı."

Kalpleri Ferahlatan Yalnızca Allah'tır

Günlük hayatımızda çeşitli olaylarla baş başa kalıyoruz. Bunlar bazen bizi üzüyor, umutsuz bırakıyor, kalplerimizi daraltıyor, huzurumuzu kaçırıyor. Hâlbuki tüm bunlara karşı Rabbimizin bizlere şöyle sesleniyor: *"...Allah'ın rahmetinden ümit kesmeyin; çünkü Allah'ın rahmetinden, küfre sapanlar topluluğundan başkası ümit kesmez."* **(Yusuf 87)**

Bir derdin, sıkıntın varsa, huzur arıyorsan, kalbinin ferahlamasını istiyorsan unutma: Seni her zaman koruyan/yol gösteren bir Rabbin var. Unutma! Hayatta hiçbir şey tesadüfen olmuyor. Her şeyin bir bedeli var. Her hâlimiz bir imtihandır. İmtihan olmasa Cennet'in tatlılığı da olmaz. Her derdin çaresi sadece Allah'tadır. Ona yönel ki, rahata eresin. Ne olursa olsun, O'ndan uzaklaşma. Çünkü O senden yüz çevirirse kimse asla sana destek olamaz. Her iki dünyan mahvolur. Unutma; Allah sevdiği kulları denemeye çeker ki, onların ne kadar sabır edeceğini sınar. Sabır ettikçe kul yücelir. Sabır etmese, isyan ederse, hâli perişan olur.

Allah, iman nimetini herkese armağan etmez. Sen de bunun değerini bilmesen elbette Allah bu nimeti ihsan edeceği başka kişiler bulur. Yine de en büyük günahlarımızdan sonra bile unutmayalım ki, Allah merhametlidir. O sabırla bizi katında bekler. Sonunda döneceğimiz yer, O'nun huzurudur.

Her yokuştan sonra bir inişin olması gibi, her sıkıntıdan sonra da bir kolaylık vardır. Bu durum her işte de böyledir. İnsan bir işte önce büyük sıkıntı yaşar, bunalır, türlü sorunlarla boğuşur, bir gün gelir işin tadını almaya, meyvesini yemeye başlar. Zor iş artık kolaylaşır. Sıradan bir iş haline gelir. Yüce Allah *(c.c.)* belki de insanların bu ilahi kuralı anlamakta şaşkınlık yaşayacağını bildiği için şu ayetlerle iki kere yinelemiştir: "Demek ki, güçlükle beraber kolaylık vardır. Evet, güçlükle beraber kolaylık vardır *(İnşirah Sûresi, 5, 6)*.

İnşirah Sûresi, ruhsal sıkıntı ve darlık anlarında okunduğunda kalbe bir genişlik ve huzur verir. Ruhsal sıkıntıyı ve darlığı atmamızı sağlar. Sabreden insan her güçlükten sonra bu kolaylığı elbette görecektir. Çünkü Allah *(c.c.)* ilahi kanunları şaşmaz ölçülerle koyar. Demek ki El-Kâbid (sıkan, daraltan) güzel ismi, güzel sabır (sabr-ı cemil) göstermek suretiyle El-Bâsit (genişlik ve ferahlık veren) güzel ismine ulaşmada bir vesiledir.

Özellikle bazı zikirler ruhsal sıkıntıları üzerimizden atmamıza büyük yararlar sağlar: Bunlar içerisinde 'La havle vela kuvvete illa billahil Aliyyül Azim (Yüce ve büyük Allahtan başka güç ve kudret sahibi yoktur.)' zikrinin çok büyük sırları vardır. Peygamberimiz *(s.a.v.)* bu zikrin 99 derde deva olduğunu söylemiştir. Yeter ki her gün bu zikre devam edilsin. Ayrıca birtakım şerli ve güçlü insanların kendisine zarar vereceği, makam ve mevkisinden edeceği türde kaygı yaşayanlara da bu zikir büyük yararlar sağlar. Bu zikirde Kelime-i Tevhid'in en büyük sırrı gizlidir. Çünkü günlük hayatta insanların ağızlarından bilerek ya da bilmeyerek şirk ihtiva eden sözler çıkabilmektedir. İşte bu zikri çekerken her zaman güç ve kuvvetin gerçek sahibinin yüce Allah *(c.c.)* olduğu tefekkürünü de yapmak gerekir. İnsanlar kabz (ruhsal sıkıntı, darlık) hâline, genellikle başkalarından gördükleri kötü muamele veya beklentilerine cevap bulamama nedenleriyle girmektedirler. Bu zikir kötü gibi görünen kişilerin, olayların arkasında Allah'ın güç ve kudretinin tecelli ettiğini algılamayı sağlayarak (hayır ve şerrin Allah'tan geldiğine inanmak kadere imanın en önemli rüknüdür) kişinin gerçeği kavramasını, günahlarına ve kötü hallerine tövbe ederek Allah'a yönelmesini gerçekleştirecektir.

Hz. Yunus Aleyhisselam'ın balığın karnında iken yaptığı zikir hem bela ve musibetleri önleyici ve ortadan kaldırıcı hem de ruhsal sıkıntılara karşı büyük bir şifadır. Günde 100 kere okunması tavsiye olunur:

"La ilahe illa ente subhaneke inni küntü minezzalimin (Allah'tan başka ilah yoktur. Sen kusurdan, hatadan uzaksın. Kuşkusuz ben zalimlerden oldum.)"

Kelime-i tevhit zikrinin de (la ilahe illallah) ruhsal hastalıklara ve sıkıntılara karşı iyi geldiğini özellikle belirtelim. Günde 100 kere okunması tavsiye olunur.

Zenginlik, sağlık, afiyet birer genişlik ve ferah kaynaklarıdır. Ama bazı insanlar, bu kaynakların kadrini ve kıymetini pek bilmezler. Zenginlik, sağlık ve afiyet içerisinde bulundukları hâlde böylelerinin ruhlarında bir sıkıntı ve darlık bulunur. Çağımızda insanlar genellikle böyle bir sorundan yakınmaktadır.

Zenginlik, sağlık, afiyet aslında birer genişlik ve ferah kaynağı iken kalpte aksi tesir uyandırabilmesinin nedeni başka bir şeyden kaynaklanır. O da şükür yokluğudur. Şükür, Allah'a *(c.c.)* teşekkür etmektir; elindekilerle yetinerek bunları kendisine bağışlaması nedeniyle Allah'a *(c.c.)* içten büyük bir minnet duyma duyguları ile olur. Nimetleri insanlarla paylaşmak şükrün gereğidir. Başkalarının sahip olduğu şeylere göz dikmek, onları arzulamak insanın içerisinde bulunduğu nimetleri görememesine neden olabilir. Böyle birisi ne kadar varlıklı olsa da kendisini yoksul hisseder. Sağlık ve afiyet gibi maddi şeylerle ölçülemeyen değerlerin kıymetini bilemez.

Kabz (ruhsal sıkıntı, darlık) hâli hepimizi olumsuz etkiler. Çünkü ruhsal sıkıntı ve darlık sırasında kişi ibadetlerden zevk alamadığı gibi aşırı derecede de bunalır. İşte böyle durumlarda pek sebeplere bakmamak gerekir. Elbette nefsin bu sıkıntı ve darlığı yaşamasına neden olan etkenleri vardır. Şeytanlar, bazı insanlar, olaylar buna neden olmuş olabilir.

"Şu kesindir ki, Allah kullarına zerre kadar bile zulmetmez." **(Nisa Sûresi, 40)**

Öyleyse yüce Allah *(c.c.)* bazen ruhumuzu niçin sıkmakta ve darlaştırmaktadır? Elbette Allah'ın hikmetine kimse sınır koyamaz. Onun hikmetine akıllar ve sırlar eremez. Ama şu kadar biliyoruz ki; *"Başınıza gelen her musibet, işlediğiniz günahlar nedeniyledir. Hatta Allah günahlarınızın çoğunu da affeder."* **(Şûrâ Sûresi, 30).**

"Sana gelen her iyilik Allah'tandır. Başına gelen her kötülük ise nefsinden dolayıdır." **(Nisa suresi, 79)**

Kişi, böyle durumlarda iken bir iç muhasebe yaparak hatalarına ve günahlarına tövbe etmeli, ibadetleri kendisine zor da gelse asla ihmal etmemelidir. Allah'ın El-Kâbid (sıkan, daraltan) güzel isminden Allah'ın El-Bâsit (genişlik ve ferahlık veren) güzel ismine sığınmalıdır.

Kabz (darlık, sıkıntı) ve bast (genişlik, ferahlık) hâlleri karşısında insan iradesi çok acizdir. Bu halleri iradeleri ile kimse değiştiremez. Buna güç yetiremez. Bu ancak Allah'ın izni ile değişir. Bu haller mevsimler gibidir. Kış mevsimi kabz hâli gibi insanın elini kolunu bağlar. Bu mevsimde insan pek dışarı çıkmak istemez. Evde kapanır kalır. Bast hali ise ilkbahar mevsimi gibi insana bir genişlik ve ferahlık verir. Bu kabz haline çağdaş psikolojide depresyon denilmektedir. Depresyondaki kişiler yaşama sevincini kaybettikleri için genellikle uyumak isterler. Alkol kullananlar, bu zamanlarda daha çok içerler. Bast haline de manik derler. Manik halinde kişi içinde anlatılmaz bir sevinç duyar. Oynamak, gülmek, insanlara sarılmak ister. Aslında bu depresyon ve manik hâlleri mevsimler gibi her insanı da az çok kapsamı içerisine almaktadır. Kabz (depresyon) halinde iken bunun arkasında yüce Allah'ın El-Kâbid (sıkan, daraltan) güzel ismini görmek büyük bir hünerdir. Yine Allah'ın El-Kâbid güzel isminden El-Bâsit güzel ismine sığınmak ise ayrı bir hünerdir. İmanın güçlü olduğuna, hakikati kavradığına işarettir. Allah her birimize nasip eylesin. Âmin.

Elbette bunları söylemek ya da yazmak kolaydır ama çok sevdiğimiz birisini kaybettiğimizde, işten atıldığımızda, bir ceza aldığımızda, büyük bir kaza sonucu engelli olma gibi durumlar mutlak surette insanları belli derecelerde kabz haline sokarlar. Bu hallerde dostların maddi ve manevi yardımları da çoğu kez yetersiz kalır. İnsanlar hiç beklemedikleri böyle bir durumlar karşısında inanç dünyalarında da bir sarsıntı yaşayabilirler. Zaten kabz hali bunun mahsulü olarak ortaya çıkmaktadır. Yoksa kadere inancı tam olan, hayır ve şerrin Allah'tan *(c.c.)* geldiğine inanan bir insan, bu tür olumsuz bir olay karşısında hemen kendisini silkeler, toparlar. Dünya hayatının bir imtihan yurdu olduğu gerçeğini hatırlar ve kendisine gelir. Olayı ruhsal dünyasında kısa zamanda sindirir. Ruh sağlığını normal düzeyde tutar. Bir iç muhasebe yaparak varsa hatalarına ve günahlarına tövbe eder, bunları telafi yoluna girer, sonra da Allah'ın El-Kâbid (sıkan, daraltan) güzel isminden Allah'ın El-Bâsit (genişlik ve ferahlık veren) güzel ismine sığınır.

Allah *(c.c.)* tıpkı şefkat ve merhametten yavrularını uyaran, terbiye eden bir baba gibi bazen günlerimizin sıkıntılı geçmesine bazen de neşeli olmamıza neden olan şeyleri yaratmaktadır. Her halükârda O'nun kaderine razı olmak dışında başka bir seçeneğimiz yoktur. Ruhsal sıkıntılardan kurtulmanın yolu ilaç bağımlılığından ziyade Allah'a yönelme ile mümkündür. Şükür duygusudur. Allah'ın El-Kâbid (sıkan, daraltan) güzel isminden Allah'ın El-Bâsit (genişlik ve ferahlık veren) güzel ismine sığınmadır. Bu güzel isimleri sayıya vurmadan yapılan zikirler, bu konuda sıkıntısı olanlara büyük bir rahatlık, genişlik ve ferahlık sağlayacaktır inşallah.

El-Kâbid (sıkan, daraltan), el-Bâsit (genişlik ve ferahlık veren) güzel isimleri ile kula düşen görevler şunlardır: İnsanın hangi halde bulunursa bulunsun Allah'a *(c.c.)* şükretmesi için pek çok nedeni vardır. Bela ve musibetlerle bize sabır meyvesini kazandırmaya çalışan yüce Allah *(c.c.)*, verdiği her bir varlık, sağlık, afiyet nimetleri ile de bizde şükür meyvesinin oluşmasını bekler. Çünkü şükür ile bir Müslüman dünyada genişlik ve ferah duygularını tadarken ahirette yüksek dereceler kazanır. Allah *(c.c.)*, bütün sıkıntılarımızı ferahlığa çevirsin. Bizlere rızasını nasip eylesin. Âmin.[5]

Allah'ın Zatı Mutlaktır

O'nun varlığı bütün kâinatı kuşatmıştır. Zıttı yoktur. Zıttı olmadığı için Allah'ın zatının mahiyetini kavrayamıyoruz. Sadece 'Allah'ın zatının mahiyetinin, sair varlıkların mahiyetine benzemediğini bilmekle yetiniyoruz. Yani Allah'ın zatı maddi değil, ruhi değil, manevi değil, ışıktan değil, şundan değil, bundan değil! Allah'ın zatının mahiyeti meçhulümüzdür. İşte iman burada devreye giriyor. Nitekim Peygamber Efendimiz *(s.a.v.)*, "Cenâb-ı Hakk'ın sınırsız nimetlerini tefekkür ediniz. Fakat Zatının mahiyetini düşünmeyiniz. Çünkü siz ulûhiyetin esrarını keşfedemezsiniz" buyuruyor.

Şöyle düşünelim: Allah'ın yarattığı Güneş'e dahi tam bakamazken, O'nun yarattığı fırtınaların, tsunamilerin

---
5 İslam Dergisi, Muhsin İyi

karşısında duramazken O'nu bu gözlerle görmek nasıl mümkün olur? Sonsuz bir varlığı, sonlu ve görme sınırı dar olan bir organla görmek mümkün olabilir mi? Kaldı ki, biz henüz bu gözlerimizle, kızılötesi, mor ötesi gibi ışınları dahi göremezken, O'nu bu çıplak gözlerle nasıl görebiliriz?

Bununla birlikte, Allah'ın *(c.c.)* müşahede edilmesi ve görülmesi müminlere dünyada değil; Cennette vaki olacağı müjdelenmiştir. Dünyada ise Allah, ilimle öğrenilir, bilinir, iman ve ibadet edilir. Dünyada gaybî olarak O'nun varlığına ve birliğine iman eden, inşallah ahirette de O'nu görmeye hak kazanmıştır. Çünkü ahirette artık, bu gözlerle değil, boyutlar ötesinden bakma ve görme şansımız olacak.

Hz Musa *(a.s.)*, Tur Dağı'nda, Allah'ın kelâmına mazhar olurken, O'nu görmek için şiddetli bir istek duyar ve bu isteğini aynı şiddet ve niyazla hemen O'na iletir. Ancak kelâmına mazhar olan bir Peygamberin, mazhariyet anında bile O'nu görmesi mümkün olmaz! Allah'ın kelâmından dinleyelim: "Rabbi onunla konuşunca, Musa: 'Rabbim, bana kendini göster, Sana bakayım!' dedi. Allah: 'Sen beni asla göremezsin! Ama şu dağa bak, eğer o yerinde kalırsa sen de beni görürsün!' buyurdu. Rabbi dağa tecelli edince onu yerle bir etti. Ve Musa baygın düştü. Kendine gelince, 'Ya Rabbi, Sen Münezzehsin! Sana tövbe ettim! Ben iman edenlerin ilkiyim!' dedi."
(Arâf Sûresi, 143)

Dünyada Allah'ın zâtını görmek, sahip olduğumuz gözler ile imkân dışıdır. Çünkü gözlerimizin görme özelliği, boyutu, ebadı, çapı, görüş ufku ancak yaşadığımız âlemdeki maddi ve fiziksel şeyleri görebilecek kapasitededir. Çıplak bir görüşle Güneş'e bir süre baktığımızı farz etsek bile, gözlerimiz kamaşmakta; daha da ilerisi, kör olma tehlikesiyle yüz yüze gelmekteyiz. Güneş'in aydınlığını ve nurunu görmekten aciz kalan gözlerimizin, daha dakik ve daha latif nurani varlıkları, mesela cinleri, melekleri ve ruhanileri tamamen göremediğini biliyoruz.

Öyleyse "şiddet-i zuhûr" sahibi bir Varlık olarak bütün zaman ve mekânı kuşatmış olan, yani varlığının şiddetinden dolayı gözlerin kamaşmış bulunduğu Yüce Allah'ı dünya gözlerimizle asla göremeyiz. Göremediğimiz için gözlerimizi ne körlükle ve ne de basiretsizlikle itham edemeyiz. Allah'ın kelâmı bu konuda tereddüde yer vermeyecek ölçüde nettir: "Gözler O'nu göremez! O ise bütün gözleri görür. O Latif'tir, Habir'dir." *(En'am Sûresi, 103)*

Bitkilerin tohumları ve çekirdekleri yalnız kendi Hâlık'larına el açan birer niyet, niyaz ve dua kutucuğu hükmündedirler. *(Sözler, s. 325)* Tüm varlıklar kendilerinden çok kendi yaratıcılarını gösterirler. Kâinatta her şeyi kuşatan "yaratma" fiili, her şeyi ve her yeri, Hâlık'ın vücuduna, Yaratıcı'nın varlığına ve Allah'ın birliğine apaçık işaretlerle zapt etmiştir. *(Sözler, s. 619)*

Zaman'ı Yaratan O'dur

Kur'ân-ı Kerîm'de zaman kavramı; "asr, dehr, karn, saat, sene, yevm, leyl, nehar, fecr, hin, ebed ve vakt" gibi kelimelerle ifade edilmektedir. (Ve'l-Asr/Asra yemin olsun ki, Ve'l-Leyl/Geceye yemin olsun ki, Ve's-Subh/Sabaha yemin olsun ki, Ve'd-Duha/Duha vaktine yemin olsun ki...)

• Zamanın sahibi, ölçüp, biçeni mutlak manada Allah'tır *(Müzzemmil, 20)*. Sahibi Allah *(c.c.)* olan bu emanete, hakkı ile sahip çıkılmalıdır.

• Zamana belli ölçüler, birimler, evreler tayin eden Allah'tır. *(Bakara, 189)* Tayin edilen bu ölçülere riayet ederek, yaşanılmalıdır.

• Zamana bir yasa, hesap, nizam belirleyen Allah'tır *(Rahmân, 5)*. Belirlenen bu kadere teslim olup, var olan nizamdan, hayata nizam taşınmalıdır.

• Zamanın nasıl değerlendirileceği konusunda Zat'ı üzerinden, çok önemli bir hakikate dikkat çeken Allah'tır *(Rahmân, 29)*. O *(c.c.)* her an yeni bir işte ise, insanın zamanını heder etmesi büyük bir ziyan olduğu iyice kavranılmalıdır.

• Zamanın kıymetini, hayatın dakikliğini namaz ile nazara veren Allah'tır *(Nisa, 103)*. Günün beş ayrı vaktinde, namazla zaman hatırlanarak gereği yapılmalıdır.

• Zamanın asla boşa geçirilmemesi gerektiğini söyleyen Allah'tır *(İnşirah, 7,8)*. Bir işte yorulunca, başka bir işe geçerek dinlenilmesi gerektiği unutulmamalıdır.

• Zamanın hakkı verilirse felaha erileceğini müjdeleyen Allah'tır *(Mü'minûn, 1, 3)*. Boş ve yararsız şeylerle vakti heba etmenin, telafisi mümkün olmayan bir akıbete insanı düşüreceği iyice anlaşılmalıdır.

• Zamanın hakkını vermeyenlerin zamana doymayacaklarını haber veren Allah'tır *(Bakara, 96)*. Bin sene yaşasa bile bir insan, sonunda zamanın sahibinin huzuruna varacağını her daim hatırlamalıdır.

• Zamanı istenildiği gibi kullanmayanların büyük bir pişmanlık duyacaklarını bildiren Allah'tır *(Fatır, 37)*. Pişmanlığın dünyada fayda vereceği, ahirette ise hiçbir faydasının olmayacağı her daim akılda tutulmalıdır.

• Zamanın değer ve kıymetine dikkat çekmek için onların üzerine yemin eden Allah'tır *(Asr, 1; Leyl, 1)*. Allah'ın değer verdiği bir şeye değer vermek, mümin en temel vazifesi olmalıdır.

Albert Einstein, $E = mc^2$ formülünü geliştirdiğinden beri, en azından tek yönlü olarak zaman yolculuğunun yapılabileceği düşünülüyordu. Ancak geçmişe doğru gitmek ise çok daha zor bir problem olarak algılanıyordu.

Einstein, 1905'de uzayın, uzay-zaman adlı dört boyutlu bir dokuya sahip olduğunu ve garip bir biçimde kütle veya hız arttırıldığında hem uzayın, hem de zamanın eğrildiği şeklinde bir açıklama ile rölativite teorisini tanıttı. Yani, ne kadar hızlı hareket edersen, zaman, o denli yavaşlar. Etrafınızdaki kütleyi katlanır seviyelerde arttırdığınızda da benzer etkiyi yaşarsınız. Bu fenomen, dakika ölçeğinde de olsa kanıtlanmış idi. 1975'da Carol

Allie, senkronize iki atom saatinden birini yeryüzünde bıraktı, diğerini ise çok hızlı bir uçakla uçurduktan sonra karşılaştırdı ve hızla havada yol alan saatin salisenin bir parçası kadar yavaş işlediği tespit edildi.

Diğer deneylerde de, bilim adamları temel partikülleri, parçacık hızlandırıcılarında ışık hızına yakın süratlere ulaştırdılar ve hızlanan partiküllerin durağan olanlara oranla daha yavaş dağılıp çöktüklerini tespit ettiler. Kütlenin zaman üzerindeki etkisini ölçmek için de bilim adamları gökdelenlerin tepesine ve temeline yerleştirdikleri atom saatlerinde gözlemlenen etkileri incelediler. Hayrettir ki, temeldeki -yani dünyanın kütlesine daha yakın olan- saat, gökdelenin tepesindeki saatten daha yavaş ilerliyordu.

İşte bütün bunlar, zamanda yolculuğun neden mümkün olabileceğinin ispatlarıdır. Saatlerin yavaşlamasına neden olan fenomenler ifrat noktalarında da devreye gireceğinden, saniyelerin geriye alınması gibi, yıl, hatta bin yıl ölçütünde zamanla oynanabilir. Bunun için size gerek olacak şey ise, çok hızlı bir uzay aracıdır.

Saniyede iki yüz milyon metre hızla yol alan bir yolcu, büyük ölçüde yavaşlamış zaman deneyimini yaşayacaktır. Tıpkı bir jet uçağı yolcusunun evde koltukta oturduğunu hissetmesi gibi, bu hıza ulaşan kimse de bunu çok hissetmeyecektir. Fakat bir kez dünyaya geri döndüğünde, dünyada bıraktığı yakınlarının kendinden çok daha fazla yaşlanmış olduklarını gözlemleyecektir. Bu da bir anlamda geleceğe yolculuk demektir. Zaman yolculuğu hakkında bir kitap yazan Richard Gott'un hesaplamalarına göre, uzayda toplam 748 gün kalan Rus kozmonotu Sergei Andeyev, biz dünyalılara göre saniyenin ellide biri kadar daha genç bir hâlde dünyaya döndü. Bu çok gözükmeyebilir, ancak Gott'un da belirttiği gibi, "bin yıllık yolculuklar bir saniye ile başlar."

Elbette bu seviyeye ulaşmanın önünde kimi engeller var. En başta da bu hıza ulaşacak bir uzay aracının ihtiyaç duyduğu muazzam enerjiyi bir araya getirme bilgisinden henüz yoksun olmamız geliyor. Ancak Philadelphia Üniversitesi profesörü Paul Halpem, önümüzdeki bir kaç yüzyıl zarfında insanlığın bu teknoloji seviyesini elde edeceğini hesaplıyor. Evet, geleceğe yolculuk böylelikle mümkün olacakken zamanda geriye dönüşün engelleri nasıl aşılacaktı?

Einstein'a göre; ışık hızına yaklaşmak zamanı yavaşlatacak, tam ışık hızına ulaşmak zamanı donduracak, ışık hızının üstünde yol almak da zamanın geriye işlemesine neden olacaktır. Fakat gene Einstein'ın hesaplamalarına göre ışıktan hızlı gitmek kütleyi sonsuza yaklaştıracaktır. Peki, bu durumda zamanda geçmişe yolculuk mümkün değil midir? Meşhur İngiliz bilim adamı Stephen Hawking ve pek çok bilim adamı bunun gerçekleşemeyeceğini ifade ediyor, ama kimi bilim adamları da geçmişe bazı kestirme yollar olabileceğini iddia ediyorlar. 1980'de Berkeley Üniversitesi'nden Kip Thome, uzayda solucan yolları olarak adlandırılabilecek oluşumların var olduğu savını ileri sürdü. Bu nesneler, aslında iki kara deliğin birbirine bağlanmasıyla meydana gelen ve böylelikle uzayın dokusunda yırtılmalar oluşturan tünellerdir. Bir karadelik bularak, ondan binlerce ışık yılı ötedeki bir diğer kara deliğe yollar oluşturmak, uzay-zaman düzleminde kestirmeler yaratacağından, dalgalı zaman nehrinde geçmişe veya geleceğe geçitler oluşturacaktır. Bu teoriden esinlenerek pek çoğumuzun beğeni ile izlediğimiz ve Judie Foster'ın başrolünde oynadığı Contact filmi yapılmıştı. Ne var ki, teorinin ciddi problemleri vardır.

Dünyayı zaten tümüyle var olduğu biçimde algılayabilseydik, altından kalkamayacağımız görüntülere, gürültülere ve işleyişlere maruz kalacak ve buna dayanamayacaktık. Nitekim madde boyutunu aşabilen bazı kişiler bu farklılıkları hissedebilmekte ya da görebilmektedir. Ancak kimi de bunlara dayanamamakta, dengesini yitirmektedir. Yüce Allah *(c.c.)* bize, biyolojik hayatımızı en optimum bir şekilde devam ettirebileceğimiz bir algılama sistemi bahşetmiştir. Ancak zaman zaman bazı insanlara da bu sınırları aşmaya izin verebilmektedir. Tasavvuf literatüründe "ğayb ricali" diye geçen, işlerine güçlerine akıl, sır ermeyen bu tür insanlara "ğayb adamı" denilmektedir.

Filibeli Ahmet Hilmi'nin A'mak-ı Hayal isimli kitabında, hayalin derinliklerine doğru bir yolcuğun çeşitli deneyimleri ortaya konmakta... Kitabın kahramanlarından Raci, başlangıçta, iyi bir eğitim görmüş, ancak bazı fikri sorunlarını çözemediği için sıkıntıya düşmüş ve sorunlarını eğlencede arayan bir kişilik olarak karşımıza çıkmaktadır. Ancak bir gün bir mezarlıkta tanışma fırsatı bulduğu Aynalı Baba ile çeşitli mistik deneyimler yaşar... Aynalı Baba, onu ney çalarak uyutur ve bir takım madde ötesi yolculuklara çıkarır; diğer bir ifadeyle (belki de ney aracılığıyla hipnotize ederek) hakikat bilgisine doğru yolculuğa çıkarır genç Raci'yi... Raci bu deneyimlerinden sonra hayata çok daha farklı bakmaktadır... Ruhunda bir türlü varamadığı çıkmazları, çözmeyi beceremediği düğümleri çözmeye başlamıştır artık... Raci, hakikat bilgisine susamış, ancak yolunu bulamayan bir durumda olduğu zamanda Aynalı Baba ile tanışmasını şöyle ifade eder:

"O sırada aklıma birdenbire parlak bir fikir geldi. Deli kıyafetine bürünmüş bir filozof olma ihtimali bulunan Aynalı Baba ile ciddi meseleler hakkında konuşmak istedim ve dedim ki : 'Sultanım! Sen viranede gömülü bir hazinesin. Ben ise felsefeye susamış bir avareyim. Lütfen, ilminizden istifade etmeme izin verin. Verin elinizi öpeyim."[6]

Mistik boyutları ele alan ve gayb ricali evliyanın hayatından bahseden eserlerden biri de Mustafa Özdamar'ın kaleme almış olduğu "Lâdikli Ahmet Ağa" isimli kitaptır. Eserden bir paragrafı sizinle paylaşmak isterim:

"Gayb ricali evliyanın ne zaman nerede olacağı pek belli olmuyor. Zaman-mekân kaydı yok onlar için pek... Tayy-i zaman ve tayy-i mekân erbabı onlar... İçinde yaşadıkları zaman diliminin öncesine, yıllar, yüzyıllar, çağlar öncesine de gidebiliyorlar, sonrasına da... Ya da aynı anda, ayrı ayrı birçok yerde olabiliyorlar."[7]

Tayy-i Zaman için çeşitli tanımlar yapılmıştır. Kısaca, farklı zaman boyutlarında bulunabilme yeteneği olarak ifade edebiliriz. Diğer birkaç tanım ise şöyle:

---

6 A'mak-ı Hayal, Filibeli Ahmet Hilmi, Kaknüs Yayınları
7 Ladikli Ahmet Ağa, Mustafa Özdamar, Kırkkandil yayınları

- Tasavvuf dilinde zamanda yolculuk anlamına gelir. Tasavvuf geleneğinde, belirli bir eğitim ve olgunlaşma süreci sonunda manevî bir mertebeye ulaşmış kişilerin zaman kaydından kurtulabileceği kabul edilir.

- Tasavvufta bir kişinin yaşadığı zamanın dışına çıkarak, daha önce yaşanmış hadiselerin geçtiği yerlere gitmesidir.

- Hazreti Muhammed'in *(s.a.v.)* miraca çıkması, kendisine bütün kâinatın gösterilmesi sonrasında "döndüğünde yatağı hâlâ sıcaktı" şeklinde bahsedilir. Bazı kaynaklarda Tayy-ı Mekân kavramı ile iç içedir.

- İzafiyet teorisinin ispatlamaya çalıştığı tasavvufi olaylar dizisi... Kur'an'da ve tasavvufta yer alan gerçek üstü gibi görünen her şey aslında determinizmin de yasalarına uygun olarak gerçekleşmesi mümkün olaylardır. Sadece, Âdemoğlu nasıl yapacağını bulamadı henüz...

- Rüya görürken ruhun vücuttan ayrıldığına inanılır. Hatta Kızılderililerin şöyle bir inanışı vardır: Ruh o gün yaşayamamışsa, isteklerini gerçekleştirememişse, gece uyuduğumuzda vücuttan ayrılır ve gündüz hissedemediklerini hissetmeye gider. Bilmediğimiz diyarları gezer dolaşır, rutin hayatımıza maceralar ekler ve geri döner bedene... Bu, Tayy-i Zaman, Tayy-i Mekândır... Yani zamansızlık ve mekânsızlık...

Tayy-ı mekân içi de birkaç tanım verelim:

- Tayy, dürülmek, tayy-ı mekân da yerin dürülmesi demektir. Tasavvufta, "mesafenin kısalması şeklinde gerçekleşen keramet" anlamında kullanılmaktadır.

- Mekânı ortadan kaldırmak... Bir şahsın bir anda muhtelif yerlerde görünmesi... Tasavvufî terimdir.

- Tayy-i Mekân, mekândan uçmak demektir. Bu üç şekilde gerçekleşir.

1. Nefs Tayy-i Mekân
2. Ruh Tayy-i Mekân
3. Beden (fizik vücut) Tayy-i Mekân

Nefs-i Tayy-i Mekân, nefsin fizik vücudu terk etmesi ve kendi âlemi olan berzah âlemine gitmesidir. Uyku halinde, bayılma halinde ve ölüm halinde nefs bedeni terk edebilir...

Kalbin Hakiki Sahibi

Hacegân yolunun büyüklerinden Mevlâna Hüsameddin Buharî'nin babası Hamidüddin Şaşî, vefat döşeğinde idi. Bu zat büyük âlimlerdendi. Şah-ı Nakşibend'le aynı dönemde yaşamıştı. Ona büyük hürmeti, sevgi ve saygısı vardı. Fakat o kalp doktoruna teslim olup seyr u sulûk terbiyesi almamıştı. Kendi ilim ve tedbiri ile yetinmişti. Zahiren helâl ve harama dikkat etmiş, farzları yapıp, haramlardan kaçınmış, fakat kalbine pek eğilmemişti. Oğlu Hüsameddin Buharî ise, Emir Hamza Hazretleri'nin irşatta halifesi idi. Hamidüddin Şaşî, vefat anında sıkıntı ve ıstıraba düştü. Oğlu ve dostları baş ucunda idiler. Bir ara oğlu:

"Baba ne haldesin?" diye sordu.

Babası:

"Benden şu anda kalb-i selim istiyorlar. O da bende yoktur. Nasıl elde edileceğini de bilmiyorum!" dedi.

Hüsameddin Buharî babasına:

"Sakin olun, kalbinizi bana bırakın. Selim kalbin ne olduğunu anlayacaksınız." dedi ve derin bir murakabeye daldı.

Bir saat kadar öyle kaldı. O anda Cenab-ı Hakk'a yönelip babasını bu ızdırap ve endişeden kurtaracak ilâhi rahmet ve sekinet istedi. Orada bulunan diğer müminler de dua ettiler. Gözlerini açtığında, babasının yüzüne bir nur ve huzur inmişti. Kalbi dünyadan ayrılık, yalnızlık ve ölüm endişesinden kurtulmuş, Allah ile huzur bulmuştu. İnen rahmet ve sekinet ile mutmain olmuştu. Bu arada gözlerini açtı, bulduğu huzurun sevincini ve kaçırdığı fırsatın hasretini şöyle dile getirdi:

"Oğlum! Allah sana bol mükâfat versin. Meğer bize lazım olan iş, bütün ömrümüzü bu kalbi elde etme yolunda harcamak imiş. Fakat ne yazık ki, ömrümü başka türlü zayi ettim." dedi.

Marconi'ye ziyaret

"Telsiz telgrafın geliştirilmesine katkıları için, Alman Karl Ferdinand Braun ile birlikte 1909 yılında fizik dalında Nobel Ödülü ile onurlandırılan Marconi 63 yaşında Roma'da vefat etti.

Nobel ödüllü Marconi için İtalya'da çok büyük bir cenaze töreni tertip edilir. Cenaze törenine bilim dünyasından birçok ünlü kişide katılır. Katılanlar arasında Türkiye'den bir konuk vardır...

20 Temmuz 1937 yılında gerçekleşen bu törenin Türkiye'den kimsenin tanımadığı fakat Marconi'nin cenazesine katılmasını beklediği bir konuğu vardı. Bu cenaze törenine katılan kişi ise o dönemde 49 yaşında olan ve Konya'nın Lâdik ilçesinden Roma'ya gelen Lâdikli Ahmet Ağa'dan başkası değildi. Roma neresi Konya Lâdik neresi ve yıl 1937 Türkiye'si...

Bir hatırasında Ekrem Babacan, Ahmet Ağa'yı bir ziyaretinde, onun yorgun hâlini görerek "Hayrola Ahmet Ağa, sende bir yorgunluk var." deyince:

"Yeni Müslüman olan İtalyan bilgini Marconi vefat etmiş... Cenazesine katılmam için emir geldi... Oraya gittim, geldim." der. Hayret ve şaşkınlıkla yönelttiği: "Uçakla falan mı gidip geldiniz?", sorusuna karşılık: "Ne uçağı oğlum! Gidip geldim işte!" diye cevap verdiğini anlatmıştır."[8]

Ahmet Baki, web sitesinde bu konuyla ilgili şu soruları sormakta:

"Acaba, mistiklerin 'Bütün âlemlerin aslı hayaldir, çünkü her şey Allah'ın ilminde olmuş-bitmiştir.' şeklindeki ifadeleriyle kastettikleri bilginin "holografik düzenlenmiş evrenleri", yani "varlığın gerçeği ve özü" müdür? Ve acaba, Tayy-i Mekân ve Tayy-i Zaman olayları, bu holografik bilginin değişik boyutlarına,

8 yetenek.com

bilinç sıçramalarıyla gerçekleştirilen mekân ve zaman seyahatleri midir?"⁹

Hazret-i Mevlâna'nın, mübarek hanımları,
Diyor ki, bir gün evde, görmedik Mevlâna'yı.
Hâlbuki biraz önce, otururdu odada,
Biraz sonra baktık ki, görünmüyor ortada.
Biz böyle konuşurken, akşam oldu nihayet,
Sonra kapı açılıp, içeri etti avdet.
Çevirmek isteyince, ayakkabılarını,
Gördüm kenarında, Mekke'nin kumlarını.
Nereden geldiğini, ondan sual edince,
Buyurdu ki: "Mekke'de, bir dostum vardı önce.
Onun ziyaretine, gitmiştim biraz evvel,
O kumlar da Hicaz'ın, kumlarıdır muhtemel."
Düşündüm ki "Bu kadar, kısacık bir zamanda,
Hicaz'a gidip gelmek, nasıl olur acaba?"
O bunu anlayarak, buyurdu ki: Veliler,
Keramet ehli olup, sanki ruh gibidirler.
Kısaltır Hak Teâlâ, onlar için bu yeri,
Bir adımda giderler, uzun mesafeleri.

Mistik uygulamalar, bizim kısıtlanmış olan sıradan bilincimizin belirli alıştırma, eğitim ve tekniklerle üstesinden gelmeye çalışırlar. Bu uygulamalardaki amaç, sıradan bilincin otomatikliğini ve kısıtlı seçiciliğini aşmaktır. Sıradan bilinç, bu geleneklerde "körlük" ya da "uyku hali" olarak tabir edilir. Yaşadığımız dünyanın, bir yalan, geçici bir tezahür olduğu ve gerçek hayatın, gerçek uyanışla birlikte sonsuzluk yolculuğuna açılan kapıdan

9 ahmedbaki.com

geçmekle yaşanacağı ifade edilir. Bu disiplinlerin amacı, insanı körlükten görmeye, derin uykudan uyandırmaya yöneliktir. Tasavvuftaki "kalp gözünün açılması", insanların sıradan bilinç perdelerini aşarak madde ve zaman ötesine ulaşması ve Allah'a giden yolda bazı gerçeklere nail olmasını tarif eder.

Hz. Mevlana, bu konuda şöyle diyor:

"İnsan uyumaktadır; ruhu ise güneş gibi gökyüzünde parlamaktadır. Beden, yatakta, yorgan altındadır."

Prof. Ornstein: "Çağdaş bilim, insanın çoğunlukla normal olarak değerlendirdiklerinin ötesinde birçok kapasiteye sahip olduğunu yeniden keşfetmiştir." demektedir. Birkaç yıl önce, kan basıncını kontrol ettiğini iddia etmeye "paranormal" olarak bakılmaktaydı. Ama şimdiki çeşitli derin düşünme ya da psikolojik uygulamalarda, kan basıncının derecesini kontrol edebilen insanlara rastlanmaktadır.", şeklinde olayı yorumlamaktadır.

Mistik boyutlar size ilginç, saçma ya da imkânsız gibi görünebilir. Herkes düşüncesinde özgürdür. Ama hayatta birçok insanın, yaşadığı birtakım mucizeler de mevcuttur. Bu konudaki son yorumu, yine *Lâdikli Ahmet Ağa*'nın yazarı Mustafa Özdamar'ın kalemiyle sunalım:

"Bu tür şeyleri fantezi olarak görenler ve uydurma diye nitelendirenler olabilir. Olabilir... Herkesin bir inancı var... Benim inancım, bu tür şeylerin olabileceğidir. Ve ayrıca, bu tür şeyler, bir itikat meselesi de değildir. Ama yine de dikkat gerekir. Zira mucizeye inanmamanın birkaç adım ötesinde dipsiz kör kuyuları andıran bir inkâr çukuru vardır."[10]

Muhyiddin-i Arabî hazretleri şöyle anlatır:

"Bir gün Tunus Limanı'nda idim. Vakit geceydi. Kıyıya yanaşmış gemilerden birisinin güvertesine çıktım. Etrafı seyretmeye başladım. Denizin üzerinde ay doğmuş, fevkalâde güzel bir manzara teşkil ediyordu. Bu manzarayı, Allah'ın her şeyi ne kadar güzel ve yerli yerinde yarattığını tefekkür ederken dalmıştım. Birden ürperdim. Uzaktan, uzun boylu, beyaz sakallı bir kimsenin suyun üzerinde yürüyerek geldiğini gördüm. Nihayet yanıma geldi. Selam verip bazı şeyler söyledi. Bu arada ayaklarına dikkatle baktım, ıslak değildi. Konuşmamız bittikten sonra, uzakta bir tepe üzerindeki Menare şehrine doğru yürüdü. Her adımında uzun bir mesafe kat ediyordu. Hem yürüyor, hem de Allah'ın ismini zikrediyordu. O kadar güzel, kalbe işleyen bir zikri vardı ki, kendimden geçmiştim. Ertesi gün şehirde bir kimse yanıma yaklaşarak selam verdi ve: 'Gece gemide Hızır aleyhisselâm ile neler konuştunuz? O neler sordu, sen ne cevap verdin?' dedi. Böylece gece gemiye gelenin Hızır aleyhisselâm olduğunu anladım. Daha sonra Hızır aleyhisselâm ile zaman zaman görüşüp sohbet ettik, ondan edeb öğrendim.

Bir defasında deniz yolu ile uzak memleketlere seyahate çıkmıştım. Gemimiz bir şehirde mola verdi. Vakit öğle üzeriydi. Namaz kılmak için harabe olmuş bir mescide gittim. Oraya gayr-i Müslim bir kimse de

---

10 Ladikli Ahmet Ağa, Mustafa Özdamar, Kırkkandil yayınları

gelmiş etrafı seyrediyordu. Onunla biraz konuştuk. Peygamberlerden meydana gelen mucizelerle, evliyadan hâsıl olan keramatlere inanmıyordu. Biz konuşurken, mescide birkaç seyyah geldi. Namaza durdular. İçlerinden biri, yerdeki seccadeyi alıp, havaya doğru kaldırıp yere paralel durdurdu. Sonra üzerine çıkıp namazını kıldı. Dikkatlice baktığımda, onun Hızır aleyhisselâm olduğunu anladım. Namazdan sonra bana dönerek; 'Bunu, şu münkir kimse için yaptım.' dedi. Mucize ve keramete inanmayan o gayr-i Müslim, bu sözleri işitince insaf edip Müslüman oldu."

Allah bizi niçin yarattı?

Yüce Allah *(c.c.)* hem Hâlık'tır, hem Hakîm'dir. Yani hem Yaratıcıdır, hem yarattığı şeylerde hikmet ve fayda gözeticidir. Yaratmak O'na ait olduğu gibi, hikmet de, fayda gözetmek de O'na aittir. Esasen, O'nu yarattıklarının hikmeti hususunda sorgulamak haddimize düşmediği gibi, hikmetini bilmediğimiz yaratıkların hikmetsiz olduklarını da söyleyemeyiz. Çünkü hiçbir şeyin yaratılış hikmeti, aklımızla doğrulanmak zorunda değildir. Bununla beraber, düşünce yapımıza ve inancımıza güç ve kuvvet kazandırmak için, Allah'ın varlıkları neden yarattığını araştırmakta, düşünmekte, sebep ve hikmetlerini bulmaya çalışmakta elbette bir sakınca olmadığı gibi, O'nu eserleriyle ve yarattıklarıyla tefekkür etmek aynı zamanda Peygamber Efendimiz'in *(s.a.v.)* tavsiyesidir de.

Allah Yaratıcı'dır, her an aktiftir, her an tasarruf halindedir, her an sayısız-sınırsız derecede faaliyettedir, eylem halindedir, iştedir, *(Rahmân Sûresi, 29)*; hiçbir an işsiz, boş ve pasif değildir, her an çalışkan, faal ve dinamiktir; hiçbir şekilde tembel, hareketsiz, durgun, durağan ve statik değildir. Allah dilediğini yapar *(İbrahim Sûresi, 27)*. Dilediği gibi yapar *(Hûd Sûresi, 107)*. Dilediği gibi hükmeder *(Mâide Sûresi, 1)*. Allah, faaliyetleriyle her şeyi ihata eder, hiçbir şey Kendisini hiçbir işten ve eylemden alıkoyamaz. İrade ettiği her şeyi bir emirle anında yapar; bütün varlıklar âlemi, Allah'ın sınırsız faaliyetlerinin, sayısız tecellilerinin, sınırsız iş ve eylemlerinin şahididirler. Kainatta gördüğümüz baş döndürücü faaliyetler, Allah'ın dilediği gibi sonsuz tasarruflarının her an devam ettiğini göstermektedirler.

Kainatta gördüğümüz ihtimallerin, bizi zorunluluk kavramına götürdüğünü; her şeyde şahit olduğumuz "yapılma" işinin bir "fiili ve eylemi" gösterdiğini; her şeyde görünen "yaratılma" hakikatinin, bir "Yaratıcı'yı" bildirdiğini; varlıklarda görülen "çokluk ve birden fazla unsurlardan meydana geliş" olayının da, birliğe ve tekliğe işaret ettiğini beyan eden Bedîüzzaman Hazretleri, bu "zorunluluk", "fiil", "yaratmak" ve "birlik" kavramlarının ve hakikatlerinin açıklıkla, netlikle ve zaruretle "ihtimal içinde olmayan", "yapılmış olmayan", "çok olmayan", "unsurların birleşmesiyle meydana gelmiş bulunmayan" ve "mahlûk ve yaratılmış olmayan"; bunlarla birlikte, "varlığı zorunlu olan", "her dilediğini yapan", "her şeyi yaratan", "Bir ve Tek olan" Allah'a işaret ve şehâdet ettiğini kaydeder. *(Sözler, s. 619)*

Bediüzzaman'a göre, "O her gün yeni bir iştedir" *(Rahman Sûresi, 29)* ayeti, Allah'ın hadsiz bir faaliyet ve eylem içinde bulunduğunu, her an hadsiz bir tasarruf halinde olduğunu bildirmektedir. Bu sonsuz kâinat, böyle hadsiz faaliyetlerin, tasarrufların, tecellilerin ve İlâhi eylemlerin hadsiz şahitlerinden ibarettir. *(Mektubat, s. 87)* Herkesin, Hâlık ismiyle Allah'ı bulması ve O'na yanaşması mümkündür. Öyle ki, önce kendi Hâlık'ı hususiyetiyle, sonra bütün insanların Hâlık'ı cihetiyle, sonra bütün hayat sahibi varlıkların Hâlık'ı unvanıyla, sonra da bütün mevcudatın ve kâinatın Hâlık'ı ismiyle alâka kurularak Allah'a zihnen ve kalben ulaşmak mümkündür. *(Sözler, s. 182)* İnsanın şuur sahibi bir varlık olarak yaratılışının hikmeti ve gayesi, kâinat Hâlık'ını tanımak, O'na iman edip ibadet etmekten ibarettir. *(Şuâlar, s. 93)* Keza, her bir hayvanın, her bir kuşun, her bir canlının duyguları, kuvvetleri, cihazları, azaları ve âletleri birer manzum ve mevzun kelime ve birer muntazam ve mükemmel söz hükmündedir. Bu sözlerle ve bu kelimelerle her bir hayvan, her bir kuş ve her bir canlı, Yaratıcı'larına, Hallâk'larına ve Rezzâk'larına şükrederler, vahdaniyetine ve birliğine şehadet getirirler. *(Şuâlar, s. 108)* Nitekim Kur'an, göklerde ve yerde ne varsa ve kim varsa hepsinin, her şeyin ve her varlığın Allah'ı tespih ve tazim ettiğini sıklıkla beyan eder *(Saff Sûresi, 61/1; Cuma Sûresi, 62/1; Tegâbun Sûresi, 64/1).*

Einstein ve Paralel Evrenler

Einstein ve yakın çalışma arkadaşı Nathan Rosen'in karadelik tünellerini matematiksel olarak kabul ettikleri ve inceledikleri biliniyor. Einstein ve Rosen, bu çalışmalarının sonucunda şaşırtıcı bir şey keşfettiler: Karadelik tünellerinin dibi yoktur. Burada, uçlarından birbirlerine bağlı iki huni söz konusudur. Birleştikleri nokta, tünelin "boğaz" kısmını oluşturur. Dolayısıyla tünelin bir ucundan giren bir nesne, merkezdeki ya da boğazdaki olağan üstü çekimin etkisiyle, tünelin öbür ucundan dışarı fırlatılır. Öyleyse öbür yanda ne vardır? Öbür yan, yeni bir evrendir, ilkinden tamamıyla farklı bir evrendir bu! İşte bu iki evreni birbirine bağlayan tünele Einstein-Rosen Köprüsü adı verilir. Einstein ile Rosen'in bu konuya ilişkin çalışmaları, üç boyutlu evrenimizde bu türden çok sayıda tünellerin bulunduğunu vurgular. Bu evrensel tüneller dördüncü boyuta açılır. Yani bu da paralel bir evren demektir. Çoğu bilimkurgu yazarı, hatta bazı bilim yazarları, gelecekte uzay yolcularının Einstein-Rosen Köprülerini kullanarak bir evrenden diğer bir evrene (hatta bir zaman diliminden diğerine) sıçrayacaklarından söz ederler. Söz konusu teori güçlü olabilir, bu konuya ilişkin bazı karşı çıkmalar vardır. Albert Einstein ve Nathan Rosen, karadeliklerin, bir evrene, bizim evrenimizden başka bir yere ya da başka bir zamana açılabilecek kapılar olabileceğini öne sürdüler. Kuramsal olarak bu model kanıtlanabiliyor. Bu kuramsal uzay/zaman geçitlerine "solucan tünelleri" adı verilmektedir. Diğer ismiyle bu geçitlere "Einstein-Rosen Köprüsü" denmektedir. Bu geçitler sayesinde evrenin çok uzak noktalarına çok kısa zamanlarda seyahat etmek mümkündür.

"Emriyle göğün ve yerin (kendi düzenlerinde) durması da O'nun (varlığının ve kudretinin) delillerindendir. Sonra sizi yerden (kalkmaya) bir çağırdı mı, bir de bakarsınız ki (dirilmiş olarak) çıkıyorsunuz." **(Rum, 25)**

Belirsizlik İlkesi'nin Düşündürdükleri

Kuantum anlayışa göre, hem dalgacık hem de tanecik unsurları, maddenin beliriş yollarından biridir. Maddeyi ikisi birlikte oluşturur. Hiçbiri kendi içerisinde tamamlanmış değildir ve ikisi birden bize gerçeklik tablosu çizmek durumundadır. Bu durum, kuantum teorisine göre belirsizlik ilkesinin özünü oluşturmaktadır.

Atom-altı oluşumlar ve elektronlar, ne tam anlamıyla parçacık, ne de dalgadırlar. Bunlar daha çok dalga paketleri ya da "enerji kuantları" olarak adlandırılan muğlâk karışımlardır. Belirsizlik ilkesine göre dalga ve parçacık tanımlamaları birbirlerine engel olurlar. Öyle ki maddeyi parçacık olarak izlerken dalgacık özelliği, dalgacık olarak izlerken parçacık özelliği aynı anda izlenememektedir.

Kuantum alanında önemli araştırmalara sahip bilim adamlarından Bohr ve Heisenberg, belirsizlik ilkesinde, bilinen günlük yaşamımıza temel oluşturabilecek sabit ve net hiçbir şeyin olmadığını ileri sürmüşlerdir. İşte evrenin sır dolu gerçeği... Evren, sonsuz sırlarla doludur ve önemli miktardaki çoğunluğu hala tespit edilememiştir. İnsanoğluna düşen, bu sırları araştırmak ve çözümüne ulaşabilmektir.

"İşte gaybı da, müşahede edilebileni de bilen, üstün ve güçlü olan, esirgeyen O'dur. Ki O, yarattığı her şeyi en güzel yapan ve insanı yaratmaya bir çamurdan başlayandır." **(Secde, 6-7)**

Belirsizlik Kuramı'na göre gerçeklikle ilgili her şey bir olasılıktır. Einstein'in Genel İzafiyet Teorisi'nde de bu ifadeye rastlayabiliriz. "Bir tren 70 km/ saat'lik hızla gitmektedir." ifadesi hepimize göre "normal" gelse de, bu trenin 70 km/saat'lik hızı neye göredir? Bu hız, gerçekten bir hız mıdır? Doğru ve kesin bir hız mıdır? Uzayda ilerleyen bir cismi, ya da bir gezegeni referans alırsak, gerçekten tren 70 km/saat'lik hızla mı gidiyordur? Ya da 100 km/ saat'lik hızla giden bir otomobili ele alalım: Neye göre bu hızla gitmektedir? Aynı otomobil ile aynı yol üzerinde 80 km/ saat'lik hızla giden bir otomobile göre, ilk arabamız hangi hızla gitmektedir sizce? 100- 80 = 20 km/ saat hız ile değil mi? Ne oldu peki? Hani ilk otomobilimiz, 100 km/ saat hızla gitmekteydi? Sormak lazım değil mi?" NEYE GÖRE?"

Şimdi olayı biraz daha detaylandıralım:

Ankara-İstanbul Otoyolu üzerinde 120 km/ saat'lik hızla giden bir otomobil, ortalama yörünge hızı 1022 km/saat olan bir gezegen üzerinde, 60 km/ saat hız ile hareket eden bir uzay aracının içindeki, kendi çevresinde ortalama, saatte 60 cm hızla dönen bir saat tipi bir aracın kadranına göre hangi hızla gitmektedir? Yanıtı bulmak için, biraz ortalık karışacak değil mi? Bağıl hareketler, izafi hızlar, vektörel değerler, hız, konum, yön gibi birçok faktör devreye girecek ve otomobilin, sadece bizim görüşümüze göre 120 km/ saat hızla gitmesi gibi, olayın o kadar basit ve kesin olmadığı görülecektir.

"İnsan, onun kemiklerini Bizim kesin olarak bir araya getirmeyeceğimizi mi sanıyor? Evet; onun parmak uçlarını dahi derleyip (yeniden) düzene koymaya güç yetirenleriz." **(Kıyamet, 3-4)**

Young Deneyi

"Young'ın deneyinde, foton veya elektron salan bir kaynağın karşısına, üzerinde aralıkları bir kaç milimetre olan iki küçük delikli (A ve B) düzenekten oluşan bir perde-engel konur. Bir deliği kapattığımızda perdenin arkasına kaynaktan çıkan fotonlar ulaşır. Örneğin, kaynaktan 100 foton salınmışsa kaydediciye fotonların %1'inin ulaştığı tespit edilebilir. Eğer her iki deliği de açık bırakırsak, perdenin arkasından ilginç olarak "girişim" oluşur. Yani, elektronlar ya da fotonlar klasik noktasal parçacık olarak tüm yönlerde düzgün saçılmaları bekleniyorken, farklı olarak belirli yönlerde tercihli saçılmalar yaparak, dalgalara özgü kırınım/girişim gösterirler. Normalde ikinci deliği açmanın, kaydediciye erişen foton yüzdesini her zaman arttıracağı düşünülür. Gerçekte bu olmaz, girişim oluşur. Fotonların da "ya bu delikten ya da diğerinden" gittiğini söylemek de yanlıştır. Bir delikten geçme olasılığı olan fotonun diğer delikten de gitme olasılığı vardır. Ancak, tam delikler üzerine, perdeye ulaşmadan fotonların varlığını gösteren kaydediciler koyacak olursak (A ve B), her iki delik açıkken fotonun hangi delikten geçtiğini tespit edebiliriz. Bir foton gönderildiğinde ya birinci delik ya da ikinci delikten geçecektir. Çünkü foton ikiye bölünmez. Ya birinden ya da diğerinden geçer. Bu durumda perde üzerinde bulunan kaydedici birinci ve ikinci delikten geçen fotonların toplam yüzdesini gösterir (%1+%1). Perdedeki girişim deseni deliklere kaydediciler konulduğunda yok olur. Özetle, ışığın nereden geçtiğini gösteren kaydediciler koyduğumuzda girişim yok oluyor, ışığın nerden geçtiğini tespit edecek aygıtlarımız yoksa girişim ortaya çıkar. Başka bir deyişle, foton bazen parçacık olarak bazen de dalga olarak davranarak kendisini girişim ile göstermektedir."

Kuantum araştırmacısı John Gribbin, çift yarık deneyini şöyle yorumlamakta:

"Parçacık, ya A deliğinden geçer ya da B... Bohr, her bir olasılığın farklı bir dünyayı temsil ettiğini düşünebileceğimizi söyler. Bir dünyada parçacık A deliğinden geçer, ötekinde ise B deliğinden... Fakat gerçek dünya, bizim yaşadığımız dünya, bu basit dünyaların ikisi de değildir. Bizim dünyamız, parçacığın iki güzergâhına karşılık gelen iki olası dünyanın melez bir bileşimidir. Bu dünyalar, birbirleriyle girişim yapar. Parçacığın hangi delikten geçtiğine baktığımızda artık tek bir dünya vardır, çünkü öteki olasılığı saf dışı bırakmışsınızdır ve bu durumda girişim olmaz. Bohr, kuantum denklemlerinden sadece "hayalet elektronları" ortaya çıkarmamış, aynı zamanda hayalet gerçeklikleri, sadece bakmadığımız zamanlar var olan hayalet dünyaları da çıkarmıştır "

> *"Onlar ayaktayken, otururken ve yanları üzerine yatarken Allah'ı anarlar. Göklerin ve yerin yaratılışı üzerinde düşünürler. 'Rabbimiz! Bunu boş yere yaratmadın, seni eksikliklerden uzak tutarız. Bizi ateş azabından koru!' derler."* **(Ali İmran, 191)**

Uzmanlar, elektron, proton, nötron gibi parçacıkları birer "fermiyon" olarak tanımlamakta, ancak foton, bozon gibi unsurları daha çok hayaletsi parçacıklar olarak tasvir etmektedirler. Bohr, emsalsiz bir dünya fikrinin bizatihi kendisinin yanıltıcı olabileceğini ileri sürüyordu ve iki delik deneyinin başka bir yorumunu sunuyordu.

Young deneyindeki "girişim" gerçeğinden hareketle, 1957 yılında Everett isimli bilim adamından bu düşünceleri destekleyen ilginç bir yorum daha geldi. Ona göre, birçok gözlenemez "paralel evren" mevcuttu. Everett, bunlara "alternatif kuantum dünyaları" diyordu. Bütün olaylar bu dünyaların birinde, olasılıkların hepsi gerçekleşebilecek biçimde olmaktaydı. Sonuçta bütün olasılıklar evrende var oluyordu.

"Sizin üstünüze sapasağlam yedi-gök bina ettik. Parıldadıkça parıldayan bir kandil (güneş) kıldık. Sıkıp suyu

çıkaran (bulut)lardan 'bardaktan boşanırcasına su' indirdik. Bununla taneler ve bitkiler bitirip çıkaralım diye. Ve birbirine sarmaş dolaş bahçeleri de." **(Nebe, 12-16)**

Özel Görelilik Kuramı

Einstein'ın 1905 yılında Annalen der Physik dergisinde, "Hareketli cisimlerin elektrodinamiği üzerine" adlı 2. makalesinde açıklanan ve ardından 5. makalesi "Bir cismin atıllığı enerji içeriği ile bağlantılı olabilir mi?" başlıklı makaleyle pekiştirilen fizik kuramıdır. Kurama göre, bütün varlıklar ve varlığın fiziki olayları izafidir. Zaman, mekân, hareket, birbirlerinden bağımsız değildirler. Aksine bunların hepsi birbirine bağlı izafî olaylardır. Cisim zamanla, zaman cisimle, mekân hareketle, hareket mekânla ve dolayısıyla hepsi birbiriyle bağımlıdır. Bunlardan hiçbiri müstakil değildir.

Einstein bu konuda şöyle demektedir:

"Zaman ancak hareketle, cisim hareketle, hareket cisimle vardır. O halde; cisim, hareket ve zamandan birinin diğerine bir önceliği yoktur. Galileo'nun Görelilik Prensibi, zamanla değişmeyen hareketin göreceli olduğunu; mutlak ve tam olarak tanımlanmış bir hareketsiz halinin olamayacağını önermekteydi. Galileo'nun ortaya attığı fikre göre; dış gözlemci tarafından hareket ettiği söylenen bir gemi üzerindeki bir kimse geminin hareketsiz olduğunu söyleyebilir."

Einstein, ışık hızının sabit olduğunu ve ışığın yayılması için esir ortamına gerek olmadığını ileri sürerek, mekân-zaman ve yer değiştirmenin izafi olaylar olduğunu ortaya koydu. Çalışmalarının sonucuna varırken iki ilkeyi varsaydı: Görelilik ilkesi sabit hızla hareket eden bütün gözlemciler için geçerlidir ve ışığın hızı bütün gözlemciler için c'dir. Einstein'ın kuramı ile sabit hızla hareket eden iki gözlemcinin matematik hesap ile aynı olayın gözlemcilere göre yer ve zamanı belirlenebiliyor. Bu kuram, Newton'un her yerde aynı işleyen, herkes için aynı "mutlak zaman" fikrini yıkıyordu. $E=mc^2$ düşüncesinin temeli de böylece atılmış oldu.

"Ya da altı üstüne gelmiş, ıssız duran bir şehre uğrayan gibisini (görmedin mi?) Demişti ki: 'Allah, burasını ölümünden sonra nasıl diriltecekmiş?' Bunun üzerine Allah, onu yüz yıl ölü bıraktı, sonra onu diriltti. (Ve ona) Dedi ki: 'Ne kadar kaldın?' O: 'Bir gün veya bir günden az kaldım' dedi. (Allah ona:) 'Hayır, yüz yıl kaldın, böyleyken yiyeceğine ve içeceğine bak, henüz bozulmamış; eşeğine de bir bak; (bunu yapmamız) seni insanlara ibret-belgesi kılmamız içindir. Kemiklere de bir bak nasıl bir araya getiriyoruz, sonra da onlara et giydiriyoruz?' dedi. O, kendisine (bunlar) apaçık belli olduktan sonra dedi ki: '(Artık şimdi) Biliyorum ki gerçekten Allah, her şeye güç yetirendir.' **(Bakara, 259)**

Özel görelilik, kendi zamanı için inanılması güç pek çok öngörülerde bulunmuştur, bunlardan en önemlileri:

• Cisimler hızlandıkça zaman cisim için daha yavaş akmaya başlayacaktır, ışık hızına ulaşıldığında zaman durmalıdır.

- Cisimler hızlandıkça kinetik enerjilerinin bir kısmı kütleye dönüşür, durağan kütleye sahip cisimler hiçbir zaman ışık hızına erişemeyeceklerdir.

- Cisimler hızlandıkça hareket doğrultusundaki boyları kısalmaya uğrayacaktır.

Özel görelilik, mantığımıza ve sağduyumuza aykırı bir evren tanımladığından bilimciler 100 yılı aşkın bir süredir bunun doğruluğunu gözleri ile görmek ve bir açık bulmak umudu ile deneyler yapıp durmaktadırlar. Bu öngörülerin pek çoğu 1905'ten günümüze dek defalarca denenmiş ve doğru çıkmıştır:

İçlerinde çok hassas atom saatleri taşıyan uçaklar değişik yönlere doğru değişik hızlarla hareket ettirilmiş ve saatlerin kuramın hesaplarına yeterince uygun olarak yavaşladığı/hızlandığı gözlenmiştir.

Zamandaki yavaşlamanın sadece saatte meydana gelmediğini, gerçekte yaşandığının kanıtı ilk olarak nötrino ve mü-mezon deneylerinde ortaya çıkmıştır. Güneşten dünyamıza gelen nötrino ve müonların ışık hızına çok yaklaştıkları (% 99,5) için ömürlerinin (yaşam sürelerinin) Dünya'da üretilen durağan olanlara göre çok daha uzun olduğu görülmektedir.

Parçacık hızlandırıcılarındaki hızlandırma deneylerinde bugüne kadar kütlesi olan hiçbir cisim, atom veya elektron, ışık hızına çıkarılamamıştır. Hız arttıkça kütlesi de arttığı için ivmelendirilmesi zorlaşmaktadır.

Özel Görelilik'le ilgili şu örnekleri veriyor bize Einstein:

"Tren yolumuzun üstünde birbirinden uzak A ve B noktalarına aynı anda yıldırım düşsün. Bu cümle anlamlı mı? Evet, anlamlı, diyeceksiniz iki noktaya aynı anda yıldırım düşüyor. Mekanik veya matematikçiler için yukarıdaki cümle hiç de göründüğü kadar kolay değildir.

Gerçekte bu olayın olup olmadığını keşfetme olanağına sahip oluncaya kadar böyle bir kavram fizikçi için yoktur. Bu nedenle her iki yıldırımın da aynı anda düşüp düşmediğini karar verecek bir yöntem getiren 'aynı anda'lık tarifine ihtiyaç vardır.

Her iki yıldırımın aynı anda düşmesi ne demek? Bir süre düşünecek ve 'aynı anda'lığı ölçmek için bir öneriyi getireceksiniz. Rayların üstünde, A ve B noktalarını birleştiren çizgi ölçülmeli ve AB uzaklığının orta noktası olan M'ye bir gözlemci konmalı. Bu orta nokta M ye, bir gözlemci otursun. Bu gözlemciye A ve B noktalarını aynı anda görebileceği bir düzenek sağlansın (Örneğin 90 derece açıyla iki ayna) sağlanmalı. Eğer gözlemci aynı anda yıldırımların düştüğünü görürse bunlar 'aynı anda'dır.

Yere göre aynı anda olan iki olay (örneğin A ve B noktalarına düşen iki yıldırım) trene göre de aynı anda mıdır? Yere göre aynı anda olan olaylar trene göre aynı anda değildirler. Ya da bunun tersi söylenebilir. (aynı anda'lığın göreliliği) Her referans cisminin (koordinat sisteminin) kendine özgü zamanı vardır. Zamanın ait olduğu referans cismi bize bildirilmediği takdirde, bir olayın zamanı ifadesinin hiçbir anlamı yoktur.

...

Yere göre v hızıyla giden tren üstünde iki nokta ele alalım ve bunların arasındaki uzaklığı araştıralım. Uzaklığı kendisine göre ölçebileceğimiz bir referans cismi gereklidir. Trenin kendisini referans cismi (koordinat noktası) olarak kullanmak, en basit bir seçim olacaktır. Trendeki bir gözlemci bu aralığı ölçme çubuğu ile düz bir çizgi üstünde bir noktadan diğer noktaya varıncaya kadar gerektiğince kullanıp ölçebilir. Çubuğun kaç kez kullanıldığı, bize istenilen uzaklığı verecektir."

"Varlığımızın delillerini, (kâinattaki uçsuz bucaksız) ufuklarda ve kendi nefislerinde onlara göstereceğiz ki, o Kur'an'ın gerçek olduğu onlara iyice belli olsun. Rabbinin, her şeye şahit olması yetmez mi?" **(Fussilet, 53)**

De ki: *"Siz mi yeri iki günde (iki evrede) yaratanı inkâr ediyor ve O'na ortaklar koşuyorsunuz? O, âlemlerin Rabbidir."* **(Fussilet, 9)**

"Gökleri, yeri ve bu ikisi içinde yaydığı canlıları yaratması, O'nun varlığının delillerindendir. O, dilediği zaman, onları bir araya getirmeye de gücü yetendir." **(Şûra, 29)**

Genel Görelilik Kuramı

Özel görelilik kuramı düzgün, doğrusal ve ivmesiz hareket eden sistemlerle sınırlıydı. Genel görelilik kuramındaysa, durum biraz daha karmaşıklaşıyordu. Şöyle ki; birbirine göre ivmeli hareket eden sistemlerde durum, özel görelilik kuramına göre farklılıklar arz ediyordu. Belki de birinci kuram, kapsamı daha geniş olan ikinci kuramın özel bir hali sayılabilmekteydi.

Genel görelilik kuramı, 1916 yılında Einstein tarafından yayımlanan ve bugün modern fizikteki kütle çekimin tanımıdır. Genel görelilik, özel görelilik ve Newton'un evrensel kütleçekim yasasını genelleştirerek, kütleçekimin uzay ve zaman ya da uzay-zamanda tanımlanmasını sağlar. Uzay-zamanın eğriliği, madde ve radyasyonun enerji ve momentumu ile doğrudan bağlantılıdır. Genel göreliliğin zamanın akışı, uzayın geometrisi, serbest düşme yapan cisimlerin hareketi, ışığın yayılımı gibi konulardaki öngörüleri, klasik fiziğin önermeleri ile belirgin farklılıklar gösterir. kütleçekimsel zaman genişlemesi, kütleçekimsel mercelenme, ışığın kütleçekimsel kızıla kayması, kütleçekimsel zaman gecikmesi bu farklılıkların örnekleridir. Genel göreliliğin bugüne kadarki tüm önermeleri, deney ve gözlemler ile doğrulanmıştır. Her ne kadar genel görelilik kütleçekimin tek göreli kuramı olmasa da, deneysel veri ile uyum sağlayan en basit teoridir. Buna rağmen, teorinin hala cevaplayamadığı sorular varlığını sürdürmektedir. Bunlardan en temel olanı, genel görelilik ile kuantum mekaniğinin yasalarının hangi şekilde bağdaştırılarak, tamamlanmış kendi içinde tutarlı bir kuantum alan kuramı yaratılabileceğidir.

"Sonra duman halinde bulunan göğe yöneldi; ona ve yeryüzüne, 'İsteyerek veya istemeyerek gelin' dedi. İkisi de, 'İsteyerek geldik' dediler. Böylece onları, iki günde (iki evrede) yedi gök olarak yarattı ve her göğe kendi işini

bildirdi. En yakın göğü kandillerle süsledik ve onu koruduk. İşte bu, mutlak güç sahibi ve hakkıyla bilen Allah'ın takdiridir." **(Fussilet, 11-12)**

Einstein'ın teorisinin astrofiziğe kayda değer etkileri vardır. Örneğin, büyük bir yıldızın ömrünün sonuna yaklaştığı bir zamanda içine çökerek karadelik oluşturduğuna işaret eder. Bazı astronomik cisimlerin yaydığı yoğun radyasyona karadeliklerin sebep olduğuna dair yeterli kanıt mevcuttur. Örneğin mikrokuasarlar, yıldızsal karadeliklerin ve aktif galaktik çekirdekler, süpermasif karadeliklerin varlıklarının bir sonucu olarak oluşurlar.

Işığın kütleçekim nedeniyle bükülmesi, uzaktaki bir astronomik cismin gökyüzünde aynı anda birden fazla yerde görüntüsünün belirmesine sebep olan, kütleçekimsel merceklenme olarak adlandırılan bir duruma neden olur. Genel görelilik aynı zamanda, bugüne kadar ancak dolaylı olarak gözlenmiş olan, kütle çekim dalgalarının da varlığını öngörmektedir. Buna dair doğrudan gözlemlerin yapılması LIGO ve NASA/ESA Laser Interferometer Space Antenna (Lazer girişimölçer uzay anteni) gibi projelerin amaçlarıdır. Tüm bunlara ek olarak genel görelilik, evrenin durmaksızın genişleyen modelinin bugünkü kozmolojik modelinin temelidir.

Genel görelilik, gravitasyon kavramına yeni bir bakış açısı getirdi. Klasik mekanikte gravitasyon, kütlesel nesneler arasında çekim gücü olarak algılanıyordu. Örneğin dünyayı, Güneş'in çekim gücü yörüngede tutmaktaydı. Genel görelilik kuramına göre ise gezegenleri yörüngelerinde tutan, yörüngenin yer aldığı uzay kesiminin

Güneş'in kütlesel etkisinde kavisli bir yapı oluşturmasıdır. Genel kuram ayrıca gravitasyon ile eylemsizlik ilkesini "gravitasyon alanı" adı altında birleştirdi.

"Güneş de kendi yörüngesinde akıp gitmektedir. Bu mutlak güç sahibi, hakkıyla bilen Allah'ın takdiri(düzenlemesi)dir. Ayın dolaşımı için de konak yerleri (evreler) belirledik. Nihayet o, eğrilmiş kuru hurma dalı gibi olur. Ne güneş aya yetişebilir, ne de gece gündüzü geçebilir. Her biri bir yörüngede yüzmektedir." (Yasin, 38-39-40)

Einstein'ın özellikle Genel Görelilik Kuramı'nın temel problemlerini anlatmak için dile getirdiği deneyler salt düşünce deneyleridir. Bunu, aşağıdaki cümleleriyle kendisi şöyle açıklıyor:

Önümüzde temel Galileo ilkesinin gerektirdiği koşulların yaklaşık olarak bulunduğu, boş uzayın yıldızlardan ve diğer büyük kütlelerden son derece uzaklaştırılmış büyük bir parçasını, Galileo referans cismi olarak da bir odayı andıran ve içinde aletlerle teçhiz edilmiş bir gözlemcinin bulunduğu bir kutuyu düşünelim. Doğal olarak bu gözlemci için çekim diye bir şey olmadığından, iplerle kendisini sıkıca döşemeye bağlamalıdır; aksi takdirde yerle en küçük bir çarpışma, kendisinin yavaşça odanın tavanına doğru yükselmesine sebep olacaktır. Kutunun kapağının ortasına dışarıdan ucunda ip olan bir çengel takılmış olsun ve şimdi bir "varlık" bunu sabit bir kuvvetle çekmeye başlasın. Kutu, gözlemciyle birlikte düzgün ivmelendirilmiş bir hareket içinde "yukarı" doğru hareket etmeye başlayacaktır. Hız ise zamanla inanılmaz değerlere çıkacaktır. Tabi bütün bunları iple çekilmeyen başka bir referans cisminden gözlediğimiz takdirde...

Genel ve özel görelilik kuramının mimarı olan Albert Einstein, her durum ve koşulun mekân ve zaman kavramının birbirinden farklı olduğunu ve kesinlik içermesinin imkânsız olduğunu, farklı koordinatlardaki zaman kavramının da bağımsız olamayacağını belirtmiştir. Kitabının "Minkowski'nin Dört Boyutlu Uzayı" bölümünde şunları dile getirmiştir:

"Uzay, üç boyutlu ve süreklidir. Bununla birlikte bir noktanın (durağan) durumunu üç sayı (koordinatlar) x,y,z ile tarif edebilmenin mümkün olduğunu ve bu noktanın yakınında durumları X_1, Y_1, Z_1, gibi koordinatlarla tariflenen ve birinci noktanın koordinatları olan x,y,z değerlerine istediğimiz kadar yakın olabilen sonsuz sayıda nokta vardır diyoruz. Bu özellik sayesinde bir sürekliden ve üç koordinat olmasından dolayı da bunun üç boyutlu olmasından söz edebiliyoruz. Buna benzer olarak Minkowski tarafından kısaca "dünya" diye adlandırılan fiziksel olaylar dünyası, uzay-zaman anlamında doğal olarak dört boyutludur. Çünkü her biri dört sayı, yani uzay koordinatları x,y,z ve bir de zaman koordinatı "t" zaman değeri ile tariflenen olaylardan oluşmaktadır. Bu anlamda dünya da süreklidir.

Çünkü buradaki her olayın yakınında koordinatları X_1, Y_1, Z_1, T_1 olan ve başta sözü edilen x,y,z,t olayından sonsuz küçük uzaklıkta bulunan birçok sayıda (gerçek, ya da en azından düşünülebilen) olayla doludur. Dünyada bu anlamda dört boyutlu bir sürekli gözüyle bakmaya alışkın olmamızın nedeni, görelilik kuramının ortaya çıkmasından hemen önce fizikte, uzay koordinatlarıyla karşılaştırıldığında zamanın daha farklı ve bağımsız bir rol oynamasıdır. Yine bu nedenden dolayı zamanı bağımsız bir sürekli olarak kabul etmekteydik. Aslında klasik mekaniğe göre zaman mutlaktır. Yani koordinat sisteminin hareket koşulundan ve durumundan bağımsızdır. Bunun Galileo dönüşümünün son denkleminde (t=t) ifade edildiğini görürüz.

Einstein, zaman ve mekândaki göreliliği şu deneyle açıklamaktadır:

"Havada uçarken hareketi yerden gözlenişine göre düzgün ve düz bir çizgi halinde olan bir kuzgun düşünelim. Eğer uçmakta olan kuzguna hareket etmekte olan bir vagondan bakıyorsak, kuzgunun hareketinin hızının ve yönünün değişik olduğunu, ama bu hareketin hâlâ düzgün ve düz bir çizgi halinde olduğunu fark edeceğiz. Soyut bir anlatışla şöyle diyebiliriz: Eğer bir M kütlesi K koordinat sistemine göre düz bir çizgide düzgün bir biçimde hareket ediyorsa, o zaman aynı kütle K'ya göre düzgün değişen hareket gösteren ikinci bir koordinat sistemi K1'e göre de düzgün ve düz bir çizgide hareket edecektir. Eğer K'ye göre K1 dönmeden hareket eden bir koordinat sistemiyse, o zaman doğal olaylar K1'e göre de bu tıpkı K'ye göre olduğu gibi aynı genel yasalarla oluşurlar. Bu ifadeye görelilik ilkesi denir.

Olasılıklar Dalgası

Max Born, 1926 yılında, "de Broglie" dalgalarının bir olasılık dalgası üzerinde durdu. Buna göre parçacıklar, "de Broglie" dalgasının bulunduğu her yerde bulunmaktaydı. Bu araştırmaların sonunda 1954 yılında Nobel Ödülü aldı. Erwin Schrödinger, üst üste gelme ilkesini ortaya koyabilecek meşhur " Kedi" deneyini tasarladı. Bu düşünce deneyine göre kedi aynı anda hem diri, hem de ölü olabiliyordu. Schrödinger'in kedisi, hayvan deneyleri için kullanılan laboratuar kafeslerinden birinin içine yerleştirilir, yalnız kafesin duvarları katı bir maddeden yapılmıştır, içerisi kesinlikle görünmemektedir. Geçirimsiz kafesin içinde Schrödinger, ölümcül bir deney düzeneği hazırlamıştır. Schrödinger kafesin içine bir parça radyoaktif madde yerleştirir; çürümüş bir parçacığı %50 yukarıya, %50 aşağıya ateşleme olasılığı olan bir düzenek kurar. Eğer bu parçacık yukarıya ateşlenirse, kedinin yemeğine zehir bırakan bir anahtarı çalıştırır. Kedi yemeğini yer ve ölür. Aynı şekilde, eğer parçacık aşağıya ateşlenirse, kedi için sadece yemek bırakılır ve kedi yeni bir deneye tabi tutulmak üzere hayatta kalır. İçeriye bakmadığımız sürece kedinin zehirlenerek öldüğü mü yoksa zehir akmamış besinini yiyerek hayatına devam ettiğini mi bilememekteyiz. Schrödinger'in bu deneyine göre her iki olasılık da doğrudur.

*"Hamd, gökleri ve yeri yaratan, karanlıkları ve aydınlığı (nuru) kılan Allah'adır... **(Enam, 1)**"*

"Tünelleme" adı verilen ilkeye göre, bir cisim normal şartlarda (klasik fiziğe göre) duvarı delmeden öteki tarafa geçemez. Çünkü duvarın enerji engelini aşabilmek için ve duvarı delmeden geçebilmesi için negatif kinetik enerjiye sahip olmalıdır. Klasik fiziğe göre bu durum aykırıdır. Kuantum kuramına göre ise bu durum mümkündür. Yani bir kuantum parçacığının, engelin öteki tarafında bulunma olasılığı sıfır değildir. Radyoaktivite çalışmalarını da açıklayan bu görüşe "tünelleme" adı verilmiştir. (Radyoaktif ışınlar, hepimizin bildiği gibi bir cismi delmeden, kırmadan, içerisinden geçerek karşı tarafa ulaşabilmektedir.)

John Gribbin, olasılıklar sistemini şöyle açıklar:

"Bir kuantum sistemini gözlemleyip ölçümlerimizde bir A cevabı elde ettiğimizde, kuantum denklemleri aynı gözlemi belli bir süre sonra yaptığımızda B cevabını, (ya da C, D, ...) elde etme olasılığının olduğunu söyler. Kuantum kuramı, bize atomların nasıl olduğunu ya da onlara bakmadığımız sırada ne yaptıklarını söyleyemez."

Kuantum gerçekliği, kesin olmaktan öte istatistiksel bir özellik taşımaktadır. Oluşumlar, fenomenler arasında nedensellik değil, olasılık bağı vardır. Sonuç olasılıktır, kesin değildir. Schrödinger'in bir çeşit mekanizma içeren kapalı mekâna kapattığı kedinin sonucu gibi... Kedi ya ölmüştür ya da yaşıyordur; sonuç bir olasılıktır.

John Weeler bu konudaki düşüncesini şöyle ifade ediyor:

"Gözlemlenmiş bir fenomen olana kadar hiçbir fenomen, fenomen değildir."

"O, güneşi bir ışık (kaynağı), ayı da (geceleyin) bir aydınlık (kaynağı) kılan, yılların sayısını ve hesabı bilmeniz için ona menziller takdir edendir. Allah, bunları (boş yere değil) ancak gerçek ile (hikmeti gereğince) yaratmıştır. O, ayetlerini, bilen bir topluma ayrı ayrı açıklamaktadır."
(Yunus, 5)

Radyoaktif Işınımlar

William Crockes, içinde çok az bir gaz bulunan cam borudan, elektrik akımı geçirerek bilimsel bir deney yaparken, elektrotların bir ucu olan Katod'dan bazı ışınlar çıkmaya başlamış ve cama çarparak flüoresan bir ışık yolu oluşturmuştu. Cam boruya mıknatıs yaklaştırılınca Katod'dan çıkan ışın demetlerinin saptığını gördü.

O güne kadar katı, sıvı ve gaz olarak bilinen maddenin yepyeni bir durumu ortaya çıktı. Buna "Radion" adı verildi. Röntgen teknolojisi, bu yoldan hareketle üretilmiştir. Bay ve Bayan Curie'ler, radyoaktif elementler olan Polonyum ve Radyum'u buldular. Bu elementlerin yaydığı, alfa, beta ve gama ışınlarının yanında böyle bir enerji halinde "Radon" gazının yayıldığı görüldü. Radyumdan yayılan bu Radonlar için Rutherford şöyle diyordu: "Radyoaktivite, atomların ölümü demektir. Radyumun atomları ölüyor ve bu atomların cesetlerinden Radon atomları doğuyor." Yokluktan varlık oluşuyor yani…

"O, yaratan, yoktan var eden, şekil veren Allah'tır. Güzel isimler O'nundur. Göklerdeki ve yerdeki her şey O'nu tesbih eder. O, mutlak güç sahibidir, hüküm ve hikmet sahibidir." (Haşr, 24)

Rutherford ve arkadaşı Soddy, radyoaktivitenin esasını araştırırken atom çekirdeğinin ilginç bir özelliğini keşfettiler. Radyoaktif bozunma olarak isimlendirilen bu özellik, tek bir atomda köklü değişiklere sebep oluyordu. Bu değişiklikler, atom bombasının esasını oluşturan, çekirdeğin parçalanması ve o müthiş enerjinin ortaya çıkması olayıydı.

Fizyon tipi çekirdek tepkimesine dayalı atom bombalarında yüksek zenginlikte (saflıkta) Uranyum (235U) veya Plütonyum (239Pu) kullanılır. Günümüzde üretilen bombalar daha çok plütonyum içeriklidir. Bu yüksek zenginlikte malzeme, zenginleştirme tesislerinden ya da nükleer reaktörlerden elde edilmektedir.

"Şüphesiz Allah, gökleri ve yeri zeval bulurlar diye (her an kudreti altında) tutuyor. Andolsun, eğer zeval bulacak olurlarsa, Kendisi'nden sonra artık kimse onları tutamaz. Doğrusu O, Halim'dir, bağışlayandır." (Fatır, 41)

Zincirleme çekirdek tepkimesinin gerçekleşmesi için, ortamın kritik adı verilen seviyede ya da üstünde olması gerekmektedir. Bunun için de belli miktarda ki kütlenin belli bir hacimde olması gereklidir. Bu gereken en az kütleye kritik kütle, hacme de kritik hacim denir. Atom bombalarına kritik kütle sağlanacak miktarda malzeme konur fakat bu malzeme öyle bir dağınık yerleştirilir ki, kritik hacim şartı sağlanamaz ve bu sayede bomba beklerken ya da taşınırken tamamen güvenli bir şekilde durur.

Atom bombasında patlamanın gerçekleşmesi için nükleer malzeme dışında iki ayrı önemli bölüm daha vardır. Bunlardan biri tetiklemeyi yapacak olan fünye diyebileceğimiz parçadır. Genelde dinamit kullanılır. Bombanın patlaması için bu az miktardaki dinamit ilk olarak patlar ve patlamanın etkisi ile dağınık nükleer malzeme bir araya gelerek kritik hacme ulaşır. İkincisi ise nötron kaynağıdır. Artık kritik kütlede ve hacimde olan malzemede zincirleme çekirdek tepkimesini bu nötron kaynağından çıkan nötronlar başlatır ve bundan sonrası kontrolsüz bir biçimde devam eder ve patlama gerçekleşir. 1945 yılında Amerika Birleşik Devletleri'nin attığı bombalar Japonya'yı neredeyse yok etmiştir.

Uranyum veya Plütonyum'un parçalanabilir izotoplarının bir nötronu yakalaması ve parçalanması çok çabuk meydana gelir. Süre olarak piko-saniye ($1*10E-12$ sn) mertebesindedir. Atom parçalandığında açığa ısı ve gama radyasyonu formunda muazzam bir enerji salar. Bunun nedeni de bir parçalanma reaksiyonu ile oluşan iki küçük izotopun kütleleri toplamı Uranyum veya Plütonyum'unkinden küçük olmasıdır. Bu kütle farkı $E=mc^2$ formülü ile enerjiye dönüştürülür.

Bir kilo zengin uranyum nükleer bomba olarak kullanılacak olursa, açığa çıkaracağı ısı enerjisi 16 milyon litre benzinin vereceği ısı enerjisine denktir. Bir kilo uranyumun yaklaşık 3 golf topuna karşılık gelen bir hacim işgal ettiği düşünülürse, buna karşın benzin 25 m x 25 m x 25 m lik bir prizma hacmine sığdırılabilir. Bu da bize çok az bir miktar uranyumun patlama ile yarattığı enerji hakkında daha iyi bir fikir verir.

Hiroşima'ya atılan atom bombasının 14,5 kiloton yani 14,500 ton TNT'ye eşdeğer bir patlama gücü vardı. Patlama olmadan önce yakıtın sadece % 1,5'i parçalanmaya uğramıştı. 6 Ağustos 1945 sabahı ilk atom bombası Enola Gay isimli bir bombardıman uçağı ile Hiroşima'ya atıldı. 3 gün sonra, 9 Ağustos 1945 günü ise ikinci atom bombası, Bockscar isimli uçaktan Nagasaki'ye atıldı. Bu iki bomba, patlama, ısı, radyasyon gibi etkileri ile, 100 binin üzerinde insanı öldürdü.

Madde Olmayan Madde (Anti Madde)

Anti madde, olmayan bir madde olabilir mi? Yani yokluk? Yoktan var eden ise sadece ve sadece yüce Allah'tır.

Einstein'ın denklemlerine göre m kütlesine ve p momentumuna sahip bir parçanın enerjisi şu denklemle verilir:

$E^2 = m^2c^4 + p^2c^2$

Bu da momentum sıfırken şu ünlü denkleme dönüşür:

$E^2 = m^2c^4 + 0 \Rightarrow E = mc^2$

Ancak mesele bu kadarla nihayete ermiyor. Önceki denklemde p=0 alınıp, formülde her iki tarafın karekökünü aldığımızda, E'nin pozitif ya da negatif olması durumunu göz önüne almadık. E x E = E² ise (-E) x (-E) değerinin de E²'yi vermesi söz konusudur.

O halde, E = ± mc² sonucuna varabilmemiz mümkün oluyor. Enerji seviyeleri, kuantum mekaniğinin göreliliğe dayalı sürümüyle tekrar hesaplandığında, bir tanesi mc²'ye denk gelen pozitif denklem, diğeri de -mc²'ye karşılık gelen tamamı negatif olan denklem...

Dirac'ın araştırmalarına göre, bizim boşluk diye tabir ettiğimiz şey aslında bir negatif enerjili elektronlar denizidir. Elektron, kendisine enerji verilince, enerji durumlarının basamağından yukarıya atlar. O halde negatif enerji denizindeki bir elektrona yeterli enerji verilirse o zaman elektron, gerçek dünyaya atlayıp normal bir elektron gibi görünür hale gelir.

-mc² durumundan +mc² durumuna gelmek tabii ki 2mc²'lik bir enerji girdisi gerektirir. Bu da elektron kütlesi için yaklaşık 1 Mega volt'tur ve atom süreçlerinde ya da parçacıklar birbirleriyle çarpıştığında kolayca elde edilebilir.

"Şüphesiz, müminler için göklerde ve yerde ayetler vardır. Sizin yaratılışınızda ve türetip yaydığı canlılarda kesin bilgiyle inanan bir kavim için ayetler vardır."
(Casiye, 3-4)

Gerçek dünyaya terfi ettirilen negatif enerjili elektron, her bakımdan normal olacaktır. Fakat negatif enerji denizinde, geriye bir delik, yani negatif yüklü bir elektronun yokluğunu bırakacaktır. Dirac, böyle bir deliğin pozitif yüklü parçacık gibi davranması gerektiğini söyler.

Anderson'un araştırmaları bu parçacığa "pozitron" adını verdi. Bunun bir anti-madde (karşıt madde) olduğu ileri sürüldü. Fizikçiler durumu şöyle özetlerler:

"Bir parçacık ne zaman eşi olan karşı parçacıkla karşılaşsa "deliğe düşer" ve $2mc^2$'lik enerji açığa bırakarak ortadan kaybolur. Fakat üflenmiş bir sigara dumanı gibi değil, gama ışını patlaması gibi..."

"Hâlbuki sizi de yaptıklarınızı da Allah yaratmıştır." **(Saffat, 96)**

"Gökleri ve yeri yoktan var eden O'dur. Eşi de olmadığı halde, nasıl olur da çocuğu olur? Her şeyi yaratan O'dur. Ve O, her şeyi bilendir. İşte Rabbiniz Allah bu! O'ndan başka ilâh yoktur; O, her şeyin yaratanıdır. O'na kulluk edin, O her şeye vekildir." **(En'am, 101-102)**

"O öyle bir ilâhtır ki, göklerin ve yerin hükümranlığı kendisinindir. O hiç çocuk edinmedi, hükümranlıkta ortağı yoktur. O, her şeyi yaratıp bir ölçüye göre düzenleyerek takdir etmiştir." **(Furkan, 2)**

Anti madde, yani olmayan bir şey, belirli bir enerji alımıyla olan bir şeye dönüşebiliyor ya da bunun tersi bir durum söz konusu olabiliyor bu evrende... Acaba bazı mistiklerin, bir orada bir burada ya da, aniden ortadan kayboluşlarının bilimsel sırları bu anti madde esrarı altında yatıyor olabilir mi?

Kuantum mekaniğinin en temel sözel varsayımlarını şöyle özetleyebiliriz:

1-Birbirinden tam bağımsız sistemlerde bile iletişim vardır.

2-Bir elektron aynı anda bir kaç noktada bulunabilir. Bunun H ve He atomlarında teorik olarak ispatı vardır.

3-Kuantum dünyası belirsizlikler dünyasıdır.

4-Bilinç kuantumlu sistemlerle bölünmez bir bütündür ve bilinç dalga mekaniğinde denklemlerden ayrı düşünülemez.

"Kendi nefisleri konusunda düşünmüyorlar mı? Allah, gökleri, yeri ve bu ikisi arasında olanları ancak hak ile ve belirlenmiş bir süre (ecel) olarak yaratmıştır. Gerçekten, insanlardan çoğu Rablerine kavuşmayı inkâr ediyorlar." **(Rum, 8)**

Atom çekirdeğinin içinde, protonları ve nötronları birbirine bağlayan çok güçlü bir kuvvet vardır. Bu kuvvete, "Güçlü Nükleer Kuvvet" adı verilir. Nükleer enerji, çekirdekteki bu kuvvetin serbest bırakılmasıyla ortaya çıkar. Bu kuvvet üzerinde bir oynama yapılmadığı zaman kimseye bir zararı yoktur, ama insan müdahalesiyle milyonları öldüren bir güç haline gelebilmektedir. Atomun çekirdeğinde bulunan ve milyonlarca kişinin hayatını tehlikeye sokabilecek olan bu olağanüstü kuvveti, fisyon (nükleer parçalanma) ve füzyon (nükleer kaynaşma) tepkimeleri açığa çıkarmaktadır.

Bu kadar küçük bir tanenin içine bu kadar büyük bir enerji sığdırılması olağanüstü bir mucizedir. Allah insanlara sonsuz gücünü, yarattığı varlıklarda göstermekte, dilediği gücü dilediği yerde var etmektedir. İnsanlara da sonsuz ilminden ancak dilediği kadarını vermektedir.

Bu tepkimeler, ilk bakışta atomun çekirdeğinde gerçekleşiyor gibi gözükse de, aslında atomun bütün yapı taşlarının birlikte katıldığı tepkimelerdir. Fisyon adıyla bilinen reaksiyon atom çekirdeğinin bölünmesi, füzyon isimli reaksiyon ise iki çekirdeğin büyük bir güçle bir araya getirilip birleştirilmesi olayıdır. Her iki reaksiyonda da çok fazla miktarda enerji açığa çıkmaktadır.[11]

"Göklerde ve yerde Allah'ın varlığını, birliğini, kudretini gösteren nice deliller vardır ki, insanlar yanından geçip gittikleri halde yüzlerini çevirdiklerinden farkına varmazlar." **(Yusuf Sûresi 105)**

Newton Fiziği - Kuantum Fiziği

Evren sırlarla dolu ve gördüğümüz her şey, sadece gördüklerimizden ibaret değil, belki de sadece buzdağının tepe kısmı... Newton'un ampirik temele dayanan fiziği, günlük yaşantımızda somut olarak gördüğümüz şeylere birtakım, deney, gözlem, akıl, mantık temellerine dayanan kartezyen formülizasyon çözümleri getirmiştir. Bunlar boş ve gereksiz mi? Tabii ki hayır! Çünkü, insan günlük yaşamında gözle gördüğü, kulağıyla duyduğu, teniyle hissettiği, diliyle tattığı ve burnuyla kokladığı sayısız olaylarla karşılaşır ve yaşamını sürdürebilmesi için birtakım ampirik, kartezyen ve formülizasyona dayanan akıl-mantık, deney-gözlem temelli çözümlere ihtiyaç duyar... Ancak evrenin gizemi sadece Newton fiziğiyle çözülemiyor...

---
11 allahvar.com

*"Gökleri ve yeri yaratan, onların bir benzerini yaratmağa kadir değil mi? Elbette (öyledir); O, yaratandır, bilendir." **(Yasin, 81)***

Günlük hayatta gördüğümüz nesnelerin çoğu "normal" büyüklükte algılanmaktadır. Bu "normal" boyutlar, Newton fiziğine uyum göstermektedirler. Ancak nesneler, mikro boyutta olup ve ışık hızına yaklaştıklarında ilginç rölatif (izafi) etkiler meydana gelebilmektedir.

Günlük hayatımızda normal boyutlara sahip birçok nesne, milyarlarca atomlardan oluşmaktadır.(Biz de, bedenimiz de dâhil…) Atom altına inildikçe katı gerçekler bilinmeyene doğru yol almaktadır. Bu durumda artık fizik sınırları zorlanmıştır ve ister metafizik deyin, ister spritualizm deyin, sadece deney-gözlem, akıl-mantık ve katı Newton fiziği kuralları geçerli olmamaktadır.

Newton fiziği: "Herhangi bir şey nasıl olur?" diye sorarken, Kuantum fiziği: "Herhangi bir şey nasıl var olur?" diye sorar. Kuantum anlayışa göre, gerçeklikle ilgili her şey bir "olasılık"tır. Tabii ki burada Newton fiziğini es geçmemiz söz konusu değildir. Heisenberg, bir konuşmasında bu gerçeği şöyle dile getirmiştir:

"Newton mekaniğindeki "enerjinin korunumu" gibi eski sonuçların çoğunun yeni sistemde de elde edilebileceğini görmek tuhaf bir şey…"

John Gribbin ise konuya şöyle bir yorum getirmiş:

"Matris mekaniği, kendi bünyesinde Newton mekaniğini de içeriyordu. Tıpkı Einstein'ın görelilik denklemlerinin özel bir durum olarak Newton denklemlerini içermesi gibi…"

"Şüphesiz gece ve gündüzün ard arda değişmesinde, Allah'ın göklerde ve yeryüzünde yarattığı şeylerde, Allah'a karşı gelmekten sakınan bir toplum için pek çok deliller vardır." **(Yunus, 6)**

Her Şeyin Aslı Tek'de Birleşiyor

Varlığın tüm unsurları (her şey) ve bütün zamansal kavramlar her noktada birbirleriyle temas halindedir. Parça bütünde, bütün de her bir parçadadır. Bu özel durumlarda zaman-mekân-mesafe kavramları çöker.

Evren, tek bir noktacıktan, Büyük Patlama ile meydana geldi. Var olacakların hepsi o küçücük, belki de iğne ucundan daha küçük bir noktacıktan, fizikçilerin ölçebildiği en küçük zaman birimi olan 10-43 saniye içerisindeki patlamadan yaratıldı. Bu süreden önce hiçbir şey yoktu ve evren küçücük bir nokta içerisine yoğunlaşmış olarak bir andaki patlamayla ortaya çıktı.

John Gribbin bu olayı şöyle anlatıyor:

"Bir zamanlar etkileşim içinde olan parçacıklar, bir anlamda Tek bir sistemin parçası olarak kalırlar ve sonraki etkileşimlere birlikte karşılık verirler. Gördüğümüz dokunduğumuz ve hissettiğimiz hemen her şey, bizim bilebildiğimiz haliyle, evrenin meydana geldiği Büyük Patlama'dan bu yana zaman içinde başka parçacıklarla etkileşime girmiş parçacık öbeklerinden yaratılmıştır. Vücudumuzdaki atomlar, şimdi uzaktaki bir yıldızın bir parçası olan parçacıklar ile henüz keşfedilmemiş bir gezegende yaşayan bir yaratığın bedenini oluşturan parçacıklarla bir zamanlar kozmik ateş topu içinde itişip kakışan başka parçacıklardan meydana gelmiştir. Hatta bizim bedenimizi oluşturan parçacıklarla bir zamanlar hoplaya zıplaya etkileşim içindeydiler."

"Güneş'i ışıklı, Ay'ı da parlak kılan, yılların sayısını ve hesabını bilmeniz için aya evreler koyan Allah'tır. Allah, bunları boş yere yaratmamıştır. O, ayetlerini düşünen bir toplum için ayrıntılı olarak açıklıyor." **(Yunus, 5)**

Evrenin bütünlüğü, sonu olmayan bir okyanus gibidir. Bu birlik halinde bütün varlıklar birbirleriyle iletişim içinde var olurken zaman ve mekân sınırları ortadan kalkar. Her şey BÜTÜN'ün bir parçasıdır ve okyanusun bir damlasındaki bilgi, okyanusun bütün bilgisini taşımaktadır.

Tasavvufta, "Evrende gerçekte Allah'ın varlığından başka ebedi olan gerçek varlık yoktur, varlıklar onu gösteren birer aynadır." görüşü ve bu görüşe kaynaklık eden "Fenafillâh" makamı acaba, kuantum düşüncedeki her şeyin aslında olmadığı ya da her şeyin bir hologram (sanal ya da hayal) olduğu ve sadece bir Tek'in, bir Bütün'ün olduğu, her şeyin kaynağının aslının O olduğu konusuna izah mı getiriyor? Taoizm'in söz ettiği "hiçliğe erme", yahut Budizm'in önerdiği "Nirvana'ya ulaşma", yahut "Yehova'yı bulma" vs. gibi nihai görüşler acaba bu düşünceyi mi dile getirmek istemekteydiler?

"Siz cansız (henüz yok) iken sizi dirilten (dünyaya getiren) Allah'ı nasıl inkâr ediyorsunuz? Sonra sizleri

öldürecek, sonra yine diriltecektir. En sonunda O'na döndürüleceksiniz." **(Bakara, 28)**

Tasavvuftaki Vahdet-i Vücud anlayışına göre, evren gerçek bir varlık değil, gölge bir varlıktır. Gölge, kendisinin varlık nedeni olan kişi ya da nesnenin varlığından başka bir varlığa sahip olmadığı gibi, evren de Allah'ın varlığından başka bir varlığa sahip değildir. Nesnelerin görünen varlığı, hayali bir varlıktır. Einstein, bu durumu şöyle itiraf etmiştir:

"Geçmiş, şimdi ve gelecek, sadece bir illüzyondan ibarettir. Her ne kadar gerçek görünseler de..." Nesneler sürekli değişmekte ve bozulmaktadır. Bir anda varmış gibi görünen suretin yerini, bir sonraki an başka bir suret almaktadır.

"*O, Allah'tır. O'ndan başka hiçbir ilâh yoktur. Dünyada da ahirette de hamd O'na mahsustur. Hüküm yalnızca O'nundur. Kesinlikle O'na döndürüleceksiniz.*" **(Kasas, 70)**

California Teknoloji Enstitüsü'nde konferans veren Richard Feynman şunları söylemiş:

"Fizik yasalarının özelliklerini bilmek istiyorsanız, bu özel konunun (kuantum) anlatılması zorunludur. Bu zor olacak... Ancak gerçekte bu zorluk psikolojik... Kendimize sürekli "ama bu nasıl olabilir?" diye sormanın yarattığı sıkıntıdan kaynaklanır. Sorduğumuz her soru, onu anlaşılmamış bir şeyler cinsinden görmek arzusunun dışa vurumudur. Onu alışılmış bir şeye benzeterek açıklayacak değilim. Yalnızca açıklayacağım. Bir zamanlar "görecelik" teorisinin sadece on iki kişi tarafından anlaşıldığı yazılmıştı. Hiç bir zaman öyle bir dönem olduğunu sanmıyorum. Onu yalnız tek bir kişinin anladığı dönem olabilir, çünkü daha kaleme almadan önce bu teoriyi fark eden kişiydi o… Ancak onun çalışmalarını okuyan birçok kişi, "görecelik" teorisini şu ya da bu şekilde anladı. Buna karşın, kuantum mekaniğini kimsenin anlamadığını rahatlıkla söyleyebilirim. Bu nedenle anlatacaklarımı gerçekten anlamanız gerektiğini düşünerek dersi ciddiye almayın. Gevşeyin ve tadını çıkarın…"

Kuantum kavramına göre insanın niyeti fiziksel dünyanın yapısını etkilemekte… Heisenberg'in belirsizlik alanına, gönderdiğimiz düşünce paketçikleri varlık katmakta… Bir şeyler düşündüğümüz zaman tüm alanın bundan etkilenme ihtimali vardır. Kuantum fiziği, fizik-fizikötesinin karşımaya başladığı alandır.

Bir elektron, bir atom içerisinde, bir durumdan diğer bir duruma geçiş yaparken, nedeni pek açıklanamayan bir biçimde, bir tür "doğaçlama" yapar. Başlangıçta gayet sakin durumda olan atom, bu durumda kendi elektron enerji kabuğunda bir tür "kaos" yaşayabilir.

Ayrıca elektronları yüksek enerji durumlarından düşük enerji durumlarına ya da bunun tersi geçişi yapabilirler. Bunun sebebi, kuantum seviyede zamanın tersine çevrilebildiğidir. Bu seviyede olaylar her iki seviyede de gelişebilir.

"Gökten yere her işi O evirip düzene koyar. Sonra (işler,) sizin saymakta olduğunuz bin yıl süreli bir günde yine O'na yükselir." **(Secde, 5)**

Kuantum anlayış, fizik-metafizik ayrımının karıştığı alandır. Bu teoriye göre hem dalgacık hem de parçacık aynı bünyede yer almaktadır. Ancak gözlemlemeye ya da ölçmeye kalktığımızda ya parçacığı ya da dalgacığı ayrı ayrı bulabilmemiz söz konusudur. İkisini aynı anda bulmak şimdiki şartlar altında mümkün olmamaktadır. Bu da Heisenberg'in "Belirsizlik" kuramını oluşturmakta... Newton fiziğinde ise her şeyin sabit, katı, ölçülebilir ve kesin sonuçları vardır. Parçacığı konumuyla, dalgacığı ise momentumuyla ölçebilmek mümkündür. Kuantum teorisine göre gerçeklikle ilgili her şey bir olasılıktır. Yani yaşadıklarımız ya gerçektir ya da değildir. Hem parçacık ve hem de dalgacık aynı seviyede, varoluşun temel unsurlarıdır. Her biri maddenin beliriş yollarından biridir ve maddeyi birlikte oluşturmaktadırlar.

"Allah, yedi göğü ve yerden de onların benzerini yarattı. Emir, bunların arasında durmadan iner; sizin gerçekten Allah'ın her şeye güç yetirdiğini ve gerçekten Allah'ın ilmiyle her şeyi sarıp-kuşattığını bilip-öğrenmeniz için." **(Talak, 12)**

David Bohm: "Bir noktaya yoğunlaşmış düşünce, elektronun parçacık yönü, ilham ise dalga yönü gibidir." diyor. İkisini aynı anda deneyimleyemediğimizden bahsediyor. Kuantum anlayışa göre, birbiriyle hiç iletişim imkanı bulunmayan iki varlık arasında bağlılaşım (korelasyon) görülebilmektedir. Tibet rahiplerinin tapınaklar arasında birbirleriyle telepatik olarak iletişime geçtikleri, dünyada çok gelişmiş kadim insan formunun hayatta kalan tek türü sayılan "Aborjinler"in, kendi vücutlarıyla, kırılan kemikleriyle, organlarıyla ve çok uzaktaki biriyle telepatik olarak görüşebildikleri söylenmekte... Buna göre, dünyanın herhangi bir yerindeki insanın bilgi yüklü enerji alanı, diğer ucundan da geçebiliyor, demektir.

De ki: "Yeryüzünde gezip dolaşın da, böylelikle yaratmaya nasıl başladığına bir bakın, sonra Allah ahiret yaratmasını (veya son yaratmayı) da inşa edip yaratacaktır. Şüphesiz Allah, her şeye güç yetirendir." **(Ankebut, 20)**

Mikro-evrende her şey hareket halindedir. Durağan, statik hiçbir şey yoktur. Mikro-dünya dinamiktir. Madde, mikro düzeyde kuantize olmuş durumdadır. Einstein'e göre enerji, kütle ile eşdeğerdir. ($E=mc^2$) ifadesi bu teoriyi desteklemektedir.

Kuantum düşünce, ortak zekâlar alanında işlem yapar. Bütün evreni tekâmül ettiren enerjiyle, yani evrendeki TEK (Evrenin Sahibi Yüce Allah) ile işbirliğine girildiğinde biz artık, biz olmanın ötesine geçeriz. Öyle diyor ya Yunus: " Bir ben vardır benden içeri..."

"Güneşi bir aydınlık, ayı bir nur kılan ve yılların sayısını ve hesabı bilmeniz için ona duraklar tesbit eden O'dur. Allah, bunları ancak hak ile yaratmıştır. O, bilen bir topluluk için ayetleri böyle birer birer açıklamaktadır."
(Yunus, 5)

Evren, olasılıklar bütünüdür

Yaşantımızın şekli bir elektronun mu elinde? Biz o elektronu düşüncelerimizle mi kendimize çekiyoruz?

Düşünceleri birer frekans olarak kabul edersek bunların birer dalga boyu olduğunu kabul etmemiz gerekir. Güçlü olumlu düşüncelerin, olumlu frekanslar oluşturduğu ve bu düşüncelerin devam etmesinin, gerçek yaşamda da olumlu şeylere sebep olduğu söylenmekte...

Evren, olasılıklar bütünüdür. Zaman-mekân kavramı madde boyutunda yaşayanlar içindir. Yüce Allah için zaman-mekân kavramı yoktur. Zaten bu oluşumları da yaratan O'dur. Dolayısıyla bizim geçmişteki, şimdiki ve gelecekteki yaşantımızı O zaten görmektedir. Yarattığı Evren, sayıları sonsuz gibi görünen elektronlardan oluşmuştur. Ve bizler, olumlu düşüncelerle olumlu elektronları kendimize çekiyor olabiliriz. Hani bazen bir işimiz için ümitli, hevesli ve istekli oluruz ve o olay istediğimiz gibi sonuçlanır ya... Hiç son dakikaya kadar şiddetle taşıdığımız umutlar, bir "son dakika golü" ile gerçekleşmemiş midir? Hayatımızın arama motorlarına şöyle bir baktığımızda muhakkak bulabileceğimiz bir şeyler vardır.

"De ki: 'Göklerden ve yerden sizlere rızık veren kimdir? Kulaklara ve gözlere malik olan kimdir? Diriyi ölüden çıkaran ve ölüyü diriden çıkaran kimdir? Ve işleri evirip-çeviren kimdir?' Onlar: 'Allah' diyeceklerdir. Öyleyse de ki: 'Peki siz yine de korkup-sakınmayacak mısınız?' İşte bu, sizin gerçek Rabbiniz olan Allah'tır. Öyleyse haktan sonra sapıklıktan başka ne var? Peki, nasıl hâlâ çevriliyorsunuz?" **(Yunus, 31-32)**

Acaba hücrelerimiz, kendi kendimize yaptığımız içsel ve dışsal konuşmaları kaydeden ve buna göre mekanizmasını geliştiren bir hafıza kartları mı? Belki de çeşitli hastalıkların, kendimize yaptığımız içsel ve dışsal konuşmalarla bir bağlantısı vardır.

Kuantum düşünce, zihin ve beden arasında birebir bağlantı olduğunu varsayar. Hastalıkların sürekli olarak düşünülen şeylerin beden üzerinde etkili olduğunu söylemek de herhalde yanlış olmaz.

Beynimiz, düşünce, duygu, kısaca enerji üreten bir tesistir. Hem düşünce enerjisi yayını yapar, hem de diğer yayınları yakalar. Bir cep telefonu gibi hem mesaj alır, hem de mesaj gönderir. Evrenin Sahibi'nin bize sunmuş olduğu hem bir yayın istasyonuna ve hem de muhteşem bir alıcıya sahibiz. İnsan, böyle bir olağanüstü yetenek ve gücünden habersiz, kendi beyninin ürettiği TV önünde, onun yakaladığı dalga boylarını fütursuzca izler durur, kendi kapasitesini kullanmayı unutur.

Allah insanlarla konuşur mu?

Yüce Allah *(c.c.)* ezeli ve ebedi kelam sahibidir. Peygamberlerine vahiy gönderdiği gibi, yarattıklarıyla da ilham yoluyla konuşur, onların ihtiyaçlarını ilham yoluyla bildirir, onlara yardım eder. Kullarının kalbine dilediği bilgileri ilhamla aktarır, doğruları ilham eder.

Allah, Peygamberleriyle vahiy yoluyla konuşur. Hazret-i Musa'nın *(a.s.)* Tûr Dağı'nda vahye mazhar kılınışını ve Allah'ın kelâmına muhatap oluşunu Kur'an şöyle ifade eder:

"Tayin ettiğimiz vakitte gelince, Rabbi onunla (Musa ile) konuştu." **(Arâf Sûresi, 7/143)**

"Ey Musa! Seni gönderdiklerimle ve konuşmamla insanlar arasından seçtim." **(Arâf Sûresi, 7/144)**

"Bir kısım peygamberleri sana daha önce anlattık. Bir kısmını ise sana anlatmadık. Allah, Musa ile gerçekten konuştu." **(Nisâ, 164)**

Şu ayet de, Allah'ın kullarıyla konuşmasının keyfiyeti hakkında bize bilgi vermektedir: *"Allah bir insanla ancak vahiy suretiyle veya perde arkasından konuşur. Yahut bir elçi gönderir; izniyle dilediğini vahyeder."* **(Şûrâ, 51)**

İlhamlar da Allah'ın çok perdelerden geçmiş konuşmalarıdır. Fakat vahiy kadar gölgesiz ve safi değildir. Bediüzzaman'a göre, ilhamların hususiyet ve külliyet cihetinde çok çeşitli dereceleri vardır. En cüz'îsi ve en basiti hayvanların ilhamıdır. Onlardan biraz yüksek, avâm insanların ilhamları gelmektedir. Sonra sırayla ilhamlar, avâm melâikenin ilhamları, evliyâ ilhamları ve melâike-i izam ilhamları tarzında derece derece yükselmektedir. İlham sırrına binaen her bir veli kalbinin telefonuyla: "Kalbim benim Rabbimden haber veriyor" diyebilmektedir. **(Sözler, s. 124)**

Cenâb-ı Hak, yaratıklarına vazifelerini ilhamla bildirir, ilhamla telkin eder, kullarına istikameti ilhamla gösterir ve hidayet verir. Bilhassa hayvanatın hemen hepsi dünyaya geldikleri zaman nasıl hareket edeceklerini, rızıklarını nelerden ve nasıl elde edeceklerini, hastalıklarında nasıl şifa bulacaklarını, hayat şartlarına nasıl ayak uyduracaklarını "İlâhî sâik" hâlinde, yani "sevk-i

İlâhî" tarzında, yani telkin edilmiş bilgi paketleri tarzında beyinlerinde bulmaktadırlar. Bugün bilim buna içgüdü demekte, maalesef İlâhî boyutu göz ardı etmektedir. Cenâb-ı Hak bütün canlılara yaşadıkları sürece ihtiyaçları olan şeyleri eksiksiz telkin ve ilham etmektedir.

İnsanın ilhama ve vahye mazhar olmakla beraber, fıtri vazifesinin ilim öğrenmekle kemale ermek olduğunu vurgulayan Üstad Bediüzzaman Hazretleri, hayvanın asli vazifesinin ise talim ve öğrenmekle kemale ulaşmak olmadığını, onlara ihtiyacı olan bilgilerin doğrudan ilham edildiğini, onların yalnızca istidatlarına göre amel etmekle mükellef bulunduklarını beyan eder. *(Sözler, s. 286)*

Bediüzzaman'a göre, vahiy gölgesiz ve safidir. İlham ise gölgelidir, renkler karışır ve umumidir. Melâike ilhamları, insan ilhamları, hayvan ilhamları gibi muhtelif ilhamlar Allah kelâmının, denizlerin katreleri kadar teksirine medar sonsuz bir zemin teşkil etmektedir. "Rabbimin sözlerini yazmak için bütün denizler mürekkep olsa, Rabbimin sözleri tükenmeden o denizler tükenirdi." *(Kehf Sûresi, 18/109)* ayeti buna işaret etmektedir. Cenâb-ı Hakk'ın kullarıyla ve mahlûkatıyla konuşmaları, onları sevdiğinin ve dualarına fiiliyle ve sözüyle cevap verdiğinin belirtisidir. *(Şuâlar, s. 116)*

❦ ❦

Levh-i Mahfuz

Düşüncelerimiz sadece beynimizin içerisine hapsedilmemiştir. Ürettiğimiz düşünceler, bizlerden belirli frekanslarla ayrılarak semaya doğru yol almaktadırlar. Bazı bilim adamlarının söylediği gibi, düşündüğümüz her şey, söylediğimiz her sözcük, yaptığımız her eylem boşlukta kaybolmuyor, hepsi evrende bir yerlerde toplanıp bir yerlere kaydediliyorlar. Sanki ilahi bir CD'ye ya da hafıza kartına kaydedilip, bir daha kullanılabileceği bir zamanı bekliyorlar. Bu düşünceler aklıma Levh-i Mahfuz'u (saklı levha) getirmiyor değil... Evrende olmuş, olacak her şeyin kayıtlı olduğu o ilahi levha... Evrenin Sahibi'nin bize bildirdiği levha... Sonsuzluğa göçtüğümüzde bu levha, (bizim dilimizde hafıza kartı ya da disk), yaşamımız boyunca neler yaptığımızı, neler yaşadığımızı bize gösterebilecek mahiyettedir. Evrenin kayıt cihazı işlemektedir. Bu yüzden hiçbir insan görmese de duymasa da Allah'ın kurmuş olduğu kayıt sistemi her an işlemektedir. Yaptığımız her şey, söylediğimiz her söz birer enerji paketçikleri halinde evrende belirlenen yerde saklanmaktadır. Bilinçli ya da bilinçsiz, geleceğe yansıttığımız her projeksiyon, bir enerji oluşturarak evrene yayılmaktadır.

"Allah (o yazıdan) dilediğini siler, (dilediğini de) sabit bırakır. Ana kitap (olan Levh-i Mahfûz) ise O'nun katındadır." **(Rad, 39)**

"Şüphesiz ki biz, her şeyi (Levh-i Mahfûz'da yazılmış) bir kadere göre yarattık." **(Kamer, 49)**

"Çünkü gökte ve yerde gizli hiçbir şey yoktur ki, apaçık bir kitapta (Levh-i Mahfûz'da) bulunmasın!" **(Neml, 75)**

Kelime anlamı olarak Levh-i Mahfuz; "levh" levha, "mahfuz" ise korunmuş demektir. Allah'ın takdir ettiği, olmuş ve olacak bütün şeylerin üzerinde yazılı bulunduğu kabul edilen kader levhasına denir.

Levh-i Mahfuz, Allah'ın gökleri ve yeri yaratmadan önce yazmış olduğu bir kitaptır.

Levh-i Mahfuz, Allah'ın Âlim isminin bir tecelligâhıdır. Allah *(c.c.)*, Levh-i Mahfuz'u Âlim ismi gereğince yaratmıştır. Âlim ismi, Levh-i Mahfuz'a tecelli etti; var olacakların, yaratılacakların bütün ön bilgisini, bütün programını, bütün plânını, bütün kaderini takdir edip Levh-i Mahfuz'da yazdı; tıpkı insanın bütün ön bilgilerini DNA'sında, bütün son bilgilerini hafızasında yazdığı gibi.

Peygamber Efendimiz *(s.a.v.)*, Ebû Zerr-i Gıfârî'ye *(r.a.)* şöyle buyurmuştur:

"Yâ Ebâ Zer! Yedi kat gök ile yedi kat yerin Kürsî yanında büyüklükleri, ancak bir çölün ortasına atılmış bir yüzük halkası gibidir. Arş-ı Âlâ'nın da Kürsî'ye göre büyüklüğü, o çölün o halkaya nazaran büyüklüğü derecesindedir." **(Tecrid-i Sarih Tercemesi, 9/7.)**

Bediüzzaman'a göre, Arş-ı Âlâ, Zâhir, Bâtın, Evvel ve Âhir isimlerinin halita (alaşım) ve karışığıdır. Bâtın ismi itibariyle bakıldığında Arş melekût, kâinât da mülk olur. Yani, Bâtın ismi varlıkların daha çok melekûtunu ve iç yüzünü kuşatmış olduğundan, kâinatın ve olayların mukadderatını elinde tutan Arş-ı A'lâ, çoğunlukla Bâtın isminin tasarruf alanı hükmündedir. Bu isme göre kâinât mülktür, yani dış yüzeydir, yani hükümlerin, emirlerin ve kânunların uygulandığı mahaldir. **(Mesnevî-i Nûriye, s. 91.)**

Levh-i Mahfuz ise, Hafîz, Alîm, Kadîr, Mürîd, Mukaddir, Evvel, Âhir, Zâhir, Bâtın ve Allah'ın kendi ilminde var olan sair isimlerinin emir ve talimatlarının kaleme alındığı, kâinattaki her nesnenin mukadderatının planlanıp yazıldığı muazzam kürsüye ait büyük kader defteridir.

Levh-i Mahfuz, kâinatın hafızasıdır. Zerrelerden kürelere kadar kâinatta var olan bütün varlıklarla ilgili emir ve hükümlerin, mukadderat ve plânların, proje ve programların yazıldığı, korunduğu, muhafaza edildiği ve zamanı gelince icraya dökülmek üzere saklandığı alan Levh-i Mahfuz'dur.

"Ölüleri diriltecek olan ve onların iyi ve kötü işleriyle arkalarında bıraktıkları eserleri zayi etmeyip kaydeden Biz'iz! Biz her şeyi İmam-ı Mübîn'de (Levh-i Mahfuzda) tek tek yazdık." **(Yasin,12)**

Kur'an, Levh-i Mahfuz'da yazılmış, korunmuş ve yeryüzüne Levh-i Mahfuz'dan indirilmiştir.

Bediüzzaman'a göre hafıza kuvvetimizin işaret ettiği Levh-i Mahfuz, bütün varlıkların asıllarının ve hakikatlerinin yer aldığı büyük kader defteri hükmündedir ki, kâinatta akıp giden olayların hepsi bu hükümlerin ve yazıların uygulama alanına dökülüşü demektir.

Kaza-i Muallâk ve Kaza-i Mübrem

Abdulvahid Bin Süleym'den *(r.a.)* rivayet edildiğine göre, şöyle demiştir:

Mekke'ye geldim, Atâ b. Ebî Rebah'la karşılaştığım da kendisine:

"Ey Ebû Muhammed *(asm)*!" dedim. "Basralılar kader konusunda dengesiz şeyler söylüyorlar ne dersin?" Dedi ki:

"Evladım Kur'an okuyor musun?"

Ben de "evet" dedim.

"Zuhruf Sûresi'ni oku!" dedi. Ben de:

"Ha mim; düşün gerçekleri ortaya koyan bu kitabı, onu düşünüp kavrayabilesiniz diye Arapça olarak indirdik. O Kurân, katımızda bulunan ana kitapta (Levh-i Mahfuz'da) mevcut olup şan, büyüklük ve hikmetlerle doludur." diye Zuhruf Sûresi'nin dört ayetini okudum.

Bunun üzerine "Ana kitap (Levh-i Mahfuz) nedir bilir misiniz?" dedi.

"Bilmiyorum." dedim. Dedi ki:

"O Allah'ın *(c.c.)* gökleri ve yeri yaratmadan önce yazmış olduğu bir kitaptır ki; içersinde Firavun'un cehennemlik olduğu ve Ebû Leheb'in tüm imkânlarıyla yok olup gideceği de vardır." *(Tirmizi)*

Levh-i Mahfuz, değişmeyen kader levhasıdır. Burada olacak olan her şeyin son ve kesin şekli yazılıdır. Fakat çok nadir de olsa istisnaları vardır. Nitekim Ayet-i Kerime'de de "Allah (o yazıdan) dilediğini siler..." buyrulmuştur. İmam-ı Rabbani Hazretleri, Mektubat-ı Rabbani adlı eserinde bunu şöyle izah etmiştir:

Kaza yani Allah-ü Teâlâ'nın yaratacağı şeyler, Levh-i Mahfuz'da iki kısımdır:

Kaza-i muallâk ve Kaza-i mübrem.

Birincisi, (yani değişebilir olan) şarta bağlı olarak, yaratılacak şeyler demektir ki, bunların yaratılma şekli değişebilir veya hiç yaratılmaz.

İkincisi, (yani mübrem, mutlak olan) şartsız, muhakkak yaratılacak demek olup, hiçbir suretle değişmez, muhakkak yaratılır.

Kaf Sûresi'nin yirmi dokuzuncu ayetinde mealen, "Sözümüz değiştirilmez" buyruldu. Bu Ayet-i Kerime, kaza-i mübremi bildirmektedir.

Kaza-i muallâk için de, Rad Sûresi'nde, "Allahü Teâlâ, dilediğini siler, dilediğini yazar." mealindeki, yirmi dokuzuncu Ayet-i Kerime vardır.

Hocam, Muhammed Bâkî-billâh buyurdu ki, Seyyid Abdülkâdir-i Geylânî, bazı kitaplarında buyurmuş ki:

"Kaza-i mübremi kimse değiştiremez. Fakat ben, istersem, onu da değiştirebilirim." Bu söze şaşar ve "olacak şey değildir" derdi. Hocamın bu sözü, uzun zamandan beri, zihnimi kurcalamıştı. Nihayet, Allah-ü Teâlâ, bu fakiri de, bu nimeti (bu meseleyi çözmeyi) ihsan etmekle şereflendirdi.

Bir gün, sevdiklerimden birine, bir bela geleceği, ilham olundu. Bu belanın geri döndürülmesi için, Allah'a çok yalvardım. Bütün varlığım ile O'na sığındım. Korkarak, sızlayarak, çok uğraştım. Bu belanın, Levh-i Mahfûz'da kaza-i muallâk (değişebilir kaza) olmadığını, bir şarta bağlı olmadığını gösterdiler. Çok üzüldüm, ümidim kırıldı. Abdülkâdir-i Geylânî'nin sözü hatırıma geldi. İkinci defa olarak, tekrar sığındım, çok yalvardım.

Aczimi, zavallılığımı göstererek niyaz ettim. Lutf ve ihsan ederek kaza-i muallâkın (değişebilir olanının) iki türlü olduğunu bildirdiler:

Birisinin şarta bağlı olduğu, Levh-i Mahfuz'da gösterilmiş, meleklere bildirilmiştir.

İkincisinin şarta bağlı olduğunu, yalnız Allah-ü Teâlâ bilir. (Yani melekler dâhil kimseye şarta bağlı olduğu bildirilmemiştir.) Levh-i Mahfuz'da, kaza-i mübrem gibi görülmektedir ki bu kaza-i muallâk da, birincisi gibi değiştirilebilir. (Çünkü Allah'tan başka kimse bilmese de şarta bağlıdır.)

Bunu anlayınca, Abdülkâdir-i Geylani'nin sözündeki, kaza-i mübrem ifadesinin, bu ikinci kısım kaza-i muallâk olduğunu ve kaza-i mübrem (mutlak) şeklinde görüldüğünü yoksa "hakiki kaza-i mübremi değiştiririm" demediğini anladım. Böyle kaza-i muallâkı, pek az kimseye tanıtmışlardır. Ya, bunu değiştirebilecek kim bulunabilir?

O sevdiğim kimseye, gelmekte olan belanın, bu son kısım kazadan olduğunu anladım ve Hak "sübhânehu ve Teâlâ"nın bu belâyı geri çevirdiği malum oldu. Allah-ü Teâlâ'ya, bunun için çok şükür olsun. *(Mektubat-ı Rabbani, 217. Mektup)*

İnsanın hayatı boyunca başından geçen hallerle beraber, kısmen çevresinde olan olaylar ve değişiklikler bir çekirdek kadar küçük olan hafızasına yerleştirilir. Elbette bu hıfz ve muhafaza, bir muhasebe içindir. Ta ki mahşer günü hesap vaktinde, yaptıklarını ve olanları hafızasından hatırlasın ve mutmain olsun.

İşte insanın hayatı nasıl bu şekilde hafızasında kaydedilip yazılıyorsa, kâinatta olan her türlü hadise de zayi olmayıp, külli hafıza olan levh-i mahfuzda kaydedilmiştir. Her iki muhafaza örneği de Allah'ın "Hafız" isminin tecellisidir.

Muhteşem Bir Evrende Yer Almaktayız

"Sizi sarsmaması için yeryüzünde sağlam dağlar; yolunuzu bulmanız için de nehirler, yollar ve nice işaretler meydana getirdi. İnsanlar yıldızlarla da yollarını bulurlar." **(Nahl, 15-16)**

Hayat sadece defterde, kitapta bulunan birkaç satır bilgi ve formülden ibaret değildir. Evrende muhteşem bir nizam var. Tüm canlı ve cansızlar, makro dünyalar ile mikro dünyalar arasında varlığını idame etmeye çalışıyorlar. Tüm yaratılmışlar, evren, galaksiler, yıldızlar, gezegenler dünyasından hücre, molekül, atom, proton, nötron, elektron, foton, bozon, mezon ve diğer atom altı parçacıklarına ya da dalgacıklarına kadar sonsuzluğa uzanan bir süreç içerisinde yer alıyor. Uzmanlar, mikro dünyalarda her atomun içerisinde Samanyolu galaksisinden çok daha karmaşık sistemlerin bulunduğunu, her saniye tırnak ucu kadar alandan 10 trilyondan fazla nötrino taneciğinin geçtiğini ifade ediyorlar. Evrenin sırlarını çözme sürecinde Newton'un mekanik fiziği her fenomeni açıklamada yetersiz kalmış, Einstein'ın izafiyet teorisi bilim dünyasında bir devrim oluşturmuştur. Einstein'ın izafiyet kavramında, maddenin enerjiye eşit olduğu ifade ediliyor. Kuantum fizikçileri maddenin aslında dalga ve enerji paketçiklerinden ibaret olduğunu söylemektedirler. Bohr, Planck, Heisenberg, Bohm gibi bilim adamları kuantum fiziği ile bilim sayfalarında çığır açmış, belirsizlik kanunlarından ve holografik evrenden söz etmişlerdir. Kuantum fiziği, atom altı dünyaya inerek ve oradaki gerçekliğin bizlerin algı dünyasından çok daha farklı olduğunu keşfederek bütün var edilmişlerin aynı bütünün parçaları olduğu gerçeğini görmemizi sağlamıştır.

"Big Bang" teorisine göre zamanın gerisinde en eski geçmişe gidildiğinde karşımıza büyük bir patlama çıkar. Evrenin başlangıcını oluşturan büyük patlama öncesi olağanüstü parıltılı sıcak ve yoğun bir ışık vardı. Evrende var olmuş her şeyin aslı ışıktır, yani nurdur. Bu ışık her şeyin öncesinde, doğudan batıya, kuzeyden güneye her yeri kaplamaktaydı. Sonra büyük patlama oldu. Büyük patlama öncesini Jaques Girardon şöyle tanımlıyor:

"O çok şaşırtıcı bir andı, yoğunluğu o kadar yüksekti ki maddenin kendisi bile var olamıyordu. Işımadan başka bir şey yoktu." Yani önce ışık vardı. Üstelik o kadar yoğun ve sıcaktı ki maddeyi anında yok ediyordu.

Şefik Can, içerisinde bulunduğumuz evrenin sırlarını çözme üzerine şöyle bir tefekküre dalıyor:

"Şu üzerinde yaşadığımız dünyada ve göklerin sonsuz yüceliklerinde akıl almaz, esrarlı varlıklar var! Fezada (uzayda) on beş milyar ışık yılı uzakta güneşler keşfediyorlar. Şu zavallı aklımız, göklerin sonsuzluğunu idrak edemiyor! Ya yeryüzündeki yaratıklar? Gözümüzün göremediği mikroplardan alınız da denizlerde yaşayan çeşitli renkte varlıklar, ormanlar, dereler, dağlar, denizler, neler yok ki? Kâinat sayısız güzel eserlerle dolu bir müze gibi... Fakat eserleri sergileyen, kendisini gizlemiş..."

Sayısını bilemediğimiz kadar çok gezegen, yıldız, kırmızı dev, beyaz cüce, kara delik, kuasar, pulsar ve galaksiler bu muhteşem evrende yer almakta... Milyarlarca (belki de çok daha fazla) galaksilerden, sadece ve sadece bir tanesi olan Samanyolu galaksisi bünyesinde bulunan milyarlarca yıldız ve gezegenlerden biri olan dünya üzerinde yaşıyoruz. Yaşam süremizi evrenin yaşam süreci içerisinde ele alırsak, ömrümüzün ne kadar da küçük bir süreyi ihtiva ettiğini müşahede edebiliriz. Gerçekte bizim "Evren" diye tabir ettiğimiz sonsuz görünen yapıyı sadece duyu organlarımızın algıladığı biçimde anlatabiliriz. Duyularımızın dışında kalan âlemlerden ise habersiziz. Tasavvufta bizim de içinde bulunduğumuz on sekiz bin âlemden bahsedilmektedir. Biz sadece duyu organlarımızla algılayabildiğimiz kendi âlemimizden haberdar olabiliyoruz. Gerisinden haberimiz yok...

Kâinata baktığımızda her şeyde bir intizam ve düzenin olduğunu açık bir şekilde görüyoruz. Bu düzen kâinatta belli bir programın olduğunun ispatıdır.

Allah, evrende yarattığı her varlığı belirli bir ölçü içinde, özenle yaratmıştır. Bu nedenle Allah'ın yarattığı varlıklarda güzellik, uyum ve denge vardır. Bu konudaki ayetlerden bazıları şöyledir:

"... Her şeyi yaratan ve bir ölçüye göre düzenleyen Allah'tır." (Furkan, 2)

"...Onun katında her şey bir ölçü (miktar) iledir." (Rad, 8)

"Biz her şeyi bir ölçüye göre yarattık." (Kamer, 49)

Allah, evrendeki yarattığı her varlığa yapacağı işe uygun yapı, biçim, özellik ve yetenek vermiş; onların yaratılışını bir takım amaç ve hikmetlere dayandırmış, boş ve yersiz hiçbir şey yaratmamıştır. Bu konuda Yüce Allah Kur'an'da şöyle buyurmaktadır:

"Biz, gökleri yeri ve ikisi arasındakileri bir oyun ve bir eğlence olsun diye yaratmadık. Biz onları hak ve hikmetle yarattık." (Duhan, 38-39)

"Güneş'i ışıklı, ayı da parlak kılan, yılların sayısını ve hesabını bilmeniz için aya evreler koyan Allah'tır. Allah, bunları boş yere yaratmamıştır. O, ayetlerini düşünen bir toplum için ayrıntılı olarak açıklıyor." (Yunus, 5)

En basit bir hayata sahip olan bitkilerin yetişmelerine baktığımızda; dallar ne kadar uzamaları gerektiğini, yapraklar nerede çıkacaklarını, çiçek ne zaman meyve olup olgunlaşacağını, gövde ne kadar gelişeceğini biliyor gibi hareket ediyorlar. Elbette şuursuz olan bitkilerin bunları düşünerek yapması imkânsızdır. Onların bu halleri apaçık kader kalemiyle çizilen bir programa tabi olduklarını gösterir. İşte bu program onların küçücük olan çekirdeklerine yerleştirilmiştir.

"Şüphesiz Biz, yeryüzü üzerindeki şeyleri ona bir süs kıldık; onların hangisinin daha güzel davranışta bulunduğunu deneyelim diye." (Kehf, 7)

"Sizin üstünüze sapasağlam yedi-gök bina ettik. Parıldadıkça parıldayan bir kandil (güneş) kıldık. Sıkıp suyu çıkaran (bulut)lardan 'bardaktan boşanırcasına su' indirdik. Bununla taneler ve bitkiler bitirip çıkaralım diye. Ve birbirine sarmaş dolaş bahçeleri de." **(Nebe, 12-16)**

Nasıl ki; su damlaları bir su kaynağını, meyveler bir ağacın varlığını, her hangi bir hayvan yumurtası o hayvanın var olduğunu bizlere gösterir. İşte çekirdeklere yerleştirilmiş bu programlar da Levh-i Mahfuz'u bizlere işaret ediyor. En küçük ve adi bir hayat sahibinin bile o cüzî hayatı böylesine kader kalemiyle yazılmış ve kaydedilmişse, dünyanın halifesi hükmünde olan insan da elbette her şeyden ziyade kaderin kanununa tabidir. İşte bu küllî kayıt da Levh-i Mahfuz'dadır.

Evrende mükemmel bir düzen ve uyum vardır. Yüce Allah, yaratmasındaki mükemmelliği, evrende var olan düzen ve uyuma Kur'an'da şöyle belirtmektedir: "Rahman'ın yaratışında hiçbir uyumsuzluk göremezsin. Bir kere daha bak! Hiçbir çatlak (düzensizlik) görüyor musun?' **(Mülk, 3)**

Dünyanın kendi ekseni etrafında dönüş hızı, ayın dünyaya olan uzaklığı, atmosfer tabakasının kalınlığı, havadaki gaz miktarı vb. evrende mükemmel uyum olduğunu gösterir. Kur'an'ın işaret ettiği ölçülü yaratılış ile ilgili bilimsel gerçeklerden bazıları şunlardır:

Dünya kendi ekseni etrafında saatte bin mil hız yapar. Eğer böyle değil de saatte yüz mil hız yaparak kadar dönseydi, gündüz ve gece şimdi olduğundan daha uzun olurdu. Bu durumda bitkiler gündüz yanar, kalan olursa da onlarda donardı.

Ay, dünyamıza şimdiki noktasından 50 bin mil ötede olsaydı, yeryüzünde med-cezir (gel-git) olayları sonucunda bütün kıtalar günde iki defa su altında kalırdı.

Dünyamızın çevresini saran atmosfer tabakası biraz daha ince olsaydı, atmosferde yanıp parçalanan binlerce meteor, o zaman dünyamıza rahatlıkla ulaşabilir ve her şeyi yok ederdi.

Mevsimlerin sürekliliği, gece ile gündüzün birbirini izlemesi, su döngüsü, yeryüzünde yaşamın oluşması da evrende mükemmel bir düzenin olduğunun en açık delilidir

Bu konuyla ilgili ayetlerden bazıları şunlardır

"O, geceyi, gündüzü, güneşi ve ayı yaratandır. Her biri bir yörüngede yüzmektedirler." (Enbiya, 33)

"Güneş ve Ay bir hesaba göre hareket etmektedir." (Rahman, 5)

"Gece ile gündüzün ard arda gelmesinde, Allah'ın göklerde ve yeryüzünde yarattığı şeylerde, Allah'a karşı gelmekten sakınan bir toplum için deliller vardır." (Yunus, 6)

"Gökten uygun ölçüde yağmur indirip, onu yeryüzünde durdurduk." (Müminun, 18)

Evrendeki düzenliliği en açık olarak gözlemlediğimiz alanlardan biri, Dünya'nın içinde bulunduğu Güneş Sistemi'dir. Güneş Sistemi'nde 8 ayrı gezegen ve bu gezegenlere bağlı 54 ayrı uydu yer alır. Bu gezegenler, Güneş'e olan yakınlıklarına göre; Merkür, Venüs, Dünya,

Mars, Jüpiter, Satürn, Neptün, Uranüs'tür. Bu gezegenlerin ve 54 uydularının içinde yaşama uygun bir yüzey ve atmosfere sahip olan yegâne gök cismi ise bizim üzerinde yaşadığımız Dünya'dır.

Güneş Sistemi'nin yapısını incelediğimizde, yine büyük bir denge ile karşılaşırız. Gezegenleri dondurucu soğukluktaki dış uzaya savrulmaktan koruyan etki, Güneş'in çekim gücü ile gezegenin merkezkaç kuvveti arasındaki dengedir. Güneş, sahip olduğu büyük çekim gücü nedeniyle tüm gezegenleri çeker, onlar da dönmelerinin verdiği merkezkaç kuvveti sayesinde bu çekimden kurtulurlar. Ama eğer gezegenlerin dönüş hızları biraz daha yavaş olsaydı, o zaman bu gezegenler hızla Güneş'e doğru çekilirler ve sonunda Güneş tarafından büyük bir patlamayla yutulurlardı. Eğer gezegenler daha hızlı dönseler, bu sefer de Güneş'in gücü onları tutmaya yetmeyecek ve gezegenler dış uzaya savrulacaklardı. Oysa çok hassas olan bu denge kurulmuştur ve sistem bu dengeyi koruduğu için devam etmektedir.

Bu arada söz konusu dengenin her gezegen için ayrı ayrı kurulmuş olduğuna da dikkat etmek gerekir. Çünkü gezegenlerin Güneş'e olan uzaklıkları çok farklıdır. Dahası, kütleleri çok farklıdır. Bu nedenle, hepsi için ayrı dönüş hızlarının belirlenmesi lazımdır ki, Güneş'e yapışmaktan ya da Güneş'ten uzaklaşıp uzaya savrulmaktan kurtulsunlar.

Böylesine düzen ve sistemin kendiliğinden ve tesadüfen oluşabilmesi mümkün olmaz, çünkü böylesine özel ayar ancak özel formüllerin tasarlanmasıyla mümkün olur. İşte bu tasarım, Yüce Allah'ın bir sanatıdır.

Güneş Sistemi'ndeki olağanüstü hassas dengeyi keşfeden Kepler, Galilei gibi astronomlar ise, bu sistemin çok açık bir tasarımı gösterdiğini ve Allah'ın evrene olan hâkimiyetinin ispatı olduğunu belirtmişlerdir. Güneş Sistemi'nin yapısı hakkında önemli keşiflerde bulunan Sir Isaac Newton bakın şu itiraflara bulunuyor:

"Güneş'ten, gezegenlerden ve kuyruklu yıldızlardan oluşan bu çok hassas sistem, sadece akıl ve güç sahibi bir Varlık'ın amacından ve hâkimiyetinden kaynaklanabilir... O, bunların hepsini yönetmektedir ve bu egemenliği dolayısıyladır ki O'na, 'Üstün Kuvvet Sahibi Rab' denir."[12]

Evrende var olan her şeyin belirli bir ölçüye göre, belirli bir düzen içinde ve bir amaca bağlı olarak yaratılmıştır. Bu durum bizim Allah'ın varlığını, birliğini, gücünü kudretini görmemizi sağlar. Kur'an, sık sık evrendeki ölçü ve dengeyi hatırlatarak, bunlar üzerinde düşünmemizi, dersler çıkarmamızı ister. Bu anlamda bize düşen görev, Allah'ın evrende koyduğu ölçü ve denge üzerinde düşünmek, incelemek, varlıklar âlemi için yararlı bilimsel çalışmalar ortaya koymaktır. Ayrıca Allah, evrende düzensizlik ve kargaşa ortamı oluşmaması için denge koymuştur. İnsan da evrendeki düzen ve ahengi bozacak davranışlardan kaçınmalıdır. Çünkü yeryüzündeki hayat Allah'ın yarattığı bu düzen sayesinde sürmektedir."

Evreni temaşa eden birer yaratık olarak, algı vasıtalarımızın kısıtlı olması nedeniyle gerçek evrenin cüz'i

---

12 Michael A. Corey, God and the New Cosmology: The Anthropic Design Argument, Maryland: Rowman & Littlefield Publishers, Inc., 1993, s. 259

bir temsilini idrak edebiliyoruz. Hiç bir şey aslında tam olarak gördüğümüz, duyduğumuz, bildiğimiz, tattığımız, kokladığımız, anladığımız gibi değil... Bu muhteşem evrenin çok soluk ve sayısı çok yüksek perdelerden geçen bir hayaliyle meşgulüz.

Ömer Hayyam, bu sırra şu şekilde işaret ediyor:

Varlığın sırları saklı, senden, benden;
Bir düğüm ki ne sen çözebilirsin, ne ben.
Bizimki perde arkasında dedi-kodu,
Bir indi mi perde, ne sen kalırsın, ne ben.

İnsandaki sanat O'nun eseri

"Andolsun, Biz insanı, süzme bir çamurdan yarattık. Sonra onu bir su damlası olarak, savunması sağlam bir karar yerine yerleştirdik. Sonra o su damlasını bir alâk (embriyo) olarak yarattık; ardından o alâk'ı (hücre topluluğu) bir çiğnem et parçası olarak yarattık; daha sonra o çiğnem et parçasını kemik olarak yarattık; böylece kemiklere de et giydirdik; sonra bir başka yaratışla onu inşa ettik. Yaratıcıların en güzeli olan Allah, ne yücedir."
(Müminun, 12-14)

Vücudumuzun her bir parçası için kütüphaneler dolusu kitaplar yazıldı ve yazılmakta... Bırakın kalbimizi, ciğerimizi, tek bir hücremiz, hatta hücre çekirdeğimiz, DNA'larımız için binlerce araştırma yapılmakta, eser üretilmekte... İncelendikçe yeni özellikler keşfedilmekte. İnternet, televizyon, ilgili kitaplar, dergiler ve diğer araçlar, özelliklerimizi keşfetmek için kuvvetli birer araçlar...

İnsanın yaratılışındaki olağanüstü olaylardan biri de tek bir hücrenin bölünerek çoğalması ve her çoğalmanın gelişigüzel olmayıp vücudun ihtiyacı olan organlara dönüşerek sistemli bir şekilde gelişimini tamamlamasıdır. Eğer hücreler gelişigüzel bölünerek çoğalsaydı belki de sadece şekilsiz bir et yığınından ibaret olurduk. Bu sistemli bölünerek çoğalma sürecinde beynimizin oluşumu ayrı bir yer tutmaktadır.

Lewis Thomas, "Medusa and The Snail" isimli eserinde şunları dile getirmekte:

"Sadece bu özel hücrelerin varlığı, yeryüzünün en hayret verici şeylerinden biridir. Bir grup hücre trilyonlarca hücreye, muazzam düşünce ve muhayyile aygıtlarına, okumak, yazmak ve kullanmak için gereken tüm verilere dönüşür."

Her birimizin kalbi yılda 36.000.000 kez çarpar... 96.560 km'lik bir damar ağına kan pompalar. Kanımızda 22.000.000.000.000 kan hücresi vardır. İnsan vücudunda trilyonlarca hücre vardır. Her dakikada bunlardan 300 milyonu ölür. Eğer sürekli olarak yenilenmeselerdi, bütün hücreler 230 gün içinde ölürdü.

Bir kalemi kaldırırken en az 12 çift kas görev yapar. Kaşlarımızı çatarken 43 kası, tebessüm ederken 17 kasımızı kullanırız. Vücutta 600'den fazla kas vardır ve bunlar insan vücudunun ağırlığının %40'ını oluşturur. İnsan derisin her bir 2,5 cm2'lik bölümünde 19 milyon hücre,

60 kıl, 90 gr. yağ bezi, 570 cm uzunluğunda damar, 625 ter bezi ve 19.000 duyu hücresi bulunur. Ortalama bir insan, hayatı boyunca 18 kg. deri döker.

Fiziksel bir sistem olarak incelersek vücudumuz dış ve iç organlar vasıtasıyla mükemmel bir koordinasyon ve takım çalışması ruhuyla işlemektedir. İnsan, çoğu zaman kıymetini takdir edemediği harika bir vücudu, eşsiz bir sanat eserini taşımaktadır. Öyle ki bir tek hücreyi bile yapmaktan aciz olan insan, akılları hayrette bırakan sayısız hücrelerin mükemmel işbirliği ve uyumu ile hayatını sürdürmektedir.

"Şüphesiz biz insanı, karmaşık olan bir damla sudan yarattık. Onu deniyoruz. Bundan dolayı onu işiten ve gören yaptık." **(İnsan, 2)**

Bu konuda büyük âlim Gazali'nin yaklaşık bin yıl önceden bizlere sunduğu şu tespitleri aktarmadan geçemeyeceğim. Gazali diyor ki:

"İnsanın bedeninde binlerce damar, sinir ve kemik vardır. Her birinin şekli ve sıfatı başkadır. Her birinin vazifesi ayrıdır. Senin ise onlardan haberin yoktur. Senin bildiğin şu kadardır: El ve ayak, tutmak ve yürümek içindir. Dil, konuşmak içindir. Ama gözün on ayrı kısımdan yapıldığını, bunlardan biri vazifesini yapmazsa görme işinin olmayacağını bilmezsin ve yine bu kısımların her birinin ne yaptıklarını ve hangi sebeple görmeye tesir ettiklerini bilemezsin. Gözün madde olarak büyüklüğünü herkes bilir. Ona ait bilgiler ise ciltlerle kitaplarda ancak anlatılmıştır. Bunu da bilmemene şaşmamak lazımdır. Karaciğer, dalak, öd kesesi, böbrek ve buna benzer iç organların vazifelerini de bilemezsin. Karaciğerin vazifesi, mideden kendisine gelen çeşitli gıdaları kan renginde bir hale getirmek ve yedi uzva, yani bütün vücuda yayacak şekle sokmaktır. Kan, ciğerde oluşunca üstünde sarı renkli bir köpük bulunur. Bir de tortu bırakır. Bu ise lenftir. Dalağın vazifesi bu safrayı, lenfi kandan almaktır. Kan ciğerden çıkınca, gayet ince ve suludur. Böbreğin vazifesi, kandan suyu almaktır. Ancak böylece kan, safrasız ve lenfsiz kendi renginde ve kıvamında damarlara ulaşır.

Safra kesesinde bir arıza olursa, safra kana karışır. Sarılık hastalığı meydana gelir. Safra ile alakalı diğer hastalıklar da baş gösterir. Dalak iyi çalışmazsa lenf kana karışır. Lenfavi hastalıklar meydana gelir. Böbrekler çalışmazsa, su kana karışır istiska (deri altı su toplama – ödem) hastalığı meydana gelir.

...

Bunlardan maksat, bedenin içinde iş yapan nice organlar olduğunu bilmendir. Her biri bir işle meşgul olurken, sen tatlı tatlı uykudasın. Onlar sana hizmetten bir gün bile geri durmuyorlar. Sen ise onları tanımıyorsun. Aynı zamanda sana olan hizmetlerine de teşekkür etmiyorsun."

İnsan, kalbinin atışını kontrol edemez... Çeşitli salgılamalar yaparak kan şekerini ayarlayan ve ayrıca sindirime yardımcı olan pankreasın kontrolü de insanlarda değildir... İnsanın kontrolüne bırakılsa, birkaç saniyede bir nefes alması gerektiğini hatırlaması oldukça zordur. Hatta uyurken nefes almayı hatırlaması imkânsızdır.

Bunlar gibi sayısız vücut fonksiyonu, insanın hiçbir müdahalesi ve kontrolü olmadan gerçekleşmektedir. Ancak bu sistemlerde kusursuz bir işleyiş vardır. Gerek kromozomlardaki bilgi, gerek sinir sistemi, gerekse çeşitli sebepler sayesinde, insan vücudunda bulunan bütün organlar, Allah tarafından her an kontrol edilir.

"Ben gerçekten, benim de Rabbim, sizin de Rabbiniz olan Allah'a tevekkül ettim. O'nun, alnından yakalayıp-denetlemediği hiçbir canlı yoktur. Muhakkak benim Rabbim, dosdoğru bir yol üzerinedir (dosdoğru yolda olanı korumaktadır.)" **(Hud, 56)**

İnsan bedeni muhteşem bir tesistir. Bu tesiste en mükemmel laboratuarlar, üreteçler, makineler, sistemler bulunmaktadır. Ve bu sistem yakıt ve onarım işlemlerini mükemmel bir şekilde yapmaktadır. Benzetme yapacak olursak gıda deposu, ısıtma tesisleri, askeri üsler, alarm sistemleri, işitme aygıtları, rasathaneler, alıcılar, antenler, algılama sistemleri, kanalizasyon sistemleri yer almaktadır.

Vücudumuzu oluşturan 300 triyon hücre, yaklaşık 4 x 1027 atomdan meydana gelir. Bedenimiz, 500.000 dokunma detektörü, 200.000 ısı detektörü ve 4 milyon acıya duyarlı yapıdan oluşan bir ağla beynimize sürekli bilgi aktarır.

Her insanda trilyonlarca hücre var. Hücre çekirdeğinde ise insanın fiziksel ve sağlık durumunu belirleyen kromozomlar, kromozomlarda da DNA'lar var. Buna bilimde "genetik şifre" deniyor. Kendi ekseninde dönen ve iplerle bağlanan bir asma merdiveni andıran DNA sarmalında anne ve babadan alınan 23'er kromozom bulunuyor. Kromozomların taşıdığı yaklaşık 100 bin gen DNA sarmalının üzerinde yer alıyor. Genler DNA'nın küçük bir bölümünü oluşturuyor.

Hücre nedir?

Bir canlının canlılık özellikleri taşıyan, yapı ve görev bakımından en küçük parçasına hücre deniyor. Bir buğday filizini, bir hücre kulesine benzetirsek, küçük hayvanları bir hücre sarayı; insanı da büyük bir hücre şehrine benzetebiliriz.

Bir hücrenin genişliği ortalama 0.02 mm'dir Birbirine bitişik hücreler halinde bulunan protoplazma, plastik yani balçık çamuru halindedir. Dışarıdan bakıldıkça bulanıktır. Bir yumurta sarısının ortasındaki esmer leke, civcivin protoplazmasıdır. Zihnimizde, bir cep saatini binlerce defa küçültelim: Bir mercimek, bir kum, bir toz ve nihayet görünmez şekilde düşünelim. Nokta kadar tasavvur ettiğimiz ve işlemekte olan saate mikroskopla baktığımızı düşünerek, bunu tekrar binlerce defa büyütmüş ve hiçbir parçası ve faaliyeti değişmemiş bir halde görürüz. İşte, protoplazmayı böyle fevkalade küçük ve mükemmel tanzim olunmuş bir makina olarak düşüneceğiz. Bu makinanın, bu güne kadar mikroskopla ancak büyük parçaları tanınmıştır.

Bir kesme şeker içinde iki yüz elli milyon hücre yaşayabilir. Bir insan vücudunda ortalama otuz trilyon hücre vardır. Mısır piramitlerinin biri yerine, bir insan heykeli yapılsa idi ve birisi o günden itibaren, her gün bu heykelden, el parmaklarından başlayarak her saniyede birer hücre koparsa idi, bugün heykelin ancak bir elinin yarısı gitmiş olurdu. Zira bir senede otuz milyon saniye vardır. Bu heykel, canlı olsa idi, her saniyede bir hücre kaybetmesine rağmen, bugün yaşar ve canlı bir tarih olurdu.

İnsan hücreleri ışık ve hararet dalgaları alır. Bu suretle kazandığı güçle çalışır. Yani insan hücresi bir elektrik makinasına, bir radyoya benzer. Bu halde insan vücudu otuz trilyon hücre motorundan yapılmış muazzam bir fabrikadır. Kimya reaksiyonlarında, atomların dışarı verdikleri enerjinin kesik kesik, yani küçük tanecikler halinde salındığı anlaşılmıştır. Bu enerji taneciklerine kuant denilir.

Leeuwenhoek isimli bilim adamı, mikropları inceleyebilmek amacıyla tek mercekli bir mikroskop yapmıştı. Bu sahada yapılan çalışmalar daha sonraki yıllarda ilerleme kaydetti. 1665 yılında yaptığı çok mercekli mikroskobun büyütmesini incelerken, şişe mantarındaki odacıkları gören Robert Hook, kesitlerde gördüğü dikdörtgen şekilli boşluklara hücre adını vermiştir. Hücrenin bulunmasından sonra Nehemeyah Gru, bitki hücreleri üzerinde çalışmış ve bitkilerin hücresel yapıda olduklarını ifade etmiştir. 1831'de İngiliz botanikçisi Robert Bron, yaptığı çalışmaları esnasında hücrede çekirdeği gördü. Teodor Svan, hayvan hücreleri üzerinde, Matthias Schlaiden ile de bitki hücreleri üzerinde çalışarak hücre teorisini ortaya attılar. Bu teoriye göre; "Canlıların hepsi bir hücrelilerden, çok gelişmiş canlılara kadar hücrelerden meydana gelmişlerdir. Hücreler bağımsız yaşayabildikleri halde birlikte iş görürler."

Akromatik merceklerin keşfiyle cisimler renk değişmesi olmadan büyük ve net görüntüler elde edilerek incelenme imkânı buldu. Rudolf Virchow isimli araştırıcı, hücrelerin değişik tip bölünmelerle çoğaldıklarını buldu. Hücre organellerinin daha iyi incelenmesi, boyama tekniklerinin gelişmesine paralel olarak gelişti. 1934'te 100.000 defa büyütebilen elektron mikroskobunun keşfi, hücre organellerinin birçoğu hakkında yeni bilgilerin elde edilmesini ve yeni bir hücre modelinin ortaya çıkmasına yol açmıştır.

Hücreler, zar, sitoplazma, çekirdek ve organellerden meydana gelmişlerdir. Organeller, sitoplazma içinde farklı görevlere ve yapıya sahiptirler. Hücreler gördükleri işe göre farklı şekil ve büyüklüktedirler. Bunlara örnek olarak kas, sinir ve kemik hücreleri gösterilebilir. Kan hücrelerinden olan alyuvarların çekirdekleri yoktur. Fakat farklılaşmaları sırasında çekirdeklerini kaybettiklerinden bunlar da okaryotik hücrelerden sayılırlar.

Tabiattaki canlılar tek veya çok hücrelidirler. Tek hücreli canlılarda bütün hayati faaliyetler tek bir hücre içinde yapılır. Bunlara örnek olarak "paramecium cudatum" (terliksi hayvan) ve amipler gösterilebilir. Çok hücreli canlılarda ise hücrelerin görev ve yapı bakımından gruplanarak meydana getirdikleri dokular ve bu dokuların da bir araya gelmesiyle meydana gelen organlar mevcuttur. Bazı hayvan hücreleri gözle görülebilecek kadar büyüktür. İnsan vücudundaki en küçük hücre 4-5 mikron çapındadır. İnsan vücudunun en büyük hücresi olan dişi yumurta hücresinin çapı ise 0,2 milimetreyi bulur.

İnsan hücresini rakamlarla ifade etmek istersek:

- Bir insandaki toplam hücre sayısı 100 trilyon
- Bir insandaki farklı hücre çeşitleri 210 kadar
- Her saniye ölen hücre sayısı yaklaşık 50 milyon
- Her saniye yeni yaratılan hücre sayısı yaklaşık 50 milyon
- Toplam alyuvar sayısı (eritrosit) 25 trilyon
- Toplam akyuvar sayısı (lökosit) 25-100 milyar arası
- Toplam sinir hücresi sayısı 30 milyar (Bir sinekte 100 bin, fare beyninde ise 10 milyon sinir hücresi vardır)
- Beyin kabuğundaki (korteks) sinir hücresi sayısı 10 milyar
- Beyincik korteksindeki hücre sayısı 10 milyar
- Bütün sinir hücrelerinin toplam sinaps sayısı 100 trilyon
- Normal hâlde günlük ölen sinir hücresi sayısı 50.000-100.000
- Bir hatırlama sürecinde faal olan beyin hücresi sayısı 10 milyon-100 milyon
- Mide asiti üreten hücre sayısı (erkekte) yaklaşık 1 milyar (kadında) yaklaşık 820 milyon
- En küçük hücre olan spermlerin boyu 3-5 µm
- Beyindeki glia hücrelerinin boyu 5 µm
- En büyük hücre olan yumurta hücresinin çapı 100-120µm
- Bir karaciğer hücresinin ortalama büyüklüğü 30-50µm

- Bir alyuvarın çapı 7 μm
- Bir böbrek hücresinin çekirdeğinin çapı 6,2 μm
- Metafazda dizilmiş kromosomların toplam genişliği 4,5 μm
- Omurilikteki ganglion hücresinin çekirdeğinin çapı 1,2 μm
- Bir mitokondrinin çapı 0,5-1,2 μm
- Bir lizosomun (parçalayıcı enzim taşıyan organel) çapı 0,2-0,5 μm
- Bir mikrovilli (barsak hücresindeki çıkıntılar) kalınlığı takriben 100 nm
- Bir ribosomun çapı 12-20 nm
- Hücre zarının toplam kalınlığı 8,0 nm
- Hücre zarındaki bir bağlantı bölgesinin (nexus) çapı 3,0 nm
- DNA çift spiral zincirinin çapı 2,0 nm
- Bir aminoasit molekülünün boyu 0,8-1,1 nm
- Bir atomun çapı 0,1-0,5 nm
- Anüs örtü epitel hücresinin ömrü 4,3 gün
- Üst deri (epidermis) hücresinin ömrü 19,2 gün
- Kalınbarsak örtü epiteli hücresinin ömrü 10 gün
- İncebarsak mukoza hücresinin ömrü 1,4 gün
- Sonbarsak (rektum) mukoza hücresinin ömrü 6,2 gün
- İdrar torbası (mesane) epiteli hücresinin ömrü 66,5 gün
- Dudak epidermis hücresinin ömrü 14,7 gün

- Ayak tabanı epidermis hücresinin ömrü 19,1 gün
- Nefes borusunu (trake) döşeyen epitel hücresi ömrü 47,6 gün
- Akciğer alveol hücresi ömrü 8,1 gün
- Midenin giriş bölgesini (cardia) döşeyen epitel hücresi ömrü 9,1 gün
- Midenin çıkış bölgesini (pylorus) döşeyen epitel hücresi ömrü 1,8-1,9 gün
- Kulak içini döşeyen epitel hücresi ömrü 34,5 gün
- Alyuvarların ömrü 120 gün
- Nötrofil akyuvarın ömrü 4-5 gün
- Eosinofil akyuvarın ömrü 10 gün
- Lenfositlerin ömrü 5 günden senelerce
- Monosit akyuvarın ömrü aylarca
- Karaciğer hücresinin ömrü 222 gün
- Böbrek epiteli hücresinin ömrü 286 gün
- Tiroid epiteli hücresinin ömrü 287 gün
- Kemik hücresinin ömrü 25-30 yıl
- Sinir hücresinin ömrü ömür boyu çalışırlar
- Bölünerek sayılarını artıramayan hücreler yumurta hücresi, beyin ve sinir hüceleri, kıl soğancığı hücresi, terbezi hücreleri

Not:

$1 \mu m$ (mikrometre)= $1/1.000$ (10^{-3}) mm

1 nm (nanometre) = $1/1000 \mu m$ = $1/1.000.000$ (10^{-6}) mm

"Allah, her canlıyı sudan yarattı. İşte bunlardan kimi karnı üzerinde yürümekte, kimi iki ayağı üzerinde yürümekte, kimi de dört (ayağı) üzerinde yürümektedir. Allah, dilediğini yaratır. Hiç şüphesiz Allah, her şeye güç yetirendir." **(Nur, 45)**

Genler insanın saç renginden boyuna, ayak numarasından yakalanacağı hastalıklara kadar kişinin hayatını belirleyen kimyasal madde olan proteinlerin salgılanmasını sağlıyor. DNA'nın şimdiye kadar yüzde 99'u deşifre edildi. Ancak şimdiye kadar bunun sadece yüzde 21,1'inin ne işe yaradığı çözümlendi. Yüzde 65,7'si ise ham halde... Bu keşifler sayesinde hastalıkların teşhis ve tedavisi kolaylaşacağı, şeker, kalp, kanser gibi her yıl milyonlarca insanın ölümüne neden olan hastalıkların çok önceden teşhis edilip önlenebileceği ifade ediliyor.

DNA Hakkında kısa bilgiler

- DNA, insan vücudunun bilgi deposudur.
- Tüm hücrelerdeki DNA'nın uzunluğu, 9 milyon kilometre etmektedir. Bu uzunluk, 13 defa Ay'a gidip dönmeye eş değerdir.
- İnsan vücudundaki 100 trilyon hücrenin hepsi DNA'daki bilgilerin tamamını eksiksiz bilmektedir.
- DNA'da 3 milyar kimyasal harf vardır.
- Bunlar A, T, G ve C harfleridir ve kendilerine özgü bir dile sahiptirler. Bu harflerden yalnızca bir tanesinin bile eksilmesi ya da yer değiştirmesi, ölümcül hastalıklara sebep olmaktadır.

• DNA, 1.000.000 ansiklopedi sayfasını rahatlıkla dolduracak bilgiyi içermektedir.

• DNA, anne ve babanın tüm kalıtsal bilgisinin çocuğa geçmesini sağlamaktadır.

• Hücrelerin göz, saç, kemik, deri, mide veya başka bir alanda özelleşmelerini DNA'daki bilgiler belirlemektedir.

• DNA, metrenin milyonda biri kadar olan hücrenin içine, bir ipin makaraya sarılması gibi katlanarak sığdırılmıştır.

• Bu ip birbiri üzerine dönen, sarmaşık gibi sarılmış iki zincirden ibarettir.

• İki zincirin birbirinden uzaklığı 2 nanometre yani metrenin milyarda biri kadardır.

• Hücrenin içindeyken metrenin milyarda biri kadar yer kaplayan DNA, açılıp içindeki harfler peş peşe dizildiği zaman 1 metre 80 santimetre uzunluğa denk gelmektedir.

• Tüm hücrelerdeki DNA'nın uzunluğu, 9 milyon kilometre etmektedir. Bu uzunluk, 13 defa Ay'a gidip dönmeye eş değerdir.

• DNA'nın protein üretiminde görevli parçalarına "gen" adı verilmektedir.

• İnsan DNA'sı, 25.000 farklı gene sahiptir.

• DNA'nın sadece %2'si protein üretiminde görevlidir, %98'inin ise ne işe yaradığı büyük bir sırdır.

"...Yerde ve gökte zerre ağırlığınca hiçbir şey Rabbinden uzakta (saklı) kalmaz. Bunun daha küçüğü de,

*daha büyüğü de yoktur ki, apaçık bir kitapta (kayıtlı) olmasın." **(Yunus, 61)***

Japon bilim adamı Prof. Dr. Kazuo Murakami, bir insanın meydana gelebilmesi için yetmiş trilyon gen olasılığının varlığından söz etmektedir. Murakami, her insanın kendine ait bir dünya olduğunun ve kendine özel olarak yerkürede var olduğunun hakikatini şu şekilde ifade etmektedir: "Siz varsınız... Çünkü yetmiş trilyon olasılık arasından denk gelip seçildiniz... Bu kadar özelsiniz!"

❦ ❦

Yaratılış Mucizesi

Mucize bulmak için çok uzaklara gitmeye gerek yok! En büyük mucize bizler, yani insandır. Bir insan, nasıl oluşuyor, nasıl yaratılıyor? Anne karnından dünyanın ilk ışıklarının kucağına kendini atma safhasına kadar geçen süreç başlı başına bir mucizedir ve Yüce Allah'ın en muazzam sanat eserlerinden biridir. Gerçek şu ki, Allah için zor diye bir şey yoktur. O, sadece "Ol!" der ve olur.

Anne ile babanın birleşmesinden itibaren yaklaşık 500 milyon sperm, kendi boylarına göre çok uzun olan bir mesafeyi kat ederek gayelerine ermek üzere maratona başlarlar. Bu sırada annedeki ev sahibi yumurta, misafir olarak gelecek ve bir daha hiç ayrılmayacak olan spermi yumurta kanalında beklemektedir Ancak kader, bu spermlerden sadece birinin yoluna su serperek hayat mucizesini ortaya çıkarma mükâfatını verecektir.

Canlılıklarını 24 saat kadar koruyabilen spermler yumurtayı sararlar. Ancak henüz hiçbir sperm yumurtaya girememiştir. Rahim ve yumurta kanalı boyunca yola çıkan 500 milyon spermin çok büyük bir kısmı bu önemli yarışta yollarda kalır ve ölürler...

Son kalan 100 kadar spermin de hangisinin mutlu sona erişeceği henüz belli değildir. Yumurta hücresi, uzayda yol alan bir gezegen gibidir ve içine girmek çok zordur. Spermler, corona radiaîa adı verilen besin taşıyan hücrelerle çevrilmiş bu tabakayı aşmak için, kuyruklarını burgu gibi hızlı bir şekilde çırparak baş kısımlarıyla yumurtaya vururlar ve yumurtanın saatin ters istikametinde dönmesini sağlarlar. Spermlerden biri, salgıladığı enzimlerle ve güçlü kafa vuruşlarıyla yumurtayı koruyucu zarları delerek plazma zarına kadar gelir ve birkaç dakika sonra bu zardan da içeri girer. Sperm, başını sokar sokmaz mucizevî bir şekilde yumurtanın bütün kapıları kapanır ve artık başka bir spermin girmesi mümkün değildir. Sperm, yumurtaya erişinceye kadar en az 20.000 kere kuyruk çırpar, böylece dönen bir matkap gibi baş kısmı da döner. Kuyruğun bu müthiş dönme enerjisi, sperm yaratılırken boyun kısmına enerji santralleri olarak (mitokondriler) yerleştirilmiştir.

Dişiye naklinden yaklaşık 20 saat sonra sperm yumurtaya girer ve erkek ile dişi hücrenin çekirdeklerindeki bir canlıya ait iki yarım program birleşerek tek bir çekirdek halinde kaynaşır. Böylece yeni canlının genetik özellikleri tayin edilmiş olur.

"Doğrusu biz insanı, imtihan etmek için karışık bir nutfeden yarattık da, onu işitici, görücü yaptık." **(İnsan, 76/2)**

Döllenmiş yumurta (zigot) Kur'an'ın tabiriyle "nutfetün emşâc", birkaç saat sonra (spermin dişi vücuduna girişinden 30 saat sonra) ikiye bölünür. Yumurta kanalı içindeki "sil" denilen parmak gibi uzantıların dalgalanma hareketleriyle rahime doğru hareket eder.

İki günlük zigotta, bölünen her bir hücre 12-15 saatlik bir süre içinde tekrar ikiye bölünür, böylece önce 4, daha sonra 8 hücreden ibaret bir halde yumurta kanalında ilerlemeye devam eder. Fakat kanalın içindeki mukus katlanmalar zigot için büyük bir tehlikedir, bunlar zigota yapışarak rahime ulaşmadan onu kanalın içinde tutar ve böylece dış gebelikler oluşur.

İkinci günün sonunda bölünmeler sonucu yaklaşık 100 hücreden ibaret, (dut meyvesine benzediği için) morula dediğimiz hücre kümesi oluşur. Bu esnada morula, yumurta borusunun en dar yerinden geçmek üzeredir. Burada her an yapışıp kalabilir. Morulayı yapan hücreler dış çepere dizilerek bir top gibi şişkin hale gelir ve orta kısmında bir boşluk oluşur. Bu durumda blastocyst meydana gelmiştir. Top gibi olan bu hücre paketi bir basınçla uterusa (rahime) fırlatılır.

Dört günlük blastocyst etrafındaki koruyucu ve besleyici şeffaf zona pellucida tabakası ile çevrili olarak rahime girmiş, fakat daha iş bitmemiştir. Şimdi esas gelişeceği yer olan münbit topraklara, yani rahim duvarına (endometriuma) ekilmesi ve tutunması gerekir.

Rahim duvarına tutunabilmesi için üzerindeki koruyucu kılıfın atılması gerekir. Yoksa yapışma mümkün olamaz, zira bu kılıf sadece yumurta kanalı içindeki seyahat için gerekliydi. Artık vazifesi bittiğinden atılmalıdır.

Serbest kalan blastocyst rahim sathına 'şeref misafiri' olmadan önce biraz büyür ve genişler böylece tutunma yüzeyini artırır. Hücreleri farklılaşmaya ve ilk embriyo taslağı teşkil edilmeye başlar. Bu durumda yaklaşık 200 hücreden ibaret embriyo ilk defa mukus (sümüksü salgı) salgılayarak kendini gösterir. Gelişen bu canlı, annenin vücudundan farklı bir genetik yapıya sahip olduğundan, annenin immün (muafiyet) sistemi onu yabancı bir mikrop veya canlı zannedip tıpkı doku uyuşmazlıklarında olduğu gibi reddedip, öldürebilir. Birçok düşük vakasının sebebi bu şekildeki anne immun sisteminin reddetmesiyle oluşur. Fakat çoğunlukla bir kimyevî haberleşme kurulur ve blastocyst'in salgıladığı mukus, koruyucu bir çadır oluşturur. Bu esnada anne immün sistemi hücreleriyle de bir 'saldırmazlık paktı' imzalanır ve dokuz ay boyunca birbirlerine saldırmamaya söz verirler.

Blastocyst şişer, hücreler bir günde iki defa bölünür. Artık 11 günlük olmuştur. 12. günde birkaç bin hücreye erişen blastocyst rahim mukozasının derinliklerine doğru bağlantı kabloları salarak tutunur. Rahim duvarına bu şekilde tutunan zigotu Kur'an "alaka" tabiriyle, yani asılıp tutulan şey olarak tarif etmektedir.

"Sonra nutfeyi alaka'ya çevirdik..." **(Mü'minûn, 23/ 14)**

Bu bağlantılar iyice sağlamlaşıp organize olarak amnion ve chorion gibi koruyucu zarlarla birlikte embriyoyu beslemek için annenin kan damarları ve embriyonun kan damarlarının karşı karşıya gelip kaynaştığı plasenta (son) teşekkül etmeye başlar. Bu bir küme hücreden (alaka) dokuz ay süresince tam teşekküllü bir insan yaratılacaktır. Hayal edilmesinin bile güç olduğu bu mucizevi hâdisenin her gün milyonlarcasına şahit oluyoruz.

Üç haftalık embriyonun kalbi atmaya başlıyor. Boyu 2 mm kadar olmuş ve doku ve organları üretecek olan üç germinal tabaka teşekkül etmiştir. Merkezî sinir sistemini meydana getirecek olan neural ektoderm içeri çökerek bir boru meydana getirmeye başlamış. Üst kısımdaki şişkinlikten ön beyin meydana gelecek. Neural boru orta kısımda birleşmiş, üst ve alt kısımlarda açık durumdadır. Bu safhadaki embriyonun herhangi bir omurgalı hayvana mı, yoksa insana mı ait olduğunu ayırd etmek mümkün değildir. "... alaka'yı bir çiğnemlik ete (mudğa'ya) çevirdik..." *(Mü'minûn, 23/14)* ayetiyle de Kur'an, mûcizevî bir şekilde bu safhaya işaret etmektedir.

Artık insanın temel planının ortaya konma zamanı gelmiştir. Bundan sonra hayvanlara olan benzerliğinden süratle uzaklaşarak, husûsî yaradılışı ortaya konacaktır. Embriyo 4 haftalık olmuş, boyu 6 mm'ye erişmiş. Beyin ve omuriliğin ilk izleri, vücut ekseni olarak belli oluyor. Kalp, kanı karaciğere ve aorta pompalamaya başlıyor.

Beş haftalık embriyo 1 cm boya erişti. Kalp ve karaciğer artık belirgin… Kol ve bacaklar henüz küçük tomurcuklar halinde.

Döllenmeden altı hafta sonra insan sureti iyice belli olmaya başlar. Kalbi anneninkinden iki misli yani, dakikada 140-150 vuruş yapar. Göbek kordonu içinden plasenta yoluyla anneye kan pompalanır.

Yedinci haftada 25 mm'ye erişir bu yeni insan. En harika organların başında gelen beyin 7. haftada her dakikada 100.000 yeni sinir hücresinin yaratılmasıyla büyür ve sinirler arasında ilk bağlantılar kurularak beyin sinir şebekesi teşekkül etmeye başlar. Artık beyin hücreleri uyartılara cevap vermeye başlatmıştır. Beyin hücreleri bu hızlı artışla doğuma kadar 100 milyon sinir hücresine ulaşarak en mükemmel bilgisayarları fersah fersah geride bırakacaktır.

Sekiz haftalık embriyo 3-3,5 cm boya ulaşmıştır. Amnion kesesi içindeki sıvıda yüzer ve bu sıvı yastığı ile korunur. Ağırlığı da takriben 13 gr kadardır.

10-11. haftalarda embriyo 4 cm büyüklüğe erişir. Parmaklar belli olmaya başlamıştır. Göbek kordonu ile besleyici maddeleri anneden alır, oksijensiz ve içinde artıklar olan kanı anne dolaşımına geri gönderir.

50 günlük embriyo tek bir hücreden milyonlarca hücreye ve uzuvları hariç 13 gr ağırlığa ulaşmıştır. Her bir hücre kendi hususi yaratılış vazifesini yapmak üzere farklılaşmıştır ve her bir hücrede yaklaşık 100.000 gen bulunmaktadır. Her hücre kendisinin göz merceği mi, kornea mı, yoksa retina hücresi mi olacağına, her bir genin tam zamanında ve nerede çalışacağına nasıl karar veriyor? Bütün bunlar anneden habersiz oluyor ve anne nasıl bir mucizeye beşiklik ettiğinin farkında değil?

"Allah'ın her şeye güç yetirdiğini ve gerçekten Allah'ın, ilmiyle her şeyi kuşattığını bilmeniz öğrenmeniz için..."
(Talak Sûresi, 12)

21, 22, 23. ve devam eden haftalar boyunca bir ressamın veya nakkaşın göz nuru dökerek fırçasını çalıştırması veya sabırla nakış işlemesi gibi, embriyonun dokuları her gün gelişerek yeni bir organın yapısına katılır, uzun kemikler etrafında kan damarları yayılmaya başlar.

Üç aylık cenin; Amnion, chorion ve plasentanın teşkil ettiği koruyucu kapsül içinde tıpkı başka bir dünyadan yeryüzüne feza aracı ile gelen bir yolcu gibi 11 haftalık cenin yaklaşık 20 gram gelmektedir.

15 haftalık cenin 10 cm boya erişmiş, yüzüne ait özellikler ve alın kısmı şekillenerek Yaratıcının mührü vurulmaya başlamıştır. Şeffaf deri altında ipliksi kan damarları görülebilir. Göz kapakları 7 aylık oluncaya kadar birbirine yapışık ve kapalı durumdadır. Parmak uçlarında tırnakların yatakları belli olmaya başlamıştır. Kollan da oldukça uzamış olduğundan, elleri birbirine tutunacak hale gelmiştir.

Dört aylık cenin 16 cm boyundadır. Yaratılış sessizce devam etmektedir. Plasenta cenini besleme ve artıkları atmaktan başka ayrıca annenin yeni yumurta meydana getirmesini önleyici hormonlar da salgılayarak yeni bir hamileliğe mâni olur. Çünkü rahim içinde bir misafir olduğundan, yeni bir misafir için tekrar hazırlık yapamaz.

13 haftalık ceninde gözler iyice gelişmiştir. Cenin başını oynatmaya, yüzünde bazı hareketler göstermeye ve solunum hareketleri çalışmalarına başlamıştır.

Cenin, beş aylık olduktan sonra seslere reaksiyon vermeye başlar. Şayet anne, yavrusuna daha bu dönemde ninni söylemeye başlarsa doğumdan sonra yavrunun sesini tanıdığını far keder. Ördek ayağı gibi yüzgeç şeklindeki el ayası belli kısımlardan eriyerek ve belli kısımları da uzayarak, parmakları serbest hale getirir. 17. haftada tırnaklar oluşur. Bacak alt kısımlarında kan damarları artar ve kemikleşme başlar; kafatasının yassı kemiklerinde ise doğumda birbirinin üzerine binerek doğumu kolaylaştırsın diye kemikleşme olmaz.

Altı aylık ceninin vücudu embriyonik tüylerle kaplıdır. Fakat bu tüyler doğumdan önce dökülerek kaybolur, sadece baş kısmındakilerle kaş ve kirpikler kalır.

18-20 haftalık cenin ilk tekmeleri atmaya başlar, bunlar oldukça güçlü hareketlerdir.

Doğuma yakın artık yeni bir dünyaya çıkmanın zamanının geldiği sevk-i İlâhi ile hissettirilen cenin, kalkışa hazırlanan füzelerin atış rampasına yerleştirilmesi gibi başını aşağı çevirerek çıkış pozisyonuna geliyor.

Ve mutlu son... Yeni bir dünyaya ayak basılmıştır artık... Anne ile son bağlantısı olan göbek kordonu kesilince artık ölünceye kadar hayat süreceği dünyada annesi ile hiçbir maddî bağlantısı olmayacaktır. Plasenta kesilir kesilmez, annenin süt çeşmeleri çalışmaya başlar ve yavru bu en temiz gıda ile beslenmeye devam eder.

"Ey insanlar! Şüphe yok ki, biz sizi bir erkek ve bir dişiden yarattık ve birbirinizi tanımanız için sizi boylara ve kabilelere ayırdık. Allah katında en değerli olanınız, O'na

karşı gelmekten en çok sakınanınızdır. Şüphesiz Allah hakkıyla bilendir, hakkıyla haberdar olandır." **(Hucurat, 13)**

Bedenimiz bir mineraller topluluğudur. Yaklaşık %70'i sudan oluşmaktadır. Yaratılış programına tabi otomatik sistem ayarları, hassas sigorta sistemleri, koruma sistemleri, refleksleri, toleransları olan muhteşem bir yapıdan oluşmaktadır.

Vücudumuz aynı anda trilyonlarca hücrenin bölünüp büyüdüğü, ancak bu bölünme ve büyümelerin belirli sınırlar çerçevesinde olduğu harikulade bir yapıdır. Bölünme ve büyümeler sınırsız olsaydı, organlarımız büyümeye devam edecek, ya dev olacak ya da bir kısım organları aşırı büyümüş ve yerinde sıkışmış hilkat garibelerine dönüşecektik.

Kanımız, en kaliteli otobanlar misali olan damarlarımızdan vücudumuzun tüm zerrelerine oksijeni ve besinleri taşır. Gittiği her yere gerektiği miktarda taşıma yapar. İçerisinde ihtiva ettiği alyuvarlar, oksijen nakli görevini üstlenirler. Akyuvarlarımız ise yabancı mikro-organizmalara karşı savunma askerlerini savaştırır. Elimiz çizildiğinde akan kan nasıl donmaktadır? Trombositler, kanın pıhtılaşmasını sağlayarak kanamanın durdurulması ve yaranın paketlenmesi işlemini gerçekleştirirler. Kanımızın bu işlevleri için biz: "Ey kan! Haydi, parmaklarımızın ucuna oksijen götür; parmağımıza iğne battı ve mikroplar vücudumuza hücum ettiler; şunları defet!" demiyoruz. Her şey muntazam olarak, kendilerine verilen ilhamla çalışmakta…

Uzuvlarımızın hareketleri kaslarımız aracılığıyla olmaktadır. Beynimiz emir verir, sinirlerimiz sinyal gönderir; sinirler kasları, kaslar da uzuvları harekete geçirir. Bir kısım kaslarımız ise kendi irademiz dışında, otonom sinir sistemimiz sayesinde çalışır. Kalp kasımız buna örnektir. Eğer kalp kasımızı çalıştırma iradesi bize verilseydi, en ufak bir ihmalde biyolojik yaşamımız son bulurdu. Her an kalp kasını kontrol etmek de hayatı inanılmaz zorlaştırırdı. Uyurken ne yapardık bilemiyoruz...

Kemiklerimiz vücudumuzun dayanaklarıdır, sütunlarıdır. Sütunsuz bina nasıl ayakta duramazsa, iskelet sistemimiz olmadan ayakta duramayız. Kemiklerimiz, ilginç bir görevi daha yerine getirmektedir: Kan hücrelerinin imalatı... İç organlarımızın dış darbelere karşı korunması yine göğüs kafesimizdeki kemikler vasıtasıyla olmaktadır. Bir şeyi almak, tutmak, taşımak için yine kemiklerimize ihtiyacımız var... Kemiklerimiz olmasa herhalde sallanan puding gibi olurduk...

Kemiklerin birbirlerine eklendikleri yerlerde eklemlerimiz bulunur. Örneğin dirseğimizi ve dizlerimizi, buralarda bulunan eklemler sayesinde hayatımız boyunca sürekli büküp, düzleştiririz. Bu eklemler hayat boyunca hareket ettikleri halde yağlanmaya ihtiyaç duymazlar. Benzer şekilde kemiklerimizin uçlarındaki eklemler de sürekli kullanılır ancak onların yağlarını da hiçbir zaman yenilememiz gerekmez. Çünkü eklemlerin yüzeyi ince ve delikli bir yapıdadır. Yüzeyin altında ise kaygan bir sıvı bulunmaktadır. Kemik, eklemin bir yerine baskıda bulunursa bu sıvı deliklerden dışarı fışkırır ve eklemin yüzeyinin "yağ gibi" kaymasını sağlar.

Dişlerimiz ve kemiklerimiz vücudumuzdaki en dayanıklı dokulardır. Fakat en ilginç kısmı bu yapıların içlerinin boş olmasıdır. Örneklendirmek gerekirse; dişlerimizi ve kemiklerimizi, içleri oyulmuş borulara benzetebiliriz. İçleri boş olan dişlerimiz ve kemiklerimiz nasıl olup da kırılmamakta ve vücudumuzu taşımaktadır?

Kemiklerimizi içleri gözenekli olmakla beraber, dokusu adeta iç içe geçerek örülmüş bir kafes gibidir. Bugün bina inşaatlarında üst üste dökülen tonlarca betonun çökmemesinin nedeni de, beton dökmeden önce kurulan tel kafeslerdir. Ancak kemiklerimizdeki kafes sistemi, inşaat sisteminde kullanıldığı kadar basit değildir. Çok daha karmaşıktır. Burada örülü bulunan kafesler, milimetrenin milyonda biri bir alana sığdırılmış iç içe geçmiş milyonlarca kalasa benzetilebilir. Bu kafes sistemi sayesinde, kemiklerimiz hem taşıyabileceğimiz kadar hafif; hem de vücut ağırlığımızı kaldırabilecek kadar kuvvetlidir. Eğer kemiklerimizin içi bu kafesli yapı ile donatılmamış ve tamamen bir dolgu malzemesi ile dolu olsaydı; en ufak attığımız bir adımda bile ayağımızı yere basarken vücudumuza uygulanan basınç bacaklarımızdaki kemikleri un ufak eder; bizi sakat bırakır ve her adım atışımızda kullanmamız gereken kuvvet adeta bir ton kaldırıyormuşçasına bizi zorlardı.

Dişlerimizdeki yapıda, dayanıklılığı sağlayan özellik; diş minesi olarak bilinir. Diş minesi, dışarıdan son derece pürüzsüz görünmesine karşın, yüzeyinde milyonlarca küçük çatlak bulundurur. Normal şartlar altında, yüzeyinde çatlak bulunan bir sistemin hemen parçalara ayrılması gerekirken; diş minesinin yüzeyindeki çatlakların 1 tane ile sınırlı olmayıp milyonlarca olması çok önemlidir. Çünkü bu milyonlarca küçük çatlak, yemek yerken çenemiz tarafından dişlerimize uygulanan basıncın diş yüzeyinde eşit olarak dağılmasını sağlar. Ve bu sayede dişi dayanıklı kılar.

Allah'ın sanatının birer sonucu olan doğadaki teknolojinin yerini alabilecek, en kalıcı yöntemlerin yine canlılar üzerindeki teknolojiler olabileceğinin farkına varan araştırmacılar, şu an ümit vaat eden bir proje üzerinde çalışıyorlar. Tufts Üniversitesi'nden Prof. David Kaplan, ipeği çekme ve sıkıştırmaya karşı çok dayanıklı olması nedeniyle tercih ettiklerini söylerken; ipeğin ve örümcek ağının biyolojik olarak insan vücudunda kullanıma uygun olma özelliğinin de umut verici olduğunu dile getiriyor. Yüksek ısıya ve canlı içerisindeki koşullara dayanıklılık gösteren bu malzemeler, parçalandıklarında da zararsız amino-asitlere dönüşüyor.

İnsanda kemiği oluşturan kemik matrisi, hidroksiapatit ve kolajenden oluşuyor ve kemik hücreleri tarafından doldurularak kemik ve kemiksi dokular oluşturuluyor. Araştırmacılar kemik matrisini ipek proteininden oluşturarak, etrafını da kemik iliğinden alınan kök hücrelerle doldurup, insan kemiğine çok benzer yapılar elde edilebiliyorlar.

"Kemiklere de bir bak nasıl bir araya getiriyoruz, sonra da onlara et giydiriyoruz?" dedi. O, kendisine (bunlar) apaçık belli olduktan sonra dedi ki: "Artık şimdi)

Biliyorum ki gerçekten Allah, her şeye güç yetirendir."
(Bakara, 259)

Ayağımıza bir şey batsa, sinir sistemimiz devreye girerek, refleks hareketleriyle batan şeyden kaçınırız.

Sinir sistemimiz, beyin, omurilik ve sinirlerden oluşur. Omurilik soğanı solunum, boşaltma, dolaşım gibi yaşamsal faaliyetlerini sevk ve idare eder. Reflekslerimiz sayesinde tehlikeli ortamlardan kaçınırız. Bu ikaz işlemlerini nöron denilen sinir hücreleri tarafından teşekkülü, elektrik akımı vasıtasıyla olur. Evet, insan vücudu elektrik üretir ve bunu kullanır.

Sinir sistemimiz arızalanırsa (felç gibi) hareketlerimiz ve reflekslerimiz çalışamaz hale gelir. Ne muhteşem bir kontrol sistemine sahibiz değil mi?

"Dünya hayatının misali, gökten indirdiğimiz bir su gibidir ki; insanların ve hayvanların yediği, Dünya'nın bitkisi, su ile karışıp çeşitlenir. Öyle ki Dünya, güzelliğini takınıp süslendiği ve O'nun üzerinde yaşayanlar; gerçekten ona (yerin nimetlerine) sahip olduklarını zannettikleri bir anda; gece veya gündüz, ona emrimiz gelir. Ve sanki dün hiçbir zenginliği yokmuş gibi, onu kökünden sökülmüş kılarız Biz düşünen bir kavim için, ayetlerimizi böylece açıklarız." (Yunus, 24)

Massachusetts Institute of Technology'de nükleer fizik profesörü olan Gerald L. Schroeder görme olayındaki mucizevî yönlerden birkaçını şu ifadelerle dile getirmektedir:

"Biyolojik bilgi transferi süreci hayranlık verici bir hikâyedir. Sadece bu olaylar zincirinin tek bir parçasını ele almak istersek, beyin gözdeki retinaya yansıtılan iki boyutlu görüntünün üç boyutlu bir dünyayı temsil ettiğini nereden bilir? Çünkü görüntü bir dizi elektriksel uyarıya dönüştürülür ve bunların her biri voltaj farklarıdır. Bu aklı nereden almıştır?"

Bizim "dış dünya" olarak algıladıklarımız, yalnızca elektrik sinyallerinin beyinde yarattığı etkilerdir. Pencerenizden gördüğünüz gökyüzünün mavisi, oturduğunuz koltuğun yumuşaklığı, içtiğiniz kahvenin kokusu, yediğiniz etin lezzeti, duyduğunuz telefon sesi, tüm yakınlarınız, hatta bedeniniz elektrik sinyallerinin beyninizdeki yorumudur.

Gerald L. Schroeder şöyle devam ediyor:

"Ayak parmaklarınızı kımıldatın. Onları hissediyor musunuz? Fakat onları nerenizde hissediyorsunuz? Ayak parmaklarınızda değil. Ayak parmakları hiçbir şey hissetmez. Onları beyninizde hissediyorsunuz. Vücudundaki bir uzvu kesilen biri, kesilen bu parçayı hissetmeye -beyinde- devam ettiğini size anlatabilir. Beyin, tüm algıları kaydeden ve sonra bu algıları, vücudun ilgili bölümüne ait zihinsel bir görüntü olarak aksettiren çeşitli haritalara sahiptir. Fakat bize ayak parmaklarımızı sanki ayağımızda hissediyormuşuz gibi gelir. Ve bu durum sadece ayak parmaklarıyla da sınırlı değildir. Gerçekliğin tamamı, gördüğümüz ve hissettiğimiz, kokladığımız ve işittiğimiz her şey, beyinde planlanır ve daha sonra bu kaydedilmiş algılar beyin kabuğu adı verilen 2-4 milimetre kalınlığındaki, buruşuk gri tabakadan bilincimize ulaşır, geri kalan işlemler ise beynimizin en üst noktasında tamamlanır. Bizim dışımızda, dünyada bir gerçeklik mevcuttur, fakat tecrübe ettiğimiz -her dokunuş ve her ses, her görüntü, her koku ve tat- kafamızın içinde ortaya çıkar."[13]

Schroeder'in de vurguladığı gibi, elektriksel uyarıların bilgiyi şifreli olarak taşıması, sonra bunların maddesel dünyadakinin aynısı olarak beynimizde yorumlanması, üstün bir aklın ürünüdür. Yazarın "Bu aklı nereden almıştır?" ifadesi ile dikkat çektiği gibi hepimizi düşündürmesi gereken bir olgudur. Bizler bizim için her şeyi nasıl yapması gerektiğini "bilebilen" aklı nereden aldık? Bu aklı, bu yeteneği ve bu sistematiği bize bağışlayan Allah'tır.

"Gerçek şu ki size Rabbinizden basiretler gelmiştir. Kim basiretle-görürse kendi lehine, kim de kör olursa (görmek istemezse) kendi aleyhinedir..." **(En'am, 104)**

"Gerçek şu ki, insanın üzerinden, daha kendisi anılmaya değer bir şey değilken, uzun zamanlardan (dehr) bir süre gelip geçti. Şüphesiz Biz insanı, karmaşık olan bir damla sudan yarattık. Onu deniyoruz. Bundan dolayı onu işiten ve gören yaptık. Biz ona yolu gösterdik; (artık o,) ya şükredici olur ya da nankör." **(İnsan, 1-3)**

Bilimsel araştırmalar, insan beyninde "Tanrı noktası" olarak adlandırılan bir bölge olduğunu ve insanların bu alan sayesinde manevi dünyalarıyla bağlantı kurduğunu belirten bilim insanları yaptıkları çalışmada beynin sağ bölümünün de ruhani duyguları beslediğini ortaya çıkardı.

---

13 Gerald L. Schroeder, "The Hidden Face of God: How Science Reveals the Ultimate Truth", The Free Press, New York, 2001, s. 92. , Gerald L. Schroeder, "Tanrının Saklı Yüzü", Gelenek Yayınları, çev: Ahmet Ergenç, İstanbul, 2003, s. 19

ABD'de bulunan Missouri Üniversitesi'nden bilim insanları yaptıkları araştırmada dini inançların karmaşık bir duygu yapısı olduğunu ve beyindeki bazı noktaların bu duygulardan sorumlu olduğunu açıkladı. Bilim insanları insan beyninde "Tanrı noktası" olarak adlandırılan bir alan olduğunu ve bu alanın beyindeki başka yerlerde de dağıtılmış bir biçimde durduğunu saptadı.

Üniversitenin Psikoloji bölümünden Prof. Dr. Brick Johnstone, araştırmalarıyla ilgili olarak şunları söylüyor:

"Beyinde dini duyguların temelini oluşturan nöropsikolojik bir alan bulduk. Bu alan beynin çeşitli yerlerine yayılmış. Dini duygular ve maneviyat çok karmaşık bir yapının birbiriyle bağlantısıyla oluşan şeyler. Bu duygular birleştiğinde insanların maneviyatıyla ilgili deneyimler yaşamasını sağlıyor."

Araştırmalarında ayrıca çeşitli kazalarda kafalarından yaralanan kişileri inceleyen bilim insanları beynin sağ tarafında hasar tespit ettikleri kişilerin dini duyguları daha yoğun yaşadığını ortaya çıkardı...

"Ey insanlar! Ölümden sonra diriliş konusunda herhangi bir şüphe içindeyseniz (düşünün ki) hiç şüphesiz biz sizi topraktan, sonra az bir sudan (meniden), sonra bir "alaka"dan, sonra da yaratılışı belli belirsiz bir "mudga"dan yarattık ki size (kudretimizi) apaçık anlatalım. Dilediğimizi belli bir süreye kadar rahimlerde durduruyoruz. Sonra sizi bir çocuk olarak çıkarıyor, sonra da (akıl, temyiz ve kuvvette) tam gücünüze ulaşmanız için (sizi kemale erdiriyoruz.) İçinizden ölenler olur. Yine içinizden bir kısmı da ömrün en düşkün çağına ulaştırılır ki, bilirken

hiçbir şey bilmez hale gelsin. Yeryüzünü de ölü, kupkuru görürsün. Biz onun üzerine yağmur indirdiğimiz zaman kıpırdar, kabarır ve her türden iç açıcı çift çift bitkiler bitirir." **(Hac, 5)**

Kalbimiz, dolaşım sistemimizin merkezidir. Kalbimizin kanı pompalamasıyla en ücra köşelere kadar ulaşılır. Kirlenen kanımız akciğerlerimizde temizlenir. Her soluk alış verişimizde bu işlemler muntazam bir ritim üzere devam eder. Kanımız vücudumuzun tüm zerrelerine, önce atardamarlar sonra kılcal damarlar vasıtasıyla taşınır. Kan ulaşan yerlere oksijen ve besin gider.

Besin maddeleri oksijen tarafından yakılır ve meydana gelen enerji ile vücut makinemiz çalışır. Gıdaları çeşitli işlemlerden geçirerek enerji üreten ve kullanan muhteşem bir makineye sahibiz...

Aldığımız besinler midemizdeki kasların kasılmasıyla ve çeşitli enzimlerle birlikte sindirilir. Posalar bağırsaklar vasıtasıyla dışarı atılırken, kan ve hücrelerdeki artık ve zararlı maddeler böbreklerimiz tarafından süzülerek dışarı atılıyor. Üre, ürik asit, tuz gibi maddeler kan ile böbreklerimize gelerek idrar havuzunda toplanıyor. Bu idrar torbası olmasaydı, her an idrar akıp duracaktı...

Hele şu karaciğerimiz... Muhteşem ve muazzam bir laboratuar... Bu güne kadar insan eliyle üretilememiş biricik depolama, sentezleme, süzme ve bakım laboratuarı...

Bilgisayar mühendisleri, son yıllarda enerjiyi değerlendirme açısından en başarılı organ olarak karaciğeri model almaya başladılar. Bunun en önemli nedeni ise karaciğerin aynı anda birçok işlemi kusursuz bir şekilde yerine getirebiliyor olmasıdır. Karaciğer insan vücudunun genel düzeni ile ilgili yaklaşık 500 tane fonksiyona sahiptir.

Karaciğer, yediğimiz yiyeceklerin vücut tarafından kullanılabilir hale gelmesini sağlar. Bunu yaparken, sindirim sisteminden gelen kan içindeki karmaşık molekülleri parçalayarak kullanılabilir veya depolanabilir moleküller haline getirir. Daha sonra faydalı olanları tekrar kan yoluyla diğer hücrelere gönderir. Zararlı olanları ise, birkaç işlemden geçirerek böbreklere yollar ve oradan da süzülerek üre halinde vücuttan atılmalarını sağlar. 1.5-2 kg ağırlığındaki bir et kütlesinin, kan yoluyla tüm besin maddelerini işlenmemiş olarak alıp çeşitli kimyasal tepkimelerden geçirerek vücudun diğer hücrelerine faydalı olacağını bildiği yapıtaşlarına dönüştürmesi başlı başına bir mucizedir. Karaciğerin asıl görevi kan yoluyla aldığı besin maddelerini işlemek olduğu için yapısının kanı muhafaza etmeye uygun olması gereklidir. Nitekim karaciğer de süngerimsi bir yapıya sahiptir. Hatta insan vücudundaki toplam kanın 800–900 gramı, her zaman karaciğer tarafından emilmiş durumdadır. Bu nedenle ağırlaşan organın vücut içindeki özel konumu da, diğer organlara zarar vermeyeceği ve görevlerini yapabileceği şekilde ayarlanmıştır.

Karaciğerimiz için erzak deposu bir fabrika benzetmesi yapabiliriz. İnce bağırsağımızda emilerek kana karışan gıdalar, ihtiyaç durumunda kullanılmak üzere şeker ve asitler glikojen halinde kullanılmaya hazır vaziyette karaciğerimizde depolanır. Yağları sindirebilmek için safra suyunu üretir ve salgılar. Safra kesemiz olmasaydı yağlı gıdaları sindiremezdik. Ve bir mucize daha: Karaciğerin bir kısmı alınsa bile kalan kısımdaki hücreler eksik kısmı tamamlıyor... Kendini tamir eden sistem ve bu sisteme biz sahibiz... Evrenin Sahibi bunu bize bahşetmiş... Kendimizi tanıdıkça hayrete düşecek çok şeyimiz var...

"O, gökleri ve yeri hak olarak yaratandır. O'nun "ol" dediği gün (her şey) oluverir, O'nun sözü haktır. Sur'a üfürüldüğü gün, mülk O'nundur. O, gaybı ve müşahede edilebileni bilendir. O, hüküm ve hikmet sahibi olandır, haberdar olandır." **(En'am, 73)**

Dilimiz, konuşmamıza vesile olduğu gibi besinlerin tadını alabilme ve dişlerimizle çiğnediğimiz yiyecekleri ağzımızda konumlandırmaya yarıyor... Lezzetsiz, pis, çürük ve çirkin bir besini tat alma duyumuz olmasaydı herhalde fark etmeden yerdik ve zararını görürdük... Yaratıcımız, yaşamımızı sürdürebilmemiz için beslenmemizi sağlamak amacıyla, gıdalara lezzet denen oluşumu vermiş ve bizler beslenirken aynı zamanda tat alıyoruz... Herhalde tat alma duyumuz olmasaydı kendimizi beslemek zor ve zorunlu bir görev haline gelecekti...

Mekanik öğütmede dilin de önemli bir rolü vardır. Çok hassas bir tat ölçme özelliğine sahip olan dil, aynı zamanda yiyeceklerin ağızda yuvarlanarak boğazdan geçişinde kolaylık sağlar. Dilin üst yüzeyinde ve yanlarında bulunan dört farklı tada; acıya, tatlıya, tuzluya ve ekşiye duyarlı 10.000'e yakın tat noktası vardır. İşte bu tat tomurcukları her gün yediğimiz onlarca çeşit besinin tadını birbirlerine hiç karıştırmadan algılamamızı sağlar. Öyle ki dil daha önce hiç tanımadığı bir besinin tadını da kolaylıkla ayrıştırabilir. Bu sayede hiçbir zaman bir karpuzun tadını greyfurt gibi ekşi olarak algılamayız veya bir pastaya tuzlu demeyiz. Üstelik tat tomurcukları milyarlarca insanda aynı besinde aynı tadı algılar. Herkes için tatlı, tuzlu, ekşi gibi kavramlar aynıdır. Bazı bilim adamları dilin bu yeteneğini "olağanüstü kimya teknolojisi" olarak adlandırırlar."

De ki: "Sizi gökten ve yerden kim rızıklandırıyor? Ya da işitme ve görme yetisi üzerinde kim mutlak hâkimdir? Ölüden diriyi, diriden ölüyü kim çıkarıyor? İşleri kim yürütüyor?" "Allah" diyecekler. De ki: "O halde Allah'a karşı gelmekten sakınmayacak mısınız?" **(Yunus, 31)**

Gözlerimiz aracılığıyla yaşadığımız çevreyi görür ve algılarız. Çevremizdeki varlıkların görüntüsü beynimiz içerisinde ters bir şekilde oluşur ama gerekli işlemlerden geçerek biz onları düz olarak görürüz. Bu işlemi beynimiz sağlar. Sadece gözümüz olsaydı ama beynimiz olmasaydı yine göremezdik... Uzaklık, yakınlık ve netlik ayarları bir kameradan çok daha üstün bir şekilde ve otomatik olarak gözümüz tarafından yapılır ve beynimiz tarafından algılanır... Uzmanlar, insan gözünü kopya etmek, gözlerimizin harika ötesi özelliklerine eş değer bir makine yapabilmek için 68 milyon dolar para ve bu mekanik gözün kaplayacağı bir ev kadar mekândan bahsetmektedir.

Bir gözün görebilmesi için, bu organı oluşturan yaklaşık 40 temel parçanın hepsinin aynı anda var olması ve uyum içinde çalışması gerekir. Mercek, kornea, konjonktiva, iris, göz bebeği, retina, koroid, göz kasları, gözyaşı bezleri gibi gözü oluşturan tüm parçalar var olsa ve hepsi uyum içinde çalışsa ama bir tek göz kapağı olmasa göz kısa sürede büyük bir tahribata uğrar ve görme işlevini yitirirdi. Yine aynı şekilde tüm parçalar var olsa ama gözyaşı üretimi dursa, göz birkaç saat içinde kurur, yapışır ve kör olurdu.

İşitme sinirleri sayesinde çevremizdeki sesleri duyarız. Kulak zarının gergin olması ve ses dalgalarından zarar görmemesi için orta kulaktan nefes borusuna bir kanal açılmıştır. Uzmanlar yüksek seslerde ağzımızı açık tutarak kulak zarımızı patlamaktan kurtarabileceğimizi söylüyorlar...

"O, sizin için kulakları, gözleri ve gönülleri inşa edendir; ne az şükrediyorsunuz." **(Mü'minun, 78)**

İnsanoğlu, muhteşem bir beyin kontrol mekanizması sayesinde elini, kolunu, gözünü, bacaklarını kontrol edebildiği gibi kendi kontrolü dışındaki birçok vücut işlevini de muhteşem bir senfoni uyumu içerisinde gerçekleştirebilmektedir. Kalbimiz, ciğerlerimiz, böbreklerimiz, damarlarımız her an şaşmadan görevlerini yapıyor. Bağışıklık sistemimiz, vücudumuza sızmaya çalışana tehlikeli yabancılara karşı savunma askerlerini göndererek onları mağlup ediyor. Her nefes alışımızda yeniden hayata geliyoruz. Hücrelerimiz her an yenileniyor; şu anki bedenimiz 10 yıl önceki bedenimiz değil... Ama bize kodlanan suret şifreleri sayesinde şeklimiz, şemalımız aynı kalmakta...

Vücudumuzda kompleks formüllü maddeler üreten, tasfiye eden, kimyasal reaksiyonlar meydana getiren, zararlı maddeleri yok eden, yaraları onaran, enerji veren elektriksel kontrol mekanizmaları olan, haberleşme, işitme, algılama, görme, basınç ayarları gibi birçok karmaşık sistemler mevcuttur. Bu bakımdan fiziksel varlığımızı tüm elemanlarıyla ayrı ayrı ve bir bütün olarak incelediğimizde karşımızda muazzam ve çok hassas bir şekilde çalışan üstün bir mekanizma görürüz. Bu kadar kompleks bir sanatın tasarımcısı kimdir acaba? Elbette o, Yüce Allah'tır...

İnsandaki muhteşem bir sanat eseri: Endokrin Sistem

Çok hücreli canlılarda vücudun uyumlu bir şekilde çalışmasını sağlayan sistemlere düzenleyici sistemler denir. Düzenleyici sistemler endokrin sistem ve sinir sisteminden oluşur.

A. Salgı Bezleri

Hayvanların ve insanların vücudunda kandan aldıkları ham maddelerle özel kimyasal salgılar üreten organlara salgı bezi denir. Salgı bezleri salgılarına ve salgılarını verdikleri yere göre üç çeşittir.

1. Açık Bez (Dış Salgı Bezi = Ekzokrin bez)

Salgısını görev yerine bir salgı kanalıyla ulaştıran bezlerdir. Gözyaşı, tükürük, süt ve ter bezleri bu gruba girer.

2. Kapalı Bez (İç Salgı Bezi = Endokrin bez)

Salgısını doğrudan kana veren bezlerdir. Hipotalamus, hipofiz, böbreküstü, paratroit ve tiroit bezleri gibi bezler bu gruba girer.

3. Karma Bez

Hem açık hem de kapalı bez olarak görev yapan bezlerdir. Pankreas, mide, ince bağırsak ve eşeysel bezler bu gruba girer.

İç salgı bezleri tarafından kana salgılanan, kan yolu ile hücrelere dağılarak belirli hedef organlara giden ve düzenleyici görevleri olan kimyasal maddelere hormon denir.

Hormonların Özellikleri:

- Az miktarlarda üretilir ve etkisini gösterirler.
- Hayvanlarda ve insanda kanla, bitkilerde ise soymuk borularıyla taşınırlar.
- Kanalsız bezlerden salgılanırlar.
- Sinir doku tarafından da salgılanırlar. Sinir uçlarından hormon salgılanmasına nörosekresyon denir.
- Etkilerini yavaş yavaş ve uzun sürede gerçekleştirirler.

- Hormona has reseptörünü (zardaki alıcısını) kaybeden hücreler hormon tarafından etkilenmez.
- Az veya çok salgılandıkları zaman çeşitli metabolik bozukluklar meydana getirirler.
- Genellikle protein veya steroid yapıda olan büyük moleküllerdir.

Görevleri:
- Vücudun büyümesini kontrol ederler.
- Üremeyi düzenlerler ve ikincil eşey özelliklerinin gelişmesine yardımcı olurlar.
- Vücudun iç dengesinin kurulmasında (homeostasi) görev alırlar.
- Sinir sistemiyle birlikte koordinasyon ve bütünleştirme görevini yaparlar.

"Rahîmlerde sizlere dilediği şekli veren O'dur. Başka ilâh yok, ancak O vardır. Güçlü O'dur, hikmet sahibi O'dur." (Âl-i İmrân 3/6)

B. İnsandaki endokrin sistem:

İnsan vücudundaki düzenleme ve denetim olaylarını sağlayan en önemli merkez beynin tabanında bulunan hipotalamustur. Hipatalamus bütün iç organlarla ve beynin diğer bölgeleriyle sinirsel bağlar kurmuş durumdadır.

İnsanın endokrin sistemini meydana getiren başlıca iç salgı bezleri hipofiz, tiroit, paratiroid, böbrek üstü, pankreas, epifiz, timus ve eşeysel bezlerdir.

1. Hipofiz Bezi

Ön lop epitel hücrelerden, arka lop ise sinir hücrelerinden meydana gelmiştir. Hipofiz küçük bir bez olmasına rağmen diğer endokrin bezlerin hâkimi olarak bilinir.

Hipofiz Ön Lobunun Hormonları

a. STH (Somatotropin = Büyüme Hormonu)

- Uzun kemiklerin boyca uzamasını sağlar, kasların büyümesini kontrol eder.

- Protein, sentezini artırır, yağ ve karbonhidrat metabolizmasını etkiler.

- Büyüme çağında fazla salınması devliğe (gigantizm), az salınması cüceliğe (nanizm) neden olur.

- 25 yaşından sonra çok salgılanacak olursa el, ayak, burun ve yüzde uzama görülür.

b. Gonadotropinler (Üreme Hormonları):

- **FSH (Folikül Uyarıcı Hormon):** Dişilerde ovaryumdaki folikülleri uyararak yumurta olgunlaşmasını etkiler. Erkeklerde spermlerin üretilmesini (spermatogenez) ve testosteron salgılanmasını kontrol eder.

- **LH (Lüteinleştirici Hormon):** Dişilerde ovulasyonu (yumurtanın ovaryumdan yumurta kanalına atılması) ve sarı cisim denilen hormon salgılayan yapının oluşmasını sağlar. Erkeklerde Leydig hücrelerinin testosteron hormonu salgılamasını uyarır.

• **LTH (Luteotropik hormon = Prolaktin):** Gebelik sırasında ve doğumdan sonra süt bezlerinin gelişmesini, sütün memeden akmasını ve annelik duygusunun oluşmasını sağlar. LTH ayrıca yumurtalıktaki sarı cismin sağlam kalmasını da sağlar.

c. **TSH (Tiroit Uyarıcı Hormon=Tirotropin):** Tiroid bezini uyararak Tiroksin hormonunun salınmasını sağlar.

d. **ACTH (Adrenokortikotropik Hormon):** Böbrek üstü bezlerini uyararak Aldosteron ve Kortizol hormonlarının salgısını kontrol eder.

e. **MSH (Melanosit Uyarıcı Hormon):** Melanin pigmentinin oluşumunu kontrol eder. Bu pigment derinin bronzlaşmasında etkilidir.

"Ey insanlar! Eğer yeniden dirilmekten şüphede iseniz, şunu bilin ki biz sizi topraktan, sonra nutfeden (sperm), sonra alâkadan (aşılanmış yumurtadan), sonra uzuvları (önce) belirsiz sonra (belirlenmiş) canlı et parçasından (uzuvları zamanla oluşan ceninden) yarattık ki size (kudretimizi) gösterelim. Ve dilediğimizi, belirlenmiş bir süreye kadar rahîmlerde bekletiriz; sonra sizi bir bebek olarak dışarı çıkarırız, sonra güçlü çağınıza ulaşmanız için (sizi büyütürüz) içinizden kimi vefat eder; yine içinizden kimi de ömrünün en verimsiz çağına kadar götürülür; ta ki bilen bir kimse olduktan sonra bir şey bilmez hâle gelsin. Sen yeryüzünü de kupkuru ve ölü bir hâlde görürsün; fakat biz, üzerine yağmur indirdiğimizde, o kıpırdanır, kabarır ve her çeşitten (veya çiftten) iç açıcı

bitkiler verilir. Çünkü Allah hakkın ta kendisidir. O, ölüleri diriltir yine O her şeye hakkıyla kadirdir." **(Hac 22/5-6)**

Hipofiz Arka Lobunun Hormonları

a. Vazopressin (Antidiüretik Hormon=ADH): Kan damarları duvarlarındaki düz kasları etkileyerek bu kasların kasılmasını ve dolayısıyla kan basıncının yükselmesini sağlar. Böbrek hücrelerini etkileyerek idrar tüplerinden suyun geri emilmesini sağlar. Yetersiz salınması halinde bol idrar atılır. Kişi sürekli su içmek ister. Bu belirtiler şeker hastalığında da olduğu için bu duruma "şekersiz şeker hastalığı" denilmiştir.

b. Oksitosin: Düz kasların kasılmasını uyararak özellikle doğumda rahim kasılmalarını artırır, doğumu kolaylaştırır. Ayrıca sütün dışarı verilmesine yardımcı olur.

2. Tiroid Bezi

Tiroid bezi insanda gırtlak bölgesinde bulunan iki loptan meydana gelmiş bir bezdir. Tiroid bezinden tiroksin hormonunun salgılanmasını TSH kontrol eder. Tiroit bezinin iki hormonu vardır.

a. Tiroksin: İyot içeren amino asit türevi bir hormondur. Çok hücreli canlılarda hücrelerdeki oksidasyon (O_2'li solunum) hızını düzenler. Kandaki tiroksin miktarı artarsa hücrelerin O_2 kullanımı artar. (Bazal metabolizma yükselir.)

b. Kalsitonin (Tirokalsitonin): Kandaki Ca++ miktarını düşürücü etkiye sahiptir. D vitamini ile beraber çalışarak kandan kemiklere kalsiyum geçişini sağlar. Bu hormon paratiroit bezinin hormonlarıyla birlikte (zıt) çalışır.

Tiroid Bezinin Aksaklıkları:

Kanda tiroksin az ise;

- Bazal metabolizma düşer.
- Aşırı şişmanlık görülür.
- Vücut ısısı düşer.
- Hücreler arası maddede Na ve H_2O'nun artmasına kandaki kolesterolün yükselmesine neden olur.
- Uyuşukluk hali görülür.
- Büyüme çağındaki azlık ise; cüceliğe ve ahmaklığa (beynin gelişmemesine) neden olur.

Kanda tiroksin fazla ise;

- Bazal metabolizma artar.
- O_2'li solunum hızlandığından kilo kaybı olur.
- Vücut ısısı artar.
- Sıkıntı ve depresyon hali, göz bebeklerinde büyüme ve kalp çarpıntısı görülür.

"Sonra nütfeyi alâka (aşılanmış yumurta) yaptık. Peşinden alâkayı bir parçacık et hâline soktuk; bu bir parçacık eti kemiklere (iskelete) çevirdik, bu kemikleri etle kapladık. Sonra onu başka bir yaratışla insan hâline

getirdik. Yapıp yaratanların en güzeli olan Allah pek yücedir." **(Mü'minun 23/14)**

3. Paratiroid Bezi

Bu bezler, tiroid bezinin arka yüzeylerine gömülmüş olarak bulunan dört küçük bezdir. Parathormon salgılarlar.

Bu hormon kemiklerden ve bağırsak epitelinden kana Ca++ geçişini hızlandırır. Vücutta Ca++ ve P metabolizmasını düzenler. Eksikliğinde, kanda Ca++ azalacağı için kaslarda ağrılı kasılmalar ve titreme (tetani hastalığı) görülür.

Parathormonun Görevleri

• Kanda Ca++ ve fosfat dengesini düzenleyerek kalsiyumun belli bir düzeyde kalmasını sağlar.

• İnce bağırsaklarda sindirimi tamamlanan besinlerdeki kalsiyum iyonlarının kana absorbsiyonunu (emilim) sağlar.

• Böbrek tüplerinden kalsiyum iyonlarının kana geri emilmesini sağlar.

• Gerektiğinde kemiklerden kana kalsiyum geçişini sağlar.

4. Böbrek Üstü Bezleri

Böbreklerin üst kısmında bulunan iki küçük bezdir. Zengin kan damarları taşıyan bu bezler yapı ve fonksiyon bakımından iki kısma ayrılırlar.

a. Kabuk kısmı (Adrenal Korteks): Bu kısımdan salınan hormonların en önemlileri Kortizol ve aldosterondur. Bu salgıyı hipofizden gelen ACTH uyarır.

Kortizol; Protein ve şeker metabolizmasını düzenler. Yağ metabolizmasında az da olsa etkilidir. Kas hücrelerinde amino asitleri, yağ dokularından yağ asitlerini serbest hale getirir. Böylelikle açlık ve diğer stresli durumlarda gereken enerji glikoz yerine öncelikle yağ asitlerinden elde edilir. Bu sayede kandaki glikoz seviyesi korunmuş olur. Ayrıca protein ve yağlardan glikoz sentezlenmesini de uyarır.

Aldosteron; böbreklerden Na+ ve Cl– iyonlarının geri emilmesini hızlandırarak K+ iyonlarının ise atılmasını sağlayarak tuz ve su dengesini düzenler. Yetersizliğinde, kanda fazla K+ birikir ve deri tunç rengini alır (Addison hastalığı).

b. Öz Bölgesi (Adrenal medulla): Buradan salgılanan epinefrin (adrenalin), sempatik sinirleri çalıştırarak;

- Kalp atışlarını hızlandırır,
- Kan basıncını yükseltir.
- Saç ve vücut kıllarını dikleştirir.
- Göz bebeklerini büyütür.
- Karaciğer ve kaslarda glikojenin glikoza dönüşümünü (yıkımını) uyarır.

Bunların sonucunda;
- Beyne daha fazla kan gider.
- Kanın pıhtılaşma süresi kısalır.

- Vücutta yorgunluğa karşı dayanıklılık artar.
- Hipofizin ACTH salgılaması uyarılır.
- Kan şekeri artar.

Soğuk, ağrı ve bazı ilaçlar epinefrin salgısını fazlalaştırır.

Nörepinefrin (Nöradrenalin) ise; kan damarlarını daraltarak kan basıncını yükseltir.

"Allah, sizi (önce) topraktan, sonra meniden yarattı. Sonra sizi çiftler (erkek-dişi) kıldı. O'nun bilgisi olmadan hiçbir dişi ne gebe kalır, ne de doğurur. Bir canlıya ömür verilmesi de, onun ömründen azaltılması da mutlaka bir kitaptadır. Şüphesiz bunlar, Allah'a kolaydır." **(Fâtır 35/11)**

5. Pankreas

Açık bez olarak birçok enzim, kapalı bez olarak iki çeşit hormon salgılar.

a. Dış Salgı (Enzimler): Pankreasın dış salgısını oluşturan pankreas özsuyu oniki parmak bağırsağına bütün besinlerin sindirimini sağlayan enzimleri taşır.

b. İç Salgı (Hormonlar): Pankreasın iç salgısını oluşturan hormonlar kana salınır. Langerhans adacıklarında iki tip hücre bulunur. Alfa (a) hücreleri glukagon hormonu, beta (b) hücreleri de insülin hormonu salgılarlar.

İnsülin; Kanda şeker (glikoz) seviyesi yükselirse, pankreastan salgılanan insülin kan yoluyla karaciğere geçer. Karaciğerde glikozun, glikojen ve yağlara dönüşümünü hızlandırır. Böylece kandaki glikoz miktarı normal seviyesine düşer ve glikozun fazlası karaciğer veya kaslarda depolanmış olur. İnsülinin karbonhidrat metabolizmasına ait etkisi üç madde halinde özetlenebilir:

I. Glikoz metabolizmasının hızını artırır.

II. Kan şekerinin miktarını azaltır.

III. Dokularda glikojen depolanmasını sağlar.

İnsülin hormonunun az salgılanması halinde kanda glikoz normal değerinden yükselir ve şeker hastalığı ortaya çıkar.

Glukagon: Karaciğerden kana glikoz geçişini hızlandırarak kan şekerini yükseltir.

Kanda glikoz seviyesi düşerse, böbrek üstü bezlerinden salınan adrenalin karaciğerdeki glikojenin glikoza dönüşümünü sağlar. Pankreas ise glukagon salgısını artırır, glukagon da glikozun, karaciğer ve kaslardan kana geçmesini sağlar. Böylelikle kan şekeri belirli seviyede tutulmuş olur.

6. Timus Bezi

Göğüs boşluğunda kalbin üst kısmında bulunur. Çocukluk evresinde büyüktür, fakat gençlik çağının başlamasından sonra küçülür. Çocukluk çağında çalışan bu bez, ergenlik döneminden itibaren körelir. Bu nedenle büyümede ve eşeysel olgunluğa erişmede etkili olduğu düşünülmektedir.

*"İnsan neden yaratıldığına bir baksın! Atılan bir sudan yaratıldı. (o su) Sırt ile göğüs kafesi arasından çıkar, işte Allah (başlangıçta bu şekilde yarattığı) insanı tekrar yaratmaya da kadirdir." **(Târık 86/5-8)***

Lotus çiçeğinde O'nun sanatı

"Şüphesiz göklerin ve yerin yaratılışında, gece ile gündüzün art arda gelişinde temiz akıl sahipleri için gerçekten ayetler vardır. Onlar, ayakta iken, otururken, yan yatarken Allah'ı zikrederler ve göklerin ve yerin yaratılışı konusunda düşünürler. (Ve derler ki:) 'Rabbimiz, Sen bunu boşuna yaratmadın. Sen pek Yücesin, bizi ateşin azabından koru!'" **(Al-i İmran Sûresi, 190-191)**

Lotus çiçekleri genelde çamurlu ortamlarda yaşarlar. Ama buna rağmen saf ve kirlenmeden açar ve tertemiz kalırlar. Lotus hakkındaki bilgiler, Çin kaynaklarında bundan 4-5 bin yıl öncesine kadar uzanır. "Lotus yaprağının ortasında titrek bir çiğ damlası gibi sabah güneşi parıldar." diye geçer o eski kaynaklarda... Bugünse lotus yaprağının yapısı ve yüzeyi nano teknolojilerin ilham kaynağı olmuştur.

Yeterli su ve besinle, yuvarlak, düz lotus yaprakları 3 metre çapına ulaşabilir. Çiçekleri yüksekte dimdik dururken, lotus yaprakları gölü doldurur. Yaprağın yüzeyi kör diken benzeri çıkıntılarla kaplıdır. Yaprağın üzerine düşen yağmur damlaları hemen edebiyatın yüzyıllardır takdir ettiği bir görünüme, kristal benzeri damlacıklara dönüşür.

"Gökleri ve yeri (bir örnek edinmeksizin) yaratandır. O, bir işin olmasına karar verirse, ona yalnızca 'OL' der, o da hemen oluverir." **(Bakara Sûresi, 117)**

Bonn Üniversitesi'nden Dr. Wilhelm Barthlott, mikroskop altında yaptığı incelemelerde, en az temizlik gerektiren yaprakların en pürüzlü yüzeylere sahip olduğunu fark etmiştir. Dr. Barthlott, bunların en temizi olan Lotus bitkisi üzerinde, bir çivi yatağı gibi minik noktalar olduğunu buldu. Bir toz ya da kir zerresi yaprak üzerine düştüğünde, belli belirsiz biçimde bu noktalar üzerinde iki yana sallanır. Bir damla su, bu minik noktalar üzerinde yuvarlanınca zayıf şekilde tutunmuş olan kiri alıp götürür. Diğer bir deyişle, nilüfer çiçeği, kendi kendini temizleyen bir yaprağa sahiptir.

Yaprak üzerinde yapışmayı önleyenler "nano-sivrilikleridir". Söz konusu tepecikler, su gibi, kapiler çekim tutunması olan maddeye karşı bile statik iticilik özelliğini korurlar. Bu nano-tepecikler üzerinde biriken her yabancı partikül tıpkı bilardo topları gibi, birbirine çarparak yaprak üzerinden kayar. Bu şekilde yaprak hep temiz kalır.[14]

"Şüphesiz, müminler için göklerde ve yerde ayetler vardır. Sizin yaratılışınızda ve türetip yaydığı canlılarda kesin bilgiyle inanan bir kavim için ayetler vardır." **(Casiye Sûresi 3-4)**

---

14 populerbilgi.com

Bir sanat örneği daha: Buzsuz kutup bölgeleri

"Yaratan, hiç yaratmayan gibi midir? Artık öğüt alıp-düşünmez misiniz?" **(Nahl Sûresi, 17)**

16. yüzyıldan kalma Piri Reis'in ünlü haritasında dikkat edenler bilir kutuptaki anakara bulunmakla birlikte, üzeri buzlu olması gereken bir bölge buzsuz işlenmiş. Hâlbuki dünyanın geri kalanı çok şaşırtıcı bir netlikle gösterilmişti. Piri Reis'in bu bölgeleri neden ve hangi bilgiler ışığında göstermediği bugüne kadar açıklanamayan bir olgu olarak kalmaya devam etmekle birlikte bu gösterilmemeyi destekleyen başka bulgular da var... Yani kutupta gerçekten de buzla kaplı olmayan "sıcak" bir bölge var!

Amerikan Hava Kuvvetleri tarafından 1960 yılında yürütülen topografik bir çalışma sırasında, Piri Reis haritasının araştırılan kısmının yani Queen-Maud bölgesinin ve Palmer yarımadasının sahil şeridinin tam bir uygunlukla haritaya işlendiği tespit edilmiştir. Ayrıca Piri Reis haritasının jeolojik verileri, İsveç-İngiliz ortak keşfi gezisi sırasında (1949) Antarktika'nın yapısı ile ilgili bu kadar hassas belgelere nasıl ulaştığı bugüne kadar ortaya çıkarılamamıştır.

Nazi Almanyası'nın 1938-39 yılları arasında yaptırdığı "Neuschwabenland" keşif gezisi sırasında da buzsuz bölgelere rastlandığı rapor edilmişti. Amiral Byrd'le yapılan "High Jump" askeri operasyonunda, nakliye uçakları komutanı Yarbay David Bunger de buzsuz bölgelere rastlandığını rapor etmişti. Queen-Mary bölgesi ve Knox-Land arasındaki bu bölge, o zamandan beri "Bunger's Qase" diye adlandırılır.

Rus Güney Kutbu araştırmacıları, bu buzsuz bölgeye "Polyana" adını vermişlerdi. Bu buzsuz göller bazen 300.000 km büyüklüğünde olabiliyor ve kutbu çevreleyen denizin her yerinde bulunuyordu. Ayrıca bu gölleri besleyen bilinmeyen – muhtemel yer altı kaynak suları - sıcak su kaynakları vardır. Bunlar içinde Weddel denizinde 3 yıl açık kalan Polyana'lar en bilinenidir.

Son olarak 1996'da uydu verileri, kutup platosu yakınlarında eski bir Rus ileri karakolu olan Vostok çevresindeki buzun üç kilometre altında gömülü devasa bir gölü ortaya çıkardı. Sismik aletlerle göl ölçüldü ve bu sıcak su gölünde milyonlarca yıllık mikroorganizmaların yaşadığı tespit edildi.

O zamanın gazeteleri bu haberi şöyle vermişlerdi: "Bilim adamları Antartika buzullarının dört kilometre altında esrarengiz bir dünya keşfettiler. Yaşlı buzul kütlelerinin dibinde gizlenmiş Vostok Gölünde milyonlarca yıldır burayı mesken edinmiş mikroskobik canlılar bulundu!"

Bu projeyi NASA ile Rusya Bilimler Akademisi ortaklaşa yürütüyor. Güney Kutbu'na yaklaşık 1000 km. uzaklıkta Ruslara ait Vostok araştırma merkezinde sürdürülen çalışmalar çok ilginçliklerle dolu. Ruslar buzu delerek saklı göle çok yakınlaşıyor, ama birden kazı durduruluyor. Durdurmanın gerekçesi olarak da:

Keşfedilen göldeki doğal ortamı, dışarıdan gelecek etkilerden korumak için incelemenin yapılması.

Kazının bundan sonraki bölümü "sıcak su testeresi" diyebileceğimiz bir yöntemle yapılacak; termal bir sonda, sıcak suyun açtığı yoldan derine indikçe kendi kendini sterilize ederek göle ulaşırken, tekrar arkasındaki buzlar kapanacak.

Bilim adamlarının bu esrarengiz gölde çeşitli canlılar olduğundan şüpheleri yok; çünkü gölün üzerini örten buz kademelerinde hapsolmuş mikropları ve diğer mikroskobik canlıları uzun süredir inceliyorlar.

"Garip şeyler bulduk, bazıları daha önce hiç görmediğimiz şeyler!" diyor NASA yetkilisi Richard Hoover. Mantar, sünger, bakteri ve yosun türlerine benzetme yoluyla ilginç isimler takmışlar. "Miki Fare", "Klingon", "Kirpi" yahut "hindi artığı" adını verdikleri mikroorganizmalar, gelecekte, saklı gölde bulunabilecek diğer canlılar hakkında ipucu sağlıyor. İnceledikleri buz kalıpları en az 400.000 yıllık. Saklı gölün sularındaki yaşamın ise, birkaç milyon yıldır dış dünya ile temas olmadan sürdüğü tahmin ediliyor. Göldeki canlı zaman kapsülünün otuz milyon yıl önceki dünyada bağlantısı olması işten bile değil.

Antartika'daki saklı göl, 25 yıldan fazla bir zaman önce keşfedilmiş; CIA'nın casus uydularından çekilen fotoğraflar sayesinde. Yüzlerce mil buzlarla kaplı bir alanın ortasında Kaliforniya eyaletinin yüzölçümünden daha büyük bir göl keşfedilmişti. Bunun üzerine çalışmalar başlatılmıştı. Ancak bu bilgiler nedense gizlenmeye çalışılmaktadır. Bugün internetten Google Earth'e baktığınızda Güney Kutbu üzerinde tamamen puslu bir kamufle vardır. Ve o bölgeye bakılamıyor yalnızca merkeze tıklandığında bazı fotolar mevcuttur.

1977 yılı Aralık ayında NASA'dan Tom Gates'in Arkansas'daki kolej öğrencilerine verdiği bir kurs'ta, öğrencilerden biri ona "Kutup Açıklıklarını" sorunca, Gates büyük bir şaşkınlıkla "Bunu da nerden çıkardın" diye karşılık verdi. Öğrenci, Bernard ve Gardner'in "İç Dünya" adlı kitabını okuduğunu söyledi. NASA çalışanı sözlerine devam ederek şu açıklamayı yaptı:

"Biliyorsunuz, kutuplar üzerinden geçen uydularımız var. Bunlar bulutsuz ve berrak havalarda çok netlikle dünyanın içini görüntüleyebilmektedirler. NASA tarafından çekilen kutuplara ait fotoğraflar bütün dünyaya dağıtılıyor. Ancak kutuplardaki "Açıklığı" gösteren fotoğraflar sansürlenmektedir...

Kanadalı bir TV prodüktörü 1980'li yılların sonlarına doğru Bernard'ın "İç Dünya" ile ilgili kitabını okumuştu. Bir çalışma günü sonunda işvereni Terry Dowding ile bu konuları konuşurken, Dowding, Kanada Hava Kuvvetlerinin 40'lı yıllarda (kendisinin de katıldığı) gerçekleştirdiği bir görevden söz etti. Dowding'e göre, mürettebat Kuzey Kutbu'nda, yeşillikler ve kuşlar ihtiva eden sıcak bir bölgeye rastlamıştı. Geri dönüşleri esansında görevleriyle ilgili tek bir kelime bile etmemeleri emredilmişti.

Denizaltı askerlerinden biri suskunluğunu bozuyor:

1976 yılında Amerikalı bir yazar, "İç Dünya" üzerinde çekilecek bir film için senaryo yazarken, bir denizatlıda askerliğini yapmakta olan genç bir donanma mensubu ile karşılaşır. Aralarındaki konuşma, "İç Dünya" konusuna gelince, genç asker onun bu konuda bilgi sahibi olmasına çok şaşırır. Asker önce konuşmak istemez, çünkü daha önce bu konuda konuşan diğer askerler tutuklanmışlardı. Kendisi de 6 aylık bir görevden yeni dönmüştü ve ona da bu konuda "mutlak sessizlik" emredilmişti ve o ancak şu kadarını söyleyebildi: "Kuzey Kutbu'nda araştırma yapan birçok denizaltı vardı. Görev sonuçlarının askerler arasında konuşulması ve tartışılması kesinlikle yasaklanmıştı. Askerin dikkatini çeken çok önemli bir şey vardı: Resmen aynı yeri araştırmalarına rağmen, her seferinde başka bir bölgenin haritası çıkarılıyordu."

Amerikan nükleer denizatlısı "Nautilus", 1958 yılında "Operasyon Sunshine" adıyla anılan Kuzey Kutbu'nda bir keşif gezisine çıktı. Amiral A. Burke'un komutası altında "Nautilus", 1-6 Ağustos tarihleri arasında kutbun buzullarının altına bir yolculuk yaptı. Deneme yolculuğu sırasında yanlış bir yere gidilmesine rağmen, denemenin başarı ile sonuçlandığı açıklanmıştı.

Yolculuk sırasında mürettebata sıcak iklimlerde kullanılabilecek giysiler verilmiş ve "mutlak sessizlik" emri verilmişti. Mürettebat, diğer denemelerde öngörülmemiş güçlüklerle karşılaşmıştı. Ayrıca onlar kutbun altında yalnız su olmadığını da görmüşlerdi. Kutbun altından geçiş denemesi esnasında, yollarına engel olan yer dalgası ile karşılaşmışlardı. 25 m. kalınlığında buz ve yer dalgası arasında sadece 10 m. yer kalmıştı.

Prensip olarak Amerikan Deniz Kuvvetlerinin bütün denizaltı operasyonları gizli tutulmaktaydı.

Natulius'dan sonra, 1958-1962 yılları arasında "Skate", "Sargo" ve "Seadragon" adlı Amerikan denizatlıları Kuzey kutbunun buzlu sularında aktif görev aldılar. SSCB de "Leninsky Komsomol" adlı denizaltı ile 1962 yılında Kuzey Kutup denizinin haritasını çıkartmıştı.[15]

"Her şeyi sapasağlam ve yerli yerinde yapan Allah'ın sanatı (yapısı)dır (bu). Şüphesiz O, işlediklerinizden haberdardır." **(Neml Sûresi, 88)**

"Allah, yedi göğü ve yerden de onların benzerini yarattı. Emir, bunların arasında durmadan iner; sizin gerçekten Allah'ın her şeye güç yetirdiğini ve gerçekten Allah'ın ilmiyle her şeyi kuşattığını bilmeniz, öğrenmeniz için." **(Talak, 12)**

---

15 populerbilgi.com

Bölüm Üç

KALPLER ANCAK ALLAH'I ANMAKLA HUZUR BULUR

الَّذِينَ آمَنُواْ وَتَطْمَئِنُّ قُلُوبُهُم بِذِكْرِ اللهِ أَلاَ بِذِكْرِ اللهِ تَطْمَئِنُّ الْقُلُوبُ

Bunlar, iman edenler ve gönülleri Allah'ın zikriyle sükûnete erenlerdir. Bilesiniz ki, kalpler ancak Allah'ı anmakla huzur bulur. **(Ra'd-28)**

O (c.c.) dilerse, her şey olur

Çoğu kez insanlar, problemlerinin, dertlerinin, sıkıntılarının çözülmesi, isteklerinin gerçekleşmesi için mutlaka belirli şartların meydana gelmesi gerektiğine inanırlar. Bu şartlar meydana geldiğinde de istedikleri sonuca kesin olarak kavuşacaklarını düşünürler. Hâlbuki dünya hayatı, Allah'ın yarattığı belli sebeplere bağlı olarak yaşanmaktadır. Örneğin, herhangi bir kariyer hedefi olan insanın, bu yönde emek vermesi, çalışması, kendini geliştirmesi, ya da belirli bir alanda deneyim kazanması gerekiyor. Sebeplere sarılmadan ve hiçbir çaba göstermeden kariyer beklenmesi, tabii ki sonuç vermeyecektir. Ciddi bir hastalığı olan insanın hiçbir tedavi almadan, doktorlarla danışmadan hastalığının iyileşmesi için sadece beklemesi mantıklı değildir. Mutlaka Allah'ın kendisine verdiği aklı kullanarak gereken her türlü tedbiri alacaktır. Ama bunu yaparken; sebeplerden değil, Allah'tan, yalvararak, dua ederek, sebepleri kendisine şifa etmesini isteyecektir. Sebeplere sarılmak elbette ki çok önemlidir. Bu Allah'ın insanlara gösterdiği yoldur. Ama Allah'ın yaratması asla sebeplere bağlı değildir. Allah dilediği an, dilediği kişi için, dilediği sonucu o anda yaratır. O halde insan, o kadar şaşkınlık ve telaş içerisinde asla gaflete düşmemelidir. Allah "ol "der ve "olur". Önce buna inanmalı; derdi veren Allah'ın dermanını da vereceğini unutmamalıdır. Zorlukları kaldıran ve nimet yaratan yine de sadece Allah'tır.

Sorunlar, acılar, sıkıntılar, arzular ya da istekler birbirinden ne kadar farklı olursa olsun sorunlarımızın çözümü için; kalben Allah'a yönelmek, Allah'ı çok sevip O'na güvenmek, her şeyi Allah'tan istemek, yine Allah'ın yarattığı sebeplere sarılıp, yani hekime gidip, tedavi olup ya da kendisine yardım edecek bir dostu, yardımcıyı bulup, bulmaya çalışıp, derdini Allah'a havale etmektir. Unutulmamalıdır ki, dilerse her şey olur. Allah bir kimseye rahmetini, nimetini açarsa ona karşı tüm dünyada, tüm insanlarda kendi rahmetiyle ve nimetiyle tecelli eder. Bir insan Allah'ın koruması altındaysa, artık hiç kimse ona zarar veremez. Allah bir kimseye mutluluk, neşe, huzur, bereket verecekse, hiçbir şey ve hiç kimse bunlara engel olamaz. Allah bir insanın yolunu açarsa, kolaylık isterse, hiçbir olay ya da hiçbir insan bu yolu kapatamaz.

Allah'a teslim olmak, Allah'ı dost edinmek ve vekil etmek, Allah'a güvenmek, Allah'tan yardım istemek ve Allah'ın en güzelini yaratacağından emin olmak, dertlerin tek çözümdür. Elbette ki, insan karşısına çıkan her yolu denemelidir ve gücünün yettiği kadar gayret göstermelidir. Ama bunların sadece dua mahiyetinde olduğunu asla unutmamalı ve çözümün yalnızca Allah'a yönelmek olduğunu bilmelidir.

Kur'an'da insanların bazen gaflete düştüğü bu önemli gerçek, şöyle hatırlatılır:

"Gökten yere her işi O evirip düzene koyar..." (Secde Sûresi, 5)

"Ben muhakkak ki, hem benim Rabbim, hem de sizin Rabbiniz olan Allah'a dayanmaktayım. Yeryüzünde hiçbir canlı yoktur ki, idaresi ve yönetimi O'nun elinde olmasın. Benim Rabbim, hiç şüphe yok ki, doğru yoldadır." (Hud Suresi, 56)

"Ve eğer Allah sana bir keder dokunduracak olursa, onu O'ndan başka açacak yoktur ve eğer O, sana bir hayır dilerse o zaman da O'nun lütfunu reddedecek yoktur. O, lütfunu kullarından dilediğine nasip eder. O çok bağışlayan, çok merhamet edendir." (Yunus Sûresi, 107)

"Ve siz, (Allah'ı) yerde ve gökte aciz bırakacak değilsiniz. Sizin Allah'tan başka veliniz (dostunuz) ve yardımcınız yoktur." **(Ankebût Sûresi, 22)**

"Allah'a tevekkül et! Vekil olarak Allah yeter." **(Ahzab Suresi, 3)**

❧ ☙

Sıkıntıdan kurtulmak için elbette sebeplere yapışmak gerekir

"Çalışmadan dua eden, silahsız savaşa giden gibidir" hadis-i şerifi de sebeplere yapışmayı emretmektedir. Kur'an-ı Kerim'de mealen, "Her zorluğun bir kolaylığı vardır" buyruluyor. Sıkıntıdan kurtulmanın da çaresi vardır. Hiç boş vakit geçirmemeli, kendine faydalı bir meşgale bulmalıdır. "Sabır kurtuluşun anahtarıdır" sözüne uymalı, çalışıp sabrederek bir çıkış yolu aramalıdır.

Hekimler, sıkıntının başlıca çaresinin meşgale olduğunu söylüyorlar. Kendinize severek yapacağınız işler bulursanız, rahatlarsınız. Ayrıca manevi yönden, bazı dualar okumanız da faydalıdır.

Hadis-i şeriflerde buyuruldu ki:

"Her gün sabah akşam yedi kere, "Hasbiyallahü la ilahe illahü aleyhi tevekkeltü ve hüve Rabb-ül arşil azim" okuyan, dünya ve ahiret sıkıntısından kurtulur.

"La havle ve la kuvvete illa billah okumak, 99 derde devadır. Bunların en hafifi sıkıntıdır."

Bir sıkıntıya düşünce, "Bismillâhirahmanirrahim velâ havle velâ kuvvete illa billâhil aliyyil azim" diyeni Allahü teâlâ, sıkıntı ve belalardan muhafaza eder.

"Rızka kavuşan çok Elhamdülillah desin. Rızkı azalan çok istiğfar etsin. Üzülüp sıkılan, la havle vela kuvvete illa billah desin".

"Sıkıntıya düşen veya borçlanan, bin kere "La havle ve la kuvvete illa billahil aliyyil azim" derse, Allahü teâlâ işini kolaylaştırır."

"Sıkıntılı iken "Hasbünallah ve ni'mel-vekil" deyiniz"

"Yasin okuyanın sıkıntısı gider."

"La ilahe illallah kable külli şey'in, La ilahe illallah ba'de külli şey'in, La ilahe illallah yebka Rabbünâ ve yefni küllü şey'in diyen sıkıntıdan kurtulur."

"Cuma namazından sonra, İhlâs, Felak ve Nas'ı yedişer defa okuyan, bir hafta, kaza, bela ve sıkıntılardan kurtulur."

"La ilahe illa ente, sübhaneke inni küntü minezzalimin" diyen, uğradığı beladan kurtulur."

"Sıkıntı için şu duayı okuyun: La ilahe illallahü-lazim-ül-halim la ilahe illallahü Rabbül-Arş-ilazim la ilahe illallahü Rabbüs-semavati ve Rabbül-Erdi Rabbül Arşil-kerim".

"Sıkıntıya düşen 7 defa Allah, Allahü Rabbi, lâ üşriku bihi şey'a desin"

"Sıkıntı için, "Allah, Allah Rabbünâ lâ şerikeleh" deyin"

"Sıkıntıdan kurtulmak için, Allahü teâlâya kalbinden yalvararak, 14 secde âyetini (ezberden, ayakta) okuyup, her birinden sonra, hemen secde etmelidir."

"Bismillâhirrahmânirrahim ve lâ-havle ve lâ-kuvvete illâ billâhil' aliyyil'azim okumak, sinir hastalığına ve bütün sıkıntılara iyi gelir. "

İmam-ı Cafer hazretlerinin sıkıntıya düşünce, okuyup, sıkıntıdan kurtulduğu dua şöyledir: "Yâ uddeti ınde şiddeti, ve yâ gavsi ınde kürbeti! Ührüsni bi-aynikelleti lâ tenâmü vekfini birüknike ellezi lâ yürâmü." Anlamı şöyledir: Güçlükte desteğim, sıkıntıda imdadıma yetişen, her an görüp gözeten Rabbim, beni muhafaza et, sonsuz kudretinle, bana yardım eyle!

Hasan-ı Basri hazretlerine, kıtlıktan, fakirlikten, çocuğunun olmadığından şikâyette bulunuldu. Hepsine de istiğfar etmesini söyledi. Sebebi sorulunca, şu mealdeki ayet-i kerimeleri okudu: "Çok affedici olan Rabbinize istiğfar edin ki, gökten bol yağmur indirsin; size, mal ve oğullar ile yardım etsin, sizin için bahçeler, ırmaklar versin."

Bir hadis-i şerif meali de şöyledir:

"İstiğfara devam edeni, Allahü Teâlâ, her sıkıntıdan, üzüntüden, dertten, geçim darlığından kurtarır, ferahlığa çıkarır ve ummadığı yerden rızıklandırır."

Sadaka vermek ve 70 kere "Estağfirullah min külli mâ kerihallah" demek, sıkıntıları giderir. Bu istiğfarın anlamı, "Ya Rabbi, razı olmadığın şeylerden ne yapmışsam hepsini affet, yapmadıklarımı da yapmaktan koru" demektir.

Kur'an-ı Kerim'de de mealen buyuruluyor ki: *"Ey iman edenler, sabır ve namaz ile Allah'tan yardım isteyin. Çünkü Allah elbette sabredenlerle beraberdir."* **(Bakara, 153)**

Sıkıntılarımız, dertlerimiz karşısında dua ve tevekkül şarttır. Kuşkusuz Allah'a devamlı dua eden, başına gelen her olayın Allah'ın verdiği özel birer imtihan olduğunun farkında olan ve tevekkül eden bir mümin, sıkıntıdan daha çabuk kurtulacaktır. Yüce Rabbimiz'in sıkıntıları gideren ve duaya cevap veren sıfatları Kur'an'da şöyle bildirilmektedir:

"O nesneler mi üstün, yoksa çaresiz kalıp kendisine yalvaran insanın duasını kabul edip sıkıntısını gideren ve sizi dünyada halifeler yapan Allah mı? Hiç Allah ile beraber başka tanrı mı olur? Elbette olmaz! Ne de az düşünüyorsunuz!" **(Neml, 27)**

Peygamberimiz Hz. Muhammed (s.a.v.), sıkıntının hastalıklara yol açtığını şu hadisi şeriflerinde buyurmuşlardır:

"Her kimin huyu kötü olsa, kendi nefsini sıkıntıda tutar ve her kimin kederi çok olsa, kendisini hasta eder."

"Çok türlü kaygılanmalar, çok türlü hastalıklar getirir."

"Hak Teâlâ'nın yarattığı mahlûkta kaygıdan daha kötü ve daha şiddetli bir şey yoktur."

"Hak Teâlâ, şifasını yaratmadığı hiçbir türlü dert yaratmamıştır. Her kim o şifayı bilirse İlâç edip kurtulur, her kim bilemezse o dertle kalır. Fakat ölümün dermanı yoktur."

Sıkıntıları giderip ferahlık sağlayan dualar

Sıkıntılardan kurtulup, feraha çıkmak için aşağıdaki dualardan herhangi biri okunur.

"Allahümme rahmeteke ercü fela tekilin ila nefsi tarfete aynin ve aslih li şe'ni küllehu la ilahe illa ente." (Allah'ım! Sen'den ancak rahmetini umuyorum. Beni göz açıp kapayıncaya kadar nefsime bırakma, her işimi iyileştir. Sen'den başka ilah da yoktur.")

"Allahu, Allahu la üşrike bihi şey'en" (Allah, Allah. O'na hiç bir şeyi ortak etmem.)

"La ilahe illallahü'l-Azimü'l-Halim. La İlahe illallahü Rabbü'l -Arşi'l-Azim. La İlahe İllallahü Rabbü's-semavati ve Rabbü'l-arşi'l-kerim" (Yüceler yücesi ve Hilm sahibi Allahü Teâlâ'dan başka ilah yoktur. Büyük Arş'ın sahibi Allah'tan başka ilah yoktur. Göklerin Rabbi, yerin Rabbiv e şerefli arş'ın Rabbi Allahü Teâlâ'dan başka ilah yoktur.)

"Ya hayyü,ya Kayyumü bi-Rahmetike esteğisü" (Ey devamlı var olan ve yarattıklarını varlıkta tutan Allah'ım! Rahmetinle imdat isitiyorum.)

"Allahümme atina fi'd-dünya haseneten ve fi'l-ahireti haseneten ve kına azaben'n-nar." (Allah'ım! Bize, hem dünyada, hem ahirette iyilik ver ve bizi ateş azabından koru)

"Euzübi-kelimati'l-lahi't-tammeti min gazabihi ve şerri ibadihi ve min hemazati'ş-şeyatıyni ve en yahdurun"

(Kendi gazabından, kullarının şerrinden, şeytanın vesveselerinden ve bana uğramalarından Allahu Teâlâ'nın tam olan kelimelerine sığınırım.)

"Bismi'llahi ala nefsi ve mali ve dini. Allahümme razzını bi-gazaike ve barik li fi-ma kudira li hatta la ühıbbe ta'cile ma ahharte vela te'hira ma accelte." (Kendim, malım ve dinim üzerine Allahu teala'nın İsm-i şerifini okurum. Allah'ım! kaza ve hükmüne beni razı et. Bana takdir edileni bereketlendir ki, sonraya bıraktığının şimdi ve şimdi yaptığının sonra olmasını isteyip temenni etmeyeyim.)

Madde Ötesi Boyutlarda İnsan

"Allah'ın sana lütfu olan *'Ona, Ruhumdan (kudretimden bir sır) üfledim'* **(Hicr, 29)** ayetinden haberin varsa, bu ilâhî nefesten feyz alıyorsan, insan, yani ondaki bu karışık, acayip duygu ve hissiyat karşısında uyanık ol! " Mevlâna

Nobel Ödülü alan Dr. Alexis Carrel, "İnsanı tam olarak tetkik etmek şarttır." demiştir. Carrel'e göre uzayın derinliklerini merak edip teleskoplar icat eden insan, teleskopu kendi iç derinliğine çevirmeyi aklına getiremiyordu bir türlü... Vücut, beden, zihin ve ruh arasındaki bağıntı, farklı zamanlarda farklı tanımlarla karşımıza çıktı... İnsan vücudu, önce sinir sistemi, iç salgı bezleri ve sindirim sisteminin kombinasyonundan teşekkül etmiş bir organizma olarak tanımlandı.

Beden-zihin ilişkisi tartışmaya açıldı. Hint asıllı Endokrinoloji uzmanı Dr. Chopra, bedenin sahip olduğu tüm moleküllerin oldukça akıllı olduğunu söylüyordu. İnsan vücudunun da tıpkı beyin gibi düşünebileceğini ifade ediyordu. Zihnin beyindeki yeri ve ruhun beyinle olan ilişkisine olan merak, beyinle ilgili araştırmaları hızlandırdı. Araştırmacılar, insan beyninde oluşan birtakım zihinsel faaliyetlerin, düşüncelerin, hislerin, duyguların, üç boyutlu fotoğraflarını çekmenin bir yolunu buldular. Bu fotoğrafın çekiminde etkili olan deney esnasında, kan dolaşımına beynin dokularından olan glikoz enjekte edildi ve işaretli moleküller, tomografilerle gözlendi. Bu araştırmalara göre, insanın iç ve dış dünyasında yaşadığı her olaya karşı beyninde birtakım kimyasal reaksiyonların meydana geldiği tesbit edildi. Ancak yine de zihnin beyinde olup olmadığı tartışmalarına bir açılım getirilememişti. Dr. Deepak Chopra'nın, zihnin beyinde değil, bütün vücutta olduğunu ileri süren araştırmaları gündeme geldiğinde ise insanların konuya bakış açıları değişmeye başladı. Chopra'ya göre, istek, mutluluk, mutsuzluk, acı, zevk, hırs gibi duyguların hepsinin ruha ait özellikler olduğuydu. Oysa daha önce kabul edilen gerçek, duyguların beyinde yaşam bulduğu teziydi.

Çalışmalar derinleştikçe, zihnimizi, bilinçaltımızı harekete geçirip beyne sürekli sinyaller gönderebileceğimiz gerçeği ortaya kondu. Beynin açılımı hakikate götürüyordu insanı... Ruhu keşfetmenin yolu da bundan geçiyordu... Tüm bunların bir adım ötesindeki bir tanımlamayla insanın tüm fonksiyonlarıyla ölmeyen ruh olduğu kolayca söylenebilirdi. Vücut ölümlüydü nihayetinde... Her şey ölümsüz olan bu ruhu beslemede gizli olmalıydı. Ruh'un varlığına işaret edecek araştırmalar yapan Dr. Chopra, yaptığı bir deneyle, ruh gerçeğine şöyle işaret ediyor: Beynin sol kolu hareket ettiren bölümüne deney yoluyla uyarı veriliyor. Aynı anda kişiye sözlü olarak sağ kolunu kaldırması söyleniyor. Beyindeki "sol kolu kaldır" uyarısına rağmen kişinin sözlü uyarıyı dikkate alıp sağ kolunu kaldırdığı görülüyor. "Beynin de arkasında bir şey var o halde" hükmüne vardırıyor bu deney...

"İnsan Enerji Alanları Bilimi araştırmacısı ve "The Science of Human Vibrations/İnsani Vibrasyonlar Bilimi/Malibu Publishing/1995" kitabının yazarı Dr. Valerie Hunt'tur. Hunt geçen 30 yıl içinde UCLA Elektromiografik Laboratuarları'nın Psikolojik Bilimler Bölümü'nü yönetirken, sinir-kas sistemiyle (neuromuscular) ilgili düşük düzeydeki enerji örneklerini belirledi ve kaydetti. Bu düşük güçteki aktivite bir içgüdü gibiydi, bilinmeyen bir kaynaktan geliyordu. Özel Elektromiografi aygıtlarıyla çalışan bu aygıtlarla uzayda bulunan astronotların beyin, kalp ve kas sinyalleri ölçülmektedir. Dr. Hunt, söz konusu enerjinin kasların çok çalıştığı zamanlarla, dinlenme zamanları arasında yoğunlaştığını belirledi, yeni örnekler kaydetti.

Beden ile ruh arasındaki enerji ilişkilerini de araştıran Dr. Hunt, deriye yerleştirdiği özel gümüş/gümüş klorid elektrotlar aracılığı ile miliwolt düzeyindeki enerjileri saptadı, bu enerji birikimi de yine ara dönemler sırasında oluşuyordu yani normal anlarda artıyor, çalışma veya dinlenme anlarında azalıyordu. Benzer bir deney

Glendale, California'daki Şifa Işığı Merkezi'nden Rosalyn Bruyere tarafından yapıldı ve auraların tam o anlarda oluştuğu onaylandı. Elde edilen veriler bilgisayarlara yüklendiğinde ortaya çıkan raporlarda, enerji renk ve miktar olarak görünüyor, çakralara doğru hareketleniyor ve kişinin çevresinde değişen auralar, yani "renkli enerji bulutları" oluşuyordu.

"Allah'ın verdiği renge uyun; rengi Allah'ınkinden daha güzel olan kim vardır? 'Biz O'na kulluk edenleriz' deyin." **(Bakara, 138)**

Sonogram frekans analizleri ve Fourier Testleri yapılarak, veriler derinlemesine incelendi, sonuçlar inanılmazdı. Enerji dalgalarının formları ve frekansları değiştikçe renkler de değişiyor veya etkileniyorlardı. Bruyere, auradaki mavi rengin özelliğinden söz ediyor ve elektronik ölçümlerde bu rengin daima aynı kaldığını ve aynı bölgelerde bulunduğunu raporunda yazıyordu. Aynı deneyi yapan Dr. Hunt, yedi aura görücüsünü yani algı düzeyi yüksek yedi "psişik" kişiyi deneylerinde kullandı. Denekler aura renklerini doğru olarak gördüler ve benzer sonuçlara ulaştılar. Bunun üzerine Dr. Hunt, yüzyıllardır anlatılan aura görücülüğünün bir gerçek olduğunun, ilk kez tarafsız bir bilimsel ortamda kanıtlandığını açıkladı.

Beyin hücrelerini oluşturan yapı malzemelerinin el, ayak veya deri hücrelerini oluşturan malzemelerden hiçbir farkı yoktur. Ancak Allah, beyin hücrelerini mucizevî bir kapasiteye sahip olarak yaratmıştır. Beynimizdeki işlem kapasitesi, hiçbir bilgisayarın erişemediği üstün bir iletişimi ortaya çıkarır. İnsan beyninin işlem kapasitesinin 1.000 adet en gelişmiş bilgisayarın toplam işlem kapasitesine denk olduğu hesaplanmıştır.

"Sizin yaratılışınızda ve türetip-yaydığı canlılarda kesin bilgiyle inanan bir kavim için ayetler vardır." **(Casiye, 4)**

Signs of Life (Hayatın İşaretleri) adlı kitapta beyin hakkında düşüncelerini dile getiren bilim adamlarının ifadeleri şöyledir:

"İnsan beyni, bilinen tüm kompleks sistemler içinde en çok hayrete düşüren ve esrarengiz olanıdır. Milyarlarca nörondan oluşan kitle içinde bilgi bizim daha yeni anlamaya başladığımız bir şekilde akıp durur. Biz çocukken deniz kenarında geçirdiğimiz bir yaz gününe ait hatıralar; imkânsız dünyalar hakkındaki rüyalarımız... Matematiksel genelleştirme konusunda şaşırtıcı kapasitemiz ve evren hakkında derin ve bazen de sezgisel anlayışımız. Beynimiz tüm bunları ve daha fazlasını da başarabiliyor. Peki nasıl? Bilmiyoruz: Zihin bilim açısından yıldırıcı bir problemdir."

Beynimiz, birtakım enerji dalgaları yaymakta... Bu enerji dalgaları ya da diğer adıyla elektrik sinyalleri, insanın kafatasına bağlanan birtakım alıcılarla ölçülebilmekte... Elektroansefalogram (EEG) adı verilen bu ölçücü aletle, beynin değişik tipteki durum ya da deneyimler karşısında üretmiş olduğu farklı dalgalar tespit edilebilmekte ve ölçülebilmektedir. Ölçülebilen beyin dalgaları şu an için dört farklı tipte keşfedilmiş durumda... Bu dalgalar, alfa, beta, teta ve delta dalgaları olarak isimlendirilmiş... Potansiyel olarak bir Volt'un milyonda biri kadar bir voltaja sahipler... Bunlardan, saniyede ortalama10 civarında bir frekansa sahip olan alfa dalgaları, daha çok insanın rahat olduğu, gevşediği, çok fazla yorulmadığı durumlarda ortaya çıkıyor. Beta dalgaları ise, daha çok stresli durumlarda, gerilim halinde, düşüncelerimizin dağılıp kafamızı toparlayamadığımız ve dikkatimizin dağıldığı zamanlarda ortaya çıkıyor. Beta dalgalarının frekansı, yaklaşık olarak saniyede 13-40 arasında bir titreşimle karşımıza çıkıyor. Delta dalgaları ise daha çok uykunun derin evresinde, daha çok NRAM dediğimiz, yarı ölü hal olan derin uykuda iken, standby olduğumuz konumda ortaya çıkıyor. Saniyede yaklaşık 4 kez salınan düşük frekanslı, büyük dalga boyuna sahip beta dalgaları, en yavaş titreşen dalgalar... Teta dalgaları, daha çok uykuya geçerken ya da uykunun ilk evrelerinde görülüyor. Yaklaşık olarak saniyede 4-7 kez salınıyorlar. Son zamanlarda üzerinde çalışılan diğer bir dalga türü ise gama dalgası olarak adlandırılıyor. Saniyede yaklaşık 40 civarında bir frekansa sahip... Bu dalgaların algılama, bilinç ve entelektüel düşüncenin kaynağı olduğu söylenmekte... Beyin dalgaları arasında bir koordinasyon olması ve dalgalar arası düzenli bir geçiş süreci olması gerekmekte... Eğer bu denge bozulur ve dalgalar arası geçişin eşgüdümü arızalanırsa insanın zihinsel durumunda birtakım problemler ortaya çıkabiliyor... Örneğin, uzmanlar, delta ve teta dalgaları arasındaki bir dengesizliğin uykusuzluğa neden olduğunu söylüyor.

"Sonra onu düzenli bir şekle sokup, içine kendi ruhundan üfürdü. Ve sizin için kulaklar, gözler ve gönüller var etti. Siz pek az şükrediyorsunuz!" **(Secde,9)**

Düalizmin önde gelen temsilcilerinden Descartes'e (1596-1650) göre ruh, zihni temsil eder, düşünme yeteneğine sahiptir ve maddesizdir. Ayrıca bu ruh madde gibi (beden) geçici bir şekillenim değildir. Ruh ölümsüzdür ve bu maddi dünyaya ait değildir. Beden ise maddedir, mekanik ilkelere göre çalışır

İmam-ı Rabbani ise ruhu şöyle anlatıyor:

"Allahü Teâlâ, insanın ruhunu bilinemez şekilde yarattı. Ruh, madde değildir, belli bir yeri yoktur. Ruh, bedenin ne içinde, ne dışındadır, ne bitişik, ne ayrıdır. Yalnız onu varlıkta durdurmaktadır. Bedenin her zerresini diri tutan ruhtur. Bunun gibi, âlemi varlıkta durduran Allahü Teâlâdır. Allahü Teâlâ, bedeni ruh vasıtası ile diri tutmaktadır." *(Mektubat Tercümesi)*

Kınalızade Ali Efendi ise ruh konusunda şu sözleri dile getirmekte:

"Aklın erdiği bilgileri anlayan, his organlarından beyne gelen duyguları alan, bedendeki bütün kuvvetleri, hareketleri idare eden, kullanan ruhtur. Ruh, göz vasıtası ile renkleri, kulak ile sesleri kavrar, sinirleri çalıştırır. Adaleleri hareket ettirir, böylece bedene iş yaptırır. Böyle işlere ihtiyari yani istekli işler denir. Aklı kullanmak düşünmek ve gülmek gibi şeyleri yapan ruhtur. Ruh parçalanmadığı ve parçalardan meydana gelmediği, yani mücerret olduğu için, hiç değişmez, bozulmaz, yok olmaz. Ruh bir sanatkâra benzer. Beden bu kimsenin elindeki sanat aletleri gibidir. İnsanın ölmesi ruhun bedenden ayrılmasıdır. Bu da sanatkârın sanat aletlerinin yok olmasına benzer." *(Ahlak-ı Alai)*

Gazali ise ruhtan şu şekilde bahsetmekte:

"Ruh bedende iken, herhangi bir uzuv, mesela insanın bir ayağı felç olsa, ruh bu ayağa tesir edemez, onu harekete geçiremez. Ölüm ise, bütün uzuvların felç olmasına benzer, ancak ruh, bedenden ayrılınca, müstakil olarak yine bilir, görür, anlar, sevinir, üzülür, bu halleri yok olmaz. Bu hâli, bütün ruhlar yok edilinceye kadar devam eder. Herkes dirilince, her ruh, yeniden meydana gelen cesede taalluk eder." *(Kimya-i Saadet)*

Uyku sırasında bedenimiz tam bir dinlenme halindedir. Kalp atışlarımız ve nefesimiz yavaşlar; zihinsel çalışmamız durmuştur ama buna rağmen rüyamızda yürür, konuşur, koşar ve hatta uçarız. Gözsüz görür, kulaksız duyarız. Günlük hayatta çözemediğimiz problemleri çözeriz. Büyük dâhilerin, bilim adamlarının, keşiflerinin bir kısmını rüyalarında gerçekleştirdiklerini duymuşsunuzdur. Ünlü bilim adamı Mendelief'in, elementlerin atom ağırlıklarının periyodik sınıflandırılması işlemini rüyasında gerçekleştirdiği söylenmektedir. Büyük âlim Gazali, konuya ilişkin olarak şöyle demiştir: "Uykuda iken duygu azalarının yolu bağlanıp kesilince, içerideki diğer pencere açılır."

Joseph Murphy, "Bilinçaltının Gücü" adlı kitabında yaşanmış bir olayı şöyle anlatıyor:

"Dört yıl önce, öğrencilerimden biri gazeteden kestiği bir kupürü bana yollamıştı. Bu kupürde Pittsburgh'da Jones and Laughlin Steel Corporation tarafından işletilen bir işyerinde çalışan ve çelik işleriyle uğraşan Ray Hammerstone adlı bir haddeciden söz edilmekteydi. Bu yazıya göre mühendisler, soğutma yatağına girmesi gereken düz çubukları hareket ettirecek olan yeni tesisatta, devreyi açacak olan anahtarı bir türlü kuramamışlar. Mühendisler yirmi-otuz sefer deneme yapmışlar ama bir türlü anahtarı çalıştıramamışlar... Hammerstone bu sorun hakkında uzun uzun düşünmüş ve işe yarayabilecek yeni bir tasarım hesaplamaya uğraşmış... Hiçbiri işe yaramamış... Bir gün öğleden sonra biraz uzanıp kestirmiş ve uykuya dalmadan önce yine bu anahtar problemini düşünüyormuş... Rüyasında anahtar ile ilgili mükemmel bir tasarımın çizildiğini görmüş... Uyandığında rüyasında gördüğü ayrıntılara göre yeni tasarımı hemen kâğıda dökmüş... Bir anlık kestirme Hammerstone'a on beş bin dolarlık bir çek kazandırmış ve bu miktar o şirketin bir işçisine ödediği en büyük rakammış..."

1.Dünya Savaşı'nın ardından ülkesine dönen Kanadalı Doktor Banting, zor günler geçiriyordu. 27 yaşındaydı, bir cerrah olarak iş arıyor ama bulamıyordu. Bir süre sonra Ontario Üniversitesi Fizyoloji Bölümü'nde zorlukla bir asistanlık görevi buldu. O dönemde üniversitede şeker hastalığı üzerinde çalışmalar yapılıyordu. 30 Ekim 1920 gecesi, Banting laboratuvarda çalışırken yorgunluktan uyuyakaldı ve biraz sonra gördüğü rüyanın etkisiyle birden uyandı. Rüyasında üç satırlık bir formül görmüştü; unutmadan hemen kalkıp yazdı. Ve o andan sonra tıp tarihinde bir devrim başlıyor ve şeker hastaları için umut ışığı yanıyordu.

Alman şair Durs Grünbein, ruhsal ilhamla ilgili şu soruyu sormaktadır:

"Ruhi süreç tam bir saklambaç oyunudur. Orijinal bir düşünce veya güzel bir mısra beyinde nasıl doğmaktadır?"

"Allah, ölüm vakitleri geldiğinde insanları vefat ettirir, ölmeyenleri de uykularında (bilinç kaybına uğratır). Ölümüne hükmettiklerinin canlarım alır, diğer canları da belli bir süreye kadar bedenlerine salar. Kuşkusuz bunda iyice düşünenler için dersler vardır." **(Zümer, 39/42)**

Razi, ilgili ayeti şöyle açıklar:

Kadir, Âlim ve Hakîm olan o yüce zatın, ruh cevherinin bedenle alâkasını şu üç şekilde idare etmektedir:

a) Ruhun ışık ve tesirinin, bedenin bütün parçalarında, içinde ve dışında gözükmesi... İşte bu uyanıklık halidir.

b) Ruh cevherinin ışık ve tesirinin, bazı bakımlardan, bedenin zahirinden alakasını kesip, bedenin batınındaki alakasını sürdürmesi... Bu da uyku halidir.

c) Ruh cevherinin ışık ve tesirinin bedenin tamamından kesilmesi... İşte ölüm de budur. (Razi, Mefatih, ilgili ayetin tefsiri)

Süddî diyor ki: "Allah, diriler uyuduğu zaman, onlarla ölülerin ruhlarını bir araya getirir. Onlar Allah'ın dilediği kadar birbirleriyle tanışırlar, görüşürler ve birbirlerine sorular sorarlar, dirilerin ruhları serbest bırakılır, onlar tekrar bedenlerine dönerler. Diğerlerinin ruhları da geri dönmek isterler. Allah, ölmelerini takdir ettiği kimselerin ruhlarını geri göndermez. Ölmelerini takdir etmediği kimselerin ruhlarını, ecelleri gelinceye kadar vücutlarına iade eder."

Dr. Murakami, farelerin hipertansiyonu ile ilgili çalışmalarında, bu hayvanların tansiyonunu yükseltmek için kullandığı metotlardan hiçbirinde başarılı olamadığından, fakat bir gün aynı yöntemlerle uğraşırken kendi tansiyonunun yükseldiğini hissettiğinde, daha önce tansiyonu yüksek çıkmayan farelerin de tansiyonlarının yükseldiğinden ve bunun tesadüf olduğuna kendisi inandırmaya çalışmasından, ancak bunda başarılı olamadığından bahsetmektedir. Buna göre coşku ya da gerilim duygularının etrafımızdakilere iletildiğine inandığını itiraf etmektedir.

Birbirlerinden hiç haberi olmayan ancak, dikkat çekecek şekilde aynı davranışları gösteren çok kişi vardır. Özellikle bilimsel keşiflerde, aynı olayı, birbirinden habersiz olan farklı bilim adamları aynı zamanlarda bulabilmektedir. Bu olayların nasıl gerçekleştiği kesin olarak bilinmemekle beraber, bazı araştırmacılar kolektif bilinçten bahsetmektedirler. Fizikçi Daniel Bahm ve biyolog Rupert Sheldnake kolektif bilinç üzerine görüş bildirmişlerdir. En uygun fizyolojimizle yoğunlaşarak, inançlarımız aracılığıyla kendi kendimizi bir düzene sokabilirsek, bu kolektif bilince ulaşmanın yolunu bulabiliriz.

Doç. Dr. Sefa Saygılı beyin-ruh ilişkisini şöyle özetlemektedir:

"İnsanı daha önce beyin denilen milyarlarca hücrenin idare ettiğini ve yönlendirdiğini söyleyen ilim adamları, şimdi bunu kabullenmenin mümkün olmadığını belirtiyor. Çünkü modern teknik metotları bunu gösteriyor. Görünen o ki, nörolojik ilimler beyinde entegrasyonu sağlayan ve sayısız karmaşık bölümü koordine eden beyin üstü bir yapıyı kabul etmek zorunda kalacaktır. İşte bu yapının adı ruhtur."

Kök hücre mucizesi: Yine O'nun eseri...

"Sizleri Biz yarattık, yine de tasdik etmeyecek misiniz? Şimdi dökmekte olduğunuz meniyi gördünüz mü? Onu sizler mi yaratıyorsunuz, yoksa Yaratıcı Biz miyiz?"
(Vakıa Sûresi, 57-59)

Allah *(c.c.)*, bildiğimiz, bilmediğimiz, gördüğümüz, görmediğimiz, farkında olduğumuz, olmadığımız ve sayılarını bilemediğimiz birçok şeyi yarattı ve ilmiyle her an onları kontrol etmektedir. Bunun yanından insanoğlu kendisini tanıdığını zannetse de, yapılan her bilimsel araştırma, insanları hayrette bırakacak birçok mucizenin keşfini de beraberinde getirmektedir. Allah'ın yarattıklarının her biri, birer sanat eseridir ve içlerinde henüz hala bilemediğimiz birçok şifreler gizlidir. Bu şifrelerden bir kısmı da insan vücudundadır.

Bir şeyi dilediği zaman, O'nun emri yalnızca: "Ol" demesidir; o da hemen oluverir. **(Yasin Sûresi, 82)**

Son yıllarda insan vücudundaki sırlardan biri daha keşfedildi: Kök hücre... Varlığı uzun süredir bilinmesine rağmen mucizeleri uzun ve yorucu araştırmalar sonucunda keşfedildi ve artık insan sağlığı üzerine uygulamaları da yapılmakta... 80'li yılların başında, yeni doğan bebeklerin kordon kanında da kök hücrelerin bol miktarda bulunduğu ve bu hücrelerin tedavide kullanılabileceği fikri ortaya atılmıştır. Elde edilen kordon kanı belirli koşullar altında toplanıp dondurularak saklanabilmekte, daha sonra gerek duyulduğunda çözülerek kullanılmaktadır. İlk olarak Dr. David Harris, 1992 yılında oğlunun kordon kanını kendi laboratuvarında dondurarak sakladı. Daha sonra bu uygulamanın halka açması ile 1994 yılında dünyadaki ilk Kordon Kanı Bankası Amerika Birleşik Devletleri'nde kuruldu. Takip eden yıllar içinde dünya üzerinde birçok kordon kanı bankası kuruldu ve binlerce bebeğin kordon kanı bu bankalarda koruma altına alındı. Bahsi geçen yöntem kök hücre sağlama ve depolama açısından en kolay ve ucuz yöntemdir.

"Allah, yedi göğü ve yerden de onların benzerini yarattı. Emir, bunların arasında durmadan iner; sizin gerçekten Allah'ın her şeye güç yetirdiğini ve gerçekten Allah'ın ilmiyle her şeyi kuşattığını bilmeniz, öğrenmeniz için." **(Talak Sûresi, 12)**

Bioteknolojiyle kordon bağındaki kök hücrelerinden vücut dokusu oluşturmakta ümit verici gelişmeler yaşanmaktadır. Hedef, zarar görmüş dokuları, hücre biyolojisi teknikleri kullanarak, kordon kanında bulunan kök hücrelerle tamir etmektir. VİTA 34 ve Leipzig Üniversitesi 2003 yılı sonunda, kordon kanı kök hücrelerinin beyin infaktüsünü gözle görülür şekilde iyileştirdiğini gösteren araştırma sonuçlarını yayınladılar. Şu anda zarar görmüş kalp, karaciğer, safrakesesi, sinir, kas ve damar dokularının tamirine yönelik çalışmalar yapılmaktadır. Bu araştırmaların ilerideki tedavilerde çok çeşitli kullanım imkânları sunması beklenmektedir. Bunun yanında Morbus Crohn (kronik bağırsak enfeksiyonu) ve Rheumatoide Arthritis (eklem hastalığı) gibi hastalıkların tedavisinde hastanın kendi kök hücrelerinin kullanılmasıyla ilk ümit verici tecrübeler elde edilmiştir.

"Andolsun, Biz insanı, süzme bir çamurdan yarattık. Sonra onu bir su damlası olarak, savunması sağlam bir karar yerine yerleştirdik. Sonra o su damlasını bir alak (embriyo) olarak yarattık; ardından o alak'ı (hücre topluluğu) bir çiğnem et parçası olarak yarattık; daha sonra o çiğnem et parçasını kemik olarak yarattık; böylece kemiklere de et giydirdik; sonra bir başka yaratışla onu inşa ettik. Yaratıcıların en güzeli olan Allah, ne yücedir."
(Müminun Sûresi, 12-14)

Kök hücreler, kanser tedavisinde oldukça umut verici... Yüksek dozajlı kemoterapide kanser hücrelerinin yanı sıra kemik iliğindeki kök hücreler de imha edilmektedir. Vücut böylelikle yeni kan hücresi ve bağışıklık sistemi hücresi oluşturma özelliğini kaybetmektedir. Vücuda yeni kök hücresi nakletmek gerekmektedir. Şimdiye kadar bu tür nakillerin çoğunda kök hücreler, kemik iliğinden kazanılmaktaydı. Bu tedavi yönetiminde de kordon kanı her geçen gün daha da önem kazanmaktadır. Günümüzde dahi Çin ve Japonya'da kemik iliğindeki kök hücrelerin yerine daha çok kordon kanındaki kök hücrelerini kullanma eğilimi vardır.

"Gaybın anahtarları O'nun Katındadır, O'ndan başka hiç kimse gaybı bilmez. Karada ve denizde olanların tümünü O bilir, O, bilmeksizin bir yaprak dahi düşmez; yerin karanlıklarındaki bir tane, yaş ve kuru dışta olmamak üzere hepsi (ve her şey) apaçık bir kitaptadır." **(Enam Sûresi, 59)**

Kök hücre, olarak farklılaşmamış insan vücudunda bulunan bütün dokuları ve organları oluşturan ve her türlü vücut hücresine dönüşebilen ana hücrelerdir. Henüz farklılaşmamış olan bu hücreler, sınırsız bölünebilme ve kendini yenileme, organ ve dokulara dönüşebilme yeteneğine sahiptirler. Nerede bir zedelenme veya onarım ihtiyacı varsa, oraya giderek gereken hücre tipine dönüşür ve hasarı onarırlar. Kalp krizi geçirende kalbe, karaciğer harabiyeti olanda karaciğere, kemiği kırılanda kırık hattına giderek gerekli tamiratı yaparlar. Hangi tip hücre ve dokuya ihtiyaç varsa ona dönüşürler. Vücutta en fazla olduğu zaman anne karnındaki bebeklik çağıdır. Daha sonra alınan yaşlarla beraber sayısı azalır. Nitekim yaşlanmayla beraber doku, organ iyileşmelerinin daha yavaş ve güç olduğu da bilinen bir gerçektir.

"Sizi annelerinizin karınlarında, üç karanlık içinde, bir yaratılıştan sonra (bir başka) yaratılışa (dönüştürüp) yaratmaktadır. İşte Rabbiniz olan Allah budur, mülk O'nundur. O'ndan başka İlah yoktur. Buna rağmen nasıl çevriliyorsunuz?" **(Zümer Sûresi, 6)**

Yetişkinlerdeki kök ve öncül (progenitör) hücreler vücudun onarımında görev alıp, erişkin dokuları yenileyebilme yetisine sahiplerdir. Gelişen bir embriyoda, kök hücreler özelleşmiş hücrelerin tümüne (ektoderm, mezoderm, endoderm) farklılaşabilirler. Ayrıca kan, deri, sindirim organları gibi organların da yenilenmesini sürekli kılarlar.

İnsanlarda erişilebilir olan otolog erişkin kök hücre kaynakları şu şekildedir;

1. Kemik iliği; femur ya da leğen kemiğinden biyopsi ile alınması ve hücrelerin saflaştırılmaları gerekir.

2. Yağ (adipoz) doku (yağ hücreleri) ; liposakşın ile alınması ve saflaştırmaları gerekir.

3. Kan, donörden alıcıya kan bağışına benzer şekilde kanın içinden geçtiği ve kök hücrelerin süzüldüğü "ferez" aracılığıyla saflaştırmayla yapılarak elde edilir.

"Yaratan, hiç yaratmayan gibi midir? Artık öğüt alıp-düşünmez misiniz? Eğer Allah'ın nimetini saymaya kalkışacak olursanız, onu bir genelleme yaparak bile sayamazsınız. Gerçekten Allah, bağışlayandır, esirgeyendir."

(Nahl Sûresi, 17–18)

Kök hücreler ayrıca doğumdan hemen sonra umbilikal kord kanından da elde edilebilir. Bütün kök hücre tiplerinde kendinden (otolog) elde en az riski taşır ve bankalarda saklanılarak sonrası için kullanılabilirler. Günümüzde yüksek oranda değişkenlik gösterebilen kök hücreler, kemik iliği nakilleri gibi tıbbi tedavilerde yaygın olarak kullanılmaktadır. Bunun için hücre kültür ortamlarında yapay olarak yetiştirilmeleri ve bu ortamlarda kullanılacak hücre tipine göre (kas, sinir vb.) farklılaştırılmaları gerekmektedir. Embriyonik hücre hatları ve otolog embriyonik kök hücreler ise; terapötik klonlamayla oluşturulmakta ve gelecekteki tedavi yöntemleri için umut oluşturmaktadır. Kök hücreler hakkındaki araştırma ve bulgular 1960'larda Toronto Üniversitesindeki Ernest A. McCulloch ve James E. Till tarafından sağlanmıştır.

"Hamd, gökleri ve yeri yaratan, karanlıkları ve aydınlığı (nuru) kılan Allah'adır. (Bundan) Sonra bile, inkâr edenler, Rablerine (birtakım varlıkları ve güçleri) denk tutuyorlar. Sizi çamurdan yaratan, sonra bir ecel belirleyen O'dur. Adı konulmuş ecel, O'nun Katındadır. Sonra siz (yine) kuşkuya kapılıyorsunuz. Göklerde ve yerde Allah O'dur. Gizlinizi ve açığınızı bilir; kazandıklarınızı da bilir." **(Enam Sûresi, 1-3)**

Kök hücreler kendini yenileme ve spesifik hücrelere dönüşebilme yeteneğine sahip hücrelerdir. Diğer organ hücreleri örn; karaciğer hücresi, kalp hücresi belli bir fonksiyon görmesine rağmen kök hücreler ayrışmamışlardır ve spesifik bir hücreye dönüşmesi için bir uyarı gelmediği takdirde ayrışmamış olarak kalırlar. Ayrışmamış hücrelerin bölünerek, kas hücresi veya sinir hücresi gibi belli bir fonksiyon gören hücreye dönüşmesine diferansiasyon denir.

"Andolsun, biz insanı, süzme bir çamurdan yarattık. Sonra onu bir su damlası olarak, savunması sağlam bir karar yerine yerleştirdik." **(Müminun Sûresi, 12-13)**

İnsan oluşumundaki ilk hücreler oluşmakta olan çocuktaki kök hücrelerdir. Yumurta döllendikten sonraki ilk günlerde oluşurlar. Bu tip kök hücrelerin kullanımı, oluşmakta olan çocuğu korumak için, Almanya'da kesin olarak yasaklanmıştır.

"O Allah ki, Yaratandır, (en güzel bir biçimde) kusursuzca var edendir, 'şekil ve suret' verendir. En güzel isimler O'nundur. Göklerde ve yerde olanların tümü O'nu tesbih etmektedir. O, Aziz, Hakim'dir." **(Haşr Sûresi, 24)**

Yetişkin vücutta az da olsa kök hücresi bulunur. Bunlar kanda ve kemik iliğinde bulunan yetişkin, kan üreten kök hücrelerdir. Hamileliğin son üç aylık döneminde kök hücreleri bebeğin karaciğerinden ve dalağından kan dolaşım sistemi üzerinden kemik iliğine geçer. Doğum esnasında da göbek kordonunda ve bebeğin eşinde çok miktarda kök hücreleri bulunur. Bu kök hücreleri yetişkin kök hücrelerinde artık bulunmayan çok sayıda özelliğe sahiptir. Bebeğin göbek kordonu kesildikten sonra kök hücreleri bebeğin eşine bağlı kalan kısımdan risksizce alınabilir. Bebeğin hiç birşeyi eksilmez, aksine çok kıymetli kök hücreleri onun için saklanmış olur.

"Seni topraktan, sonra bir damla sudan yaratan, sonra da seni düzgün (eli ayağı tutan, gücü kuvveti yerinde) bir adam kılan (Allah)ı inkâr mı ettin? Fakat O Allah benim Rabbimdir ve ben Rabbime hiç kimseyi ortak koşmam". **(Kehf Sûresi, 37-38)**

Kök hücrelerin ortak özellikleri:

1. Kendiliklerinden uygun bir büyüme ortamına yerleşebilirler.

2. Çoğalma yetenekleri vardır.

3. Başka tür hücrelere farklılaşıp bu türün devamı niteliğinde türler üretebilirler.

4. Kendilerini yenileyebilir veya kendi hücre topluluklarının devamlılığını sağlayabilirler.

5. Vücudun bir yerindeki zedelenmeyi takiben bu dokuyu onarabilme ve onu işlevsel hale getirebilme potansiyeline sahiptirler.

Kök hücre nakli ile aşağıdaki hastalıklar tedavi edilebilmektedir:

1- Lenfomalar (Lenf Bezi kanseri)
2- Lösemiler
3- Multipl myeloma
4- Solid tümörler
5- Anemiler
6- İmmün yetersizlikler
7- Kalıtsal metabolik bozukluklar

Kök hücrelerin kullanım alanlarını aşağıdaki şekilde sıralamak mümkün:

1- Organ nakilleri
2- Sinir sisteminin yeniden oluşturulması
3- Şeker hastalığının tedavisi
4- İşitme kayıpları
5- Kan kök hücresi
6- Hasarlı kalbin tamiri
7- Otoimnün hastalıkların tedavisi

"Şimdi ekmekte olduğunuz (tohum)u gördünüz mü? Onu sizler mi bitiriyorsunuz, yoksa bitiren Biz miyiz? Eğer dilemiş olsaydık, gerçekten onu bir ot kırıntısı kılardık; böylelikle şaşar-kalırdınız." **(Vakıa Sûresi, 63-65)**

Her şey İnsan'ın hizmetine verilmiş

Yüce Allah *(c.c.)*, insanı yaratmış ve yarattığı diğer canlılardan üstün tutmuş; hayvanları da insanın hizmetine sunmuş. Kur'an'da bu hususla ilgi birçok ayet vardır. Bazılarını şöyle sırlamak mümkün:

"Hayvanlardan yük taşıyan ve (yünlerinden, tüylerinden) döşek yapılanları da (yaratan O'dur). Allah'ın size rızık olarak verdiklerinden yiyin ve şeytanın adımlarına uymayın. Çünkü o, sizin için apaçık bir düşmandır."
(Enam Sûresi, 142)

Gerçekten hayvanlarda da sizin için bir ders (ibret) vardır; karınlarının içinde olanlardan size içirmekteyiz ve onlarda sizin için daha birçok yararlar var. Sizler onlardan yemektesiniz. Onların üzerinde ve gemilerde taşınmaktasınız. **(Müminun Sûresi, 21-22)**

"Ve hayvanları da yarattı; sizin için onlarda ısınma ve yararlar vardır ve onlardan yemektesiniz. Akşamları getirir, sabahları götürürken onlarda sizin için bir güzellik vardır. Kendisine ulaşmadan canlarınızın yarısının telef olacağı şehirlere onlar, ağırlıklarınızı taşımaktadırlar. Şüphesiz sizin Rabbiniz şefkatli ve merhametlidir. Onlara binmeniz ve süs için atları, katırları ve merkebleri (yarattı). Ve daha sizlerin bilmediğiniz neleri yaratmaktadır."
(Nahl Sûresi, 5-8)

"Sizin için hayvanlarda da elbette ibretler vardır, size onların karınlarındaki fers (yarı sindirilmiş gıdalar) ile kan arasından, içenlerin boğazından kolaylıkla kayan dupduru bir süt içirmekteyiz. Hurmalıkların ve üzümlüklerin meyvelerinden kurdukları çardaklarda hem sarhoşluk verici içki, hem güzel bir rızık edinmektesiniz. Şüphesiz aklını kullanabilen bir topluluk için, gerçekten bunda bir ayet vardır. Rabbin bal arısına vahyetti: Dağlarda, ağaçlarda ve onların kurdukları çardaklarda kendine evler edin. Sonra meyvelerin tümünden ye, böylece Rabbinin sana kolaylaştırdığı yollarda yürü-uçuver. Onların karınlarından türlü renklerde şerbetler çıkar, onda insanlar için bir şifa vardır. Şüphesiz düşünen bir topluluk için gerçekten bunda bir ayet vardır." *(Nahl Sûresi, 66-69)*

"Allah, size evlerinizi (içinde) güvenlik ve huzur bulacağınız yerler kıldı ve size hayvan derilerinden hem göç gününde, hem yerleşme gününde kolaylıkla taşıyabileceğiniz evler; yünlerinden, yapağılarından ve kıllarından bir zamana kadar giyimlikler-döşemelikler ve (ticaret için) bir meta kıldı." (Nahl Sûresi, 80)

"İri cüsseli develeri size Allah'ın işaretlerinden kıldık, sizler için onlarda bir hayır vardır. Öyleyse onlar bir dizi halinde (veya saf tutmuşcasına ayakta durup) boğazlanırken Allah'ın adını anın; yanları üzerine yattıkları zaman da onlardan yiyin, kanaatkâra ve isteyene yedirin. İşte böyle, onlara sizin için boyun eğdirdik, umulur ki şükredersiniz." (Hac Sûresi, 36)

"Ellerimizin yaptıklarından kendileri için nice hayvanları yarattığımızı görmüyorlar mı? Böylece bunlara malik oluyorlar. Biz onlara kendileri için boyun eğdirdik; işte bir kısmı binekleridir, bir kısmının da etini yiyorlar.

Onlarda kendileri için daha nice yararlar ve içecekler vardır. Yine de şükretmeyecekler mi?" (Yasin Sûresi, 71-73)

"Allah O'dur ki, kimine binmeniz, kiminden yemeniz için size (bir yarar olmak üzere) davarları var etti. Onlarda sizin için yararlar vardır. Onların üstünde göğüslerinizde olan bir hacete (ihtiyaca ve arzuya) ulaşırsınız; onların ve gemilerin üstünde taşınırsınız." (Mümin Sûresi, 79-80)

Allah Gönderdi

Ebu Musa, Ebu Malik ve Ebu Amir, başka bir kaç kişi ile birlikte Peygamber'in yakınına hicret ettiler. Yiyecek bir şeyler kalmadığı için, içlerinden birini, yiyecek istemek için Peygamber'e gönderdiler. Giden kişi Hz. Peygamber'in yanına vardığında; "Yerde yürüyen ne kadar canlı varsa, hepsinin rızkı ancak Allah'a aittir." mealindeki ayet-i kerimeyi okurken görür. Bunun üzerine Peygamber'in yanına girmeden, dönüp geri gelir ve arkadaşlarına der ki:

"Müjdeler olsun, size imdat geldi."

Bu sözü işiten arkadaşları, Peygamber'in kendilerini müjdelediğini sanırlar. Bunlar bu hal üzere iken, içi et ve ekmek dolu bir tepsi ile iki adam yanlarına gelir. Adamların getirdikleri et ve ekmekten doyuncaya kadar yerler. Sonra birbirlerine, yemekten artanı Peygamber

Aleyhisselam'a götürelim dediler. Peygamber Aleyhisselam'ın yanına vardılar:

"Ey Allah'ın Resulü! Hayatımızda bize göndermiş olduğun yemekten daha güzel ve tatlı bir yemek görmedik." derler.

Peygamber Aleyhisselam:

"Ben size bir şey göndermedim." der.

Bunun üzerine onlar, Peygamber Aleyhisselam'a kendilerinden yiyecek istemek için adam gönderdiklerini söylerler.

Hz. Peygamber, kendisine gelene şöyle buyurur:

O, Allah'ın onlara gönderdiği bir rızıktır. Onlar ondan doyuncaya kadar yediler."

Allah'ın 99 güzel ismi
(Esma-ül Hüsna)

Allah'a her konuda dua edebilir, bir iş yaparken de Allah'tan yardım dileyebilir, O'nu zikir ve tesbih edip yüceltebiliriz. Çünkü Allah, insanın gizlisinin gizlisini bilen, onu her an işiten, gören ve her yaptığından haberdar olandır. Müminler, Allah'ın bütün dualarına icabet edeceğini bilir ve dua etmeyi Allah'a yakınlaşmak için bir vesile olarak görürler. Kimi zaman bazı insanlar sadece belirli zamanlarda, belirli yerlerde dua edebileceklerini zannederek duayı belli bir şekle sokmaya çalışırlar. Oysa peygamberlerin Kur'an'da haber verilen duaları da bize göstermektedir ki, mümin bir iş yaparken de, yatarken de, otururken de içinden Allah'a dua edebilir, her zaman Allah'a yönelebilir. Bunun için hiçbir kural yoktur. İnsan her an Allah'a yönelebilir, her an O'nu kalben anıp, en güzel isimleri ile Rabbimizi yüceltebilir.

Hz. İbrahim ile Hz. İsmail de Kâbe'yi inşa ederlerken ettikleri dualarının sonunda Allah'ı yüceltmişlerdir. İki peygamber de Allah'tan istediklerini sözle ifade ettikten sonra, O'nun her şeyi bildiğini, işittiğini dile getirip Allah'ı övmüşlerdir. Bu da göstermektedir ki, dua sırasında da Allah'ı sıfatları ile anmak ve O'na bu sıfatlarla dua etmek makbuldür. Nitekim Allah bir ayetinde şöyle buyurur:

"İsimlerin en güzeli Allah'ındır. Öyleyse O'na bunlarla dua edin. O'nun isimlerinde aykırılığa (ve inkâra) sapanları bırakın. Yapmakta oldukları dolayısıyla yakında cezalandırılacaklardır." **(Araf Sûresi, 180)**

1. ALLAH

Bu ism-i şerif, Cenab-ı Hakk'ın has ismidir Bu itibarla diğer isimlerin ifade ettiği bütün güzel vasıfları ve İlâhî sıfatları içine alır Diğer isimler ise, yalnız kendi manalarına delâlet ederler. Bu bakımdan "Allah" isminin yerini hiçbir isim tutamaz. Bu isim, Allah'tan başkasına ne hakikaten ve ne de mecazen verilemez. Diğer isimlerin ise, Allah'tan başkasına isim olarak verilmesinde bir mahzur yoktur; Kadir, Celâl ismini vermek gibi... Yalnız bu isimlerin başına, insanlara izafe edildiklerinde, "kul" manasına gelen "abd" kelimesinin ilâvesi güzeldir; Abdülkadir ismi gibi...

2. er-RAHMÂN

Ezel'de bütün yaratılmışlar hakkında hayır ve rahmet irade buyuran;

Sevdiğini, sevmediğini ayırt etmeyerek bütün mahlûkatını sayısız nimetlere gark eden;

Hayatları için lüzumlu olan bütün rızıkları veren...

3. er-RAHÎM

Pek ziyade merhamet edici, verdiği nimetleri iyi kullananları daha büyük ve ebedî nimetler vermek suretiyle mükâfatlandırıcı...

Rahman ism-i şerifinden Allah Teâlâ'nın ezelde bütün mahlûkatı için hayır ve rahmet irade buyurduğu anlaşılır Rahim ism-ı şerifi ise, mahlûkatı arasında irade sahipleri, hususan müminler için rahmet-i ilâhiyenin tecellisini ifade eder.

4. el-MELİK

Bütün mahlûkatın hakikî sahibi ve mutlak hükümdarı...

Allah'ın, ne zatında ve ne de sıfatında hiçbir varlığa ihtiyacı yoktur. Bilâkis her şey zatında, sıfatında, varlığında ve varlığının devamında O'na muhtaçtır. Bütün kâinatın hakikî sahibi, mutlak hükümdarıdır.

5. el-KUDDÛS

Hatadan, gafletten, acizlikten ve her türlü eksiklikten çok uzak ve pek temiz...

Allah, hissin idrak ettiği, hayalin tasavvur ettiği, vehmin tahayyül ettiği, fikrin tasarladığı her vasıftan münezzeh ve muberradır. O, hatadan, gafletten, acizden ve her türlü eksiklikten çok uzak ve pek temiz olandır. Bu bakımdan her türlü takdise lâyıktır.

6. es-SELÂM

Her çeşit arıza ve hâdiselerden salim kalan;

Her türlü tehlikelerden kullarını selâmete çıkaran,

Cennet'teki bahtiyar kullarına selâm eden...

Bu ism-i şerif, Kuddûs ismi ile yakın bir mana ifade etmekte ise de, Selâm ismi, daha ziyade istikbale aittir Yani, Cenab-ı Hakk'ın gerek zatı, gerek sıfatı ileride en ufak bir değişikliğe, zaafa uğramaktan münezzehtir. O, ezelde nasılsa ebediyette de öyledir.

7. el-MÜ'MİN

Gönüllerde iman ışığı yakan, uyandıran;

Kendine sığınanlara aman verip onları koruyan, rahatlandıran...

Allah *(c.c.)*, kalplere iman ve hidayet bağışlayarak oralardan şüphe ve tereddütleri kaldırmıştır. Kendine sığınanlara aman verip korumuş, emniyetle rahatlandırmıştır.

8. el-MÜHEYMİN

Gözetici ve koruyucu...

Allah, yarattığı mahlûkatının amellerini, rızıklarını, ecellerini bilip muhafaza eder. Bütün varlığı görüp gözeten, yetiştirip varacağı noktaya ulaştıran ancak O'dur. Hiçbir zerre, hiçbir an, O'nun bu lütuf ve atıfetinden boş değildir.

9. el-AZİZ

Mağlup edilmesi mümkün olmayan…

Bu ism-i şerif, kuvvet ve galebe manasına gelen İZZET kökünden gelir. Allah, mutlak surette kuvvet ve galebe sahibidir.

10. el-CEBBÂR

Kırılanları onaran, eksikleri tamamlayan, dilediğini zorla yaptırmaya muktedir olan…

Bu ism-i şerif, cebir maddesindendir. Cebir, "kırık kemiği sarıp bitiştirmek, eksiği bütünlemek" anlamına geldiği gibi, "zorla iş gördürmek" manasına da gelir.

Allah, kırılanları onarır, eksikleri tamamlar, her türlü perişanlıkları düzeltir, yoluna koyar…

Allah, kâinatın her noktasında ve her şey üzerinde dilediğini yaptırmağa muktedirdir. Hüküm ve iradesine karşı gelinmek ihtimali yoktur…

11. el-MÜTEKEBBİR

Her şeyde ve her hâdisede büyüklüğünü gösteren…

Büyüklük ve ululuk, ancak Allah'a mahsustur. Varlığı ile yokluğu Allah'ın bir tek emrine ve iradesine bağlı bulunan kâinattan hiçbir mevcut, bu sıfatı takınamaz!

12. el-HÂLIK

Her şeyin varlığını ve varlığı boyunca görüp geçireceği hali bilen, hâdiseleri tayin ve tespit eden ve ona göre yaratan, yoktan var eden...

Bu ism-i şerifin manasında iki husus vardır:

1. Bir şeyin nasıl olacağını tayın ve takdir etmek,
2. O takdire uygun olarak o şeyi icat etmek.

13. el-BÂRİ

Eşyayı ve her şeyin aza ve cihazlarını birbirine uygun bir halde yaratan...

Her şey; azası, hayat cihazları ve asil unsurları keyfiyet ve nicelik bakımından birbirine münasip olarak yaratıldığı gibi, hizmeti ve faydası da genel düzene uygun yaratılmıştır.

14. el-MUSAVVİR

Tasvir eden, her şeye bir şekil ve hususiyet veren...

Allah *(c.c.)*, her şeye bir suret, bir özellik vermiştir Her şeyin kendisine göre şekli, dıştan bir görünüşü vardır ki, başkalarına benzemez.

Örneğin parmak uçlarındaki çizgiler... Bu çizgiler, insanların sayısı kadar değişik sayıdadır ve hiçbiri ötekine benzemez. Şu halde insanın hiç taklit olunamayacak imzası, bastığı parmak izidir.

İşte bunlar, Allah Teâlâ'nın MUSAVVIR isminin tecellileridir.

15. el-ĞAFFÂR

Mağfireti pek bol olan...

Gafr, örtmek ve sıyanet etmek (korumak) manasınadır Allah müminlerin günahlarını örter; dilediği kullarını da günahlardan korur. Bu, insan için en büyük nimetlerden biridir.

16. el-KAHHÂR

Her şeye, her istediğini yapacak surette galip ve hâkim...

Kahr, bir şeye, onu hor ve hakir kılacak veya helak edebilecek surette galip olmaktır. Allah Teâlâ Kahhar'dır; her veçhile ustun ve daima galiptir. Kuvvet ve kudretiyle her şeyi içinden ve dışından kuşatmıştır. Hiçbir şey O'nun bu ihatasından dışarı çıkamaz. O'na karşı her şeyin boynu büküktür. Kahrına yerler, gökler dayanamaz. Kahr ile nice azıp sapmış ümmetleri ve milletleri mahv ve perişan etmiştir.

17. el-VEHHÂB

Çeşit çeşit nimetleri devamlı bağışlayıp duran...

"Vehhâb" kelimesi, hibe kökünden gelmektedir Hibe, "herhangi bir karşılık ve menfaat gözetmeden bir malı bağışlamak" manasınadır. Vehhâb ise, "Her zaman, her yerde ve her şeyi çok ve bol veren ve karşılık beklemeyen" demektir.

18. er-REZZÂK

Yaratılmışlara, faydalanacakları şeyleri ihsan eden...

Rızık, Allah Teâlâ'nın bilhassa yaşayan mahlûkatına faydalanmalarını nasip ettiği her şeydir. Rızık, yalnız yenilip içilecek şeylerden ibaret değildir. Kendisinden faydalanılan her şeye "rızık" denir.

Maddi rızık, her türlü yiyecek ve içecek, giyilecek ve kullanılacak eşya, para, mücevher, çoluk-çocuk, vücudun çalışma kudreti, bilgi, mal-mülk, servet, v.s. gibi şeylerdir.

Manevi rızık ise, ruhun ve kalbin gıdası olan şeylerdir. Başta iman olmak üzere insanın manevi hayatına ait bütün duygular ve o duyguların ihtiyacı olan şeyler, hep manevi rızıktır.

19. el-FETTÂH

Her türlü müşkülleri açan ve kolaylaştıran...

"Fettâh" kelimesi, fetih kökünden gelmektedir Fetih ise, "kapalı olan şeyi açmak" manasınadır.

Kapalı bir şeyi açmak; bir kapıyı, bir kilidi açmak gibi maddi olabilir. Ya da kalpten tasaları, kederleri atıp gönlü açmak gibi manevi bir şekilde olabilir.

Bitkilerin çiçek açması, tohum ve çekirdeklerin sümbül vermesi, rızık ve rahmet kapılarının açılması hep Fettâh ism-i şerifinin tecellisindendir.

20. el-ALÎM

Her şeyi çok iyi bilen...

Allah, her şeyi tam manasıyla bilir. Her şeyin, içini, dışını, inceliğini, açıklığını, önünü, sonunu, başlangıcını, bitimini çok iyi bilendir. O, olmuşları bildiği gibi, olacakları da aynı şekilde bilir. O'nun için, olmuş - olacak, gizli - açık söz konusu değildir. Bunlar, insanlar hakkında geçerli olan mefhumlardır. İnsanların bilmesi göreli ve arızîdir. Allah'ın bilmesi ise, bütün isim ve sıfatlarında olduğu gibi zâtidir. Bu nedenle O'nun bilmesinde dereceler bulunmaz.

21. el-KÂBİD

Sıkan, daraltan...

Bütün varlıklar, Allah Teâlâ'nın kudret kabzasındadır İstediği kulundan, ihsan ettiği servet, evlat yahut hayat zevkini, gönül ferahlığını alabilecek kudrettedir. Bir kişi, zenginken fakır olur yahut evlat acısına boğulur yahut iç sıkıntısına, ıstırap ve huzursuzluk içine düşebilir. İşte bu haller, Kâbid isminin tecellileridir.

22. el-BÂSIT

Açan, genişleten...

Allah, istediği kuluna da yepyeni bir hayat verir, neşe verir, rızık bolluğu verir, bu da Bâsit isminin tecelliyatıdır.

23. el-HÂFİ

Yukarıdan aşağıya indiren, alçaltan...

Allah *(c.c.)*, istediği kulunu yukarıdan aşağı alabilecek kudrettedir. Şan ve şeref sahibi iken, rezil ve rüsva edebilir ve bu muamelesi çok defa, kendisini tanımayan, emirlerini dinlemeyen asiler, başkalarını beğenmeyen mütekebbirler ve hak, hukuk tanımayan zalim zorbalar hakkında tecelli eder.

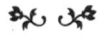

24. er-RÂFİ

Yukarı kaldıran, yükselten...

Allah *(c.c.)*, istediği kulunu indirdiği gibi, istediği kulunu da yükseltir Şan ve şeref verir. Bazı gönülleri iman ve irfan ışığı ile parlatır, yüksek hakikatlerden haberdar eder.

Allah'ın yükselttiği insanlar, çok defa melek huylu, tatlı dilli, insanların ayıplarını, kusurlarını örtüp eksiklerini tamamlayan, onlara malıyla, bedeniyle, bilgisiyle, nasihatiyle yardım eden nazik, kibar insanlardır. Onlar bu istikametten ayrılmadıkça Allah da bu nimeti kendilerinden almaz.

25. el-MU'İZZ

İzzet veren, ağırlayan...

26. el-MÜZİLL

Zillete düşüren, hor ve hakir eden..

İzzet ve zillet, birbirine zıt manalardır. "İzzet" kelimesinde "şeref ve haysiyet", "Zillet" kelimesinde ise "alçaklık" manası vardır.

Bunlar, hep Allah'ın, mahlûkatı üzerindeki tasarrufları cümlesindendir.

27. es-SEMİ

En mükemmel işiten...

Allah *(c.c.)* işitir. Kalplerden geçenleri, gizli ya da açık sözleri ve işitilmek şanından olan her şeyi işitir. Mesafeler, onun işitmesine perde olamaz. Birini işitmesi, ötekilerini işitmesine mâni olmaz Her şeyi aynı derecede ve açık olarak işitir.

28. el-BASÎR

En mükemmel gören...

Allah *(c.c.)*, herkesin gizli ya da açık yaptığını ve yapacağını görmektedir. Karanlıklar, O'nun görmesine engel olamaz. Karanlık gibi, yakınlık - uzaklık, büyüklük - küçüklük gibi insanların görmelerine engel olan şeyler de O'nun görmesine engel olamaz.

29. eL-HAKEM

Hükmeden, hakkı yerine getiren...

Yüce Allah *(c.c.)*, Hâkim'dir. Her şeyin hükmünü O verir. Hükmünü eksiksiz icra eder. Hâkimlerin hâkimliğine, hükümdarların hükümdarlığına hüküm veren de ancak O'dur. O'nun hükmü olmadan hiçbir şey, hiçbir hâdise meydana gelemediği gibi, O'nun hükmünü bozacak, geri bıraktıracak, infazına mâni olacak hiçbir kuvvet, hiçbir hükümet, hiçbir makam da yoktur.

30. el-ADL

Tam ve kusursuz adaletli...

Adalet, zulmün zıddıdır. Zulüm kelimesinde, incitme, can yakma manası vardır Zulmetmeyerek herkese hakkını vermek ve her şeyi akıl ve mantığa, hikmet ve maslahata uygun olarak yapmak da adalet demektir.

Yüce Allah *(c.c.)*, adildir. Zalimleri sevmez; zalimlerle düşüp kalkanları ve hatta sadece uzaktan onlara imrenenleri ve sevenleri de sevmez.

31. el-LÂTÎF

En ince işlerin bütün inceliklerini bilen, nasıl yapıldığına nüfuz edilemeyen en ince şeyleri yapan, ince ve sezilmez yollardan kullarına çeşitli faydalar ulaştıran...

Allah *(c.c.)*, latiftir. En ince şeyleri bilir; çünkü onları yaratan O'dur. Nasıl yapıldığı bilinmeyen, gizli olan en ince şeyleri yapar.

32. el-HABÎR

Her şeyin iç yüzünden, gizli taraflarından haberdar olan...

En küçüğünden en büyüğüne kadar bütün eşya ve hâdiselerden Allah haberdardır. Onun haberi olmadan hiçbir hâdise cereyan etmez.

33. el-HALÎM

Hilm, suçluların cezasını vermeye muktedir olduğu halde bunu yapmamak, onlar hakkında yumuşak davranmak ve cezalarını ertelemektir. Suçluyu cezalandırmaya iktidarı olmayana halim denmez. Halim, kudreti yettiği halde, bir hikmete binaen cezalandırmayana denir.

Allah Teâlâ Halim'dir. Her günah işleyeni hemen cezalandırmaz. Hışımda ve gazap etmede acele etmez, mühlet verir. Bu mühlet içinde yaptıklarına pişman olup tövbe edenleri affeder. Israr edenler hakkında, hüküm artık kendisine kalmıştır.

34. el-AZÎM

Bütün büyüklüklerin sahibi...

Azamet, büyüklük manasınadır. Hakiki büyüklük Allah'a mahsustur Yerde, gökte, bütün varlık içinde mutlak ve ekmel büyüklük, ancak O'nundur ve her şey O'nun büyüklüğüne şahittir. Bu sıfatta da Allah'a herhangi bir denk yoktur.

35. el-ĞAFÛR

Mağfireti çok...

Allah'ın mağfireti çoktur. Bir kulun kusuru ne kadar büyük ve çok olursa olsun, onları örter, meydana çıkarıp da sahibini rezil etmez.

Kusurları insanların gözünden gizlediği gibi, melekût âlemi sakinlerinin gözünden de gizler. İnsanların görmediği bazı şeyleri melekût âlemi sakinleri görürler. Gafur ismi, kusurların onların gözünden de gizlenmesini ifade eder.

36. eş-ŞEKÛR

Kendi rızası için yapılan iyi işleri, daha ziyadesiyle karşılayan...

Şükür, iyiliği, iyilikle karşılamak demektir Şükür, Allah'a karşı kulun yapması gereken bir vazifesidir.

Şekûr ise, az tâat karşılığında çok büyük dereceler veren, sayılı günlerde yapılan amel karşılığında ahiret âleminde sonsuz nimetler lütfeden demektir.

37. el-ALİYY

Her hususta, her şeyden yüce olan...

Allah Teâlâ yücedir, yüksektir. Yüksekliğin hakikî manası şudur:

1. Allah'tan daha üstün bir varlık düşünülmesi imkânsızdır.

2. Bir benzeri, ortağı veya yardımcısı yoktur.

3. Şanına yaraşmayan her şeyden uzaktır.

4. Kudrette, bilgide, hükümde, iradede ve diğer bütün kemal sıfatlarında üstündür.

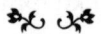

38. el-KEBÎR

Büyüklükte kendisinden daha büyüğü düşünülemeyen...

Kibriya, zatın kemali demektir. Her bakımdan büyük, varlığının kemaline hudut yoktur. Bütün büyüklükler O'na mahsustur.

39. el-HAFÎZ

Yapılan işleri bütün tafsilatıyla tutan, her şeyi belli vaktine kadar afet ve belâlardan saklayan...

Hıfz, korumak, demektir. Bu koruma, iki şekilde olur:

Birincisi, varlıkların devamını sağlamak, muhafaza etmektir.

İkincisi, birbirlerine zıt olan şeylerin, yekdiğerlerine saldırmasını önlemek, birbirlerinin şerrinden onları korumaktır.

Allah (c.c.), her mahlûkuna, kendine zararlı olan şeyleri bilecek bir his ilham buyurmuştur. Bu, Hafız isminin tecelliyatındandır. Bir hayvan, kimyasal tahlil raporuna muhtaç olmadan kendine zararlı olacak otları bilir ve onları yemez. Kulların amellerinin yazılması, zayi olmaktan korunması da Hafız isminin iktizasıdır. Bu bakımdan ahirette yeniden dirilme ve yaptıklarından hesaba çekilme ile Hafız isminin yakından alâkası vardır.

40. el-MUKÎT

Her yaratılmışın azığını ve gıdasını tayin eden, azıkları beden ve kalplere gönderen...

Bu manaya göre Mukit, Rezzak manasınadır. Yalnız Mukit, Rezzak'tan daha özeldir. Rezzak, azık olanı da olmayanı da içine alır.

41. el-HASÎB

Herkesin hayatı boyunca yapıp ettiklerinin, bütün tafsilât ve teferruatıyla hesabını iyi bilen, her şeye ve herkese her ihtiyacı için kâfi gelen...

Allah *(c.c.)*, neticesi hesapla bilinecek ne kadar miktar ve nicelik varsa, hepsinin neticelerini hiçbir işleme muhtaç olmadan doğrudan doğruya ve apaçık bilir.

Allah *(c.c.)*, herkese her ihtiyacı için kâfidir. Bu kifayet, O'nun varlığının devam ve kemalini gösterir.

42. el-CELÎL

Celâdet, ululuk ve heybet sahibi...

Celâdet ve ululuk, Allah'a mahsustur. Onun zatı da büyük, sıfatları da büyüktür. Fakat bu büyüklük, cisimlerdeki gibi hacim veya yaş itibarı ile değildir. Zamanla ölçülmez, mekânlara sığmaz.

43. el-KERÎM

Keremi, lütuf ve ihsanı bol...

Allah *(c.c.)*, vaat ettiği zaman sözünü yerine getirir; verdiği zaman son derece bol verir, muktedirken affeder.

44. er-RAKÎB

Bütün varlıklar üzerinde gözcü, bütün işleri kontrolü altında bulunduran...

Bir şeyi koruyan ve devamlı kontrol altında bulundurana "rakib" derler; bu da bilgi ve muhafaza ile olur. Allah *(c.c.)*, bütün varlıkları her an gözetip duran bir şahit, bir nazırdır. Hiçbir şeyi kaçırmaz. Her birini görür ve herkesin yaptığına göre karşılığını verir.

45. el-MÜCÎB

Kendine dua edip yalvaranların isteklerini işitip cevap veren, onları cevapsız bırakmayan...

Burada bir hususu iyi bilmek gerekir. Cevap vermek ayrıdır, kabul etmek ayrıdır. Ayet-i kerimede, Allah tarafından her duaya cevap verileceği vaat edilmiştir. Fakat kabul edileceği vaat edilmemiştir. Zira kabul edip etmemek,

Cenab-ı Hakk'ın hikmetine bağlıdır. Hikmeti iktiza ederse istenenin aynını, aynı zamanda kabul eder. Dilerse, istenenin daha iyisini verir. Dilerse o duayı ahiret için kabul eder, dünyada neticesi görülmez. Dilerse de kulun menfaatine uygun olmadığı için hiç kabul etmez.

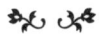

46. el-VASİ

Geniş ve müsaade eden...

Allah'ın ilmi, rahmeti, kudreti, af ve mağfireti geniştir; her şeyi kaplamıştır. Allah'ın ilminden hiçbir şey gizlenemez, ikram ve ihsanına bir nihayet yoktur.

47. el-HAKÎM

Bütün işleri hikmetli...

Allah *(c.c.)*, Hâkim'dir. Faydasız, boş ve tesadüfî bir işi yoktur. Her yarattığı mahlûk, her yaptığı iş, bütün kâinat nizamı ile alâkalıdır. Kâinatın umumi nizamı ile tenakuz teşkil eden hiçbir hâdise, bir mahlûk, bir iş yoktur.

48. el-VEDÛD

İyi kullarını seven, onları rahmet ve rızasına erdiren, sevilmeye ve dostluğu kazanılmaya biricik lâyık olan...

Vedûd'un iki manası vardır: "Seven" ve "Sevilen"...

Allah *(c.c.)*, kullarını çok sever, onları lütuf ve ihsanına gark eder. Sevilmeye lâyık ve müstahak olan da ancak O'dur.

49. el-MECİD

Zâtı şerefli, , her türlü övgüye lâyık bulunan...

Bu ism-i şerifin manasında iki mühim unsur vardır:

1. Azamet ve kudretinden dolayı aşılamaz olmak,

2. Yüksek huylarından, güzel işlerinden dolayı övülüp sevilmek.

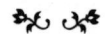

50. el-BÂİS

Ölüleri diriltip kabirlerinden kaldıran, gönüllerde saklı olanları meydana çıkaran...

Allah *(c.c.)*, insanları, onlar olup toprak olduktan sonra ahiret günü dirilterek kabirlerinden kaldıracak ve ruhları ile cesetleri birlikte olarak hesaplarını görecek, sonra da yine ruh ve cesetleri birlikte olarak mükâfat veya cezalarını verecektir.

51. eş-ŞEHÎD

Her zamanda hâdiselerin dış yüzünü bilen ve her yerde hazır ve nazır olan...

Allah *(c.c.)*, mutlak surette her şeyi bilmesi bakımından Âlim'dir. Hâdiselerin esrarını, iç yüzünü bilmesi yönünden Habir'dir. Dış yüzünü bilmesi yönünden de Şehid'dir.

52. el-HAKK

Varlığı hiç değişmeden duran...

Hakk, varlığı hakiki bulunan zatın ismidir. Yani, varlığı daima sabittir. Allah'ın zatı, yokluğu kabul etmediği gibi, herhangi bir değişikliği de kabul etmez Hakikaten var olan yalnız Allah'tır.

53. el-VEKİL

Usulüne uygun şekilde, kendisine tevdi edilen işlen en güzel şekilde neticelendiren...

Kendisine iş ısmarlanan zata vekil denir. Allah *(c.c.)*, en güzel ve en mükemmel vekildir. İşlerin hepsini idare eden O'dur. Fakat kendisi hiçbir işinde vekile muhtaç değildir. Allah Teâlâ, kendisine tevekkül edenlerin işlerini en iyi neticeye ulaştırır.

54. el-KAVİYY

Çok kuvvetli... Gücü ve kuvveti sınırsız olan, kendisini hiç bir şey aciz bırakamayan...

55. el-METÎN

Çok sağlam... Metin, metanet sahibi demektir. Yani, Allah'ın kudreti için, yorulma, zayıflama gibi noksanlıklar düşünülemez. O'nun kuvveti çok şiddetlidir.

Kuvvet, tam bir kudrete delâlet eder. Metanet ise, kuvvetin şiddetini ifade eder.

Allah'ın kuvveti de öteki sıfat ve isimleri gibi namütenahidir; tükenmez, gevşemez, hudut içme sığmaz, ölçüye gelmez. Allah'ın kudreti bahsinde zorluk-kolaylık söz konusu değildir. Bir yaprağı yaratmakla kâinatı yaratmak birdir.

Allah *(c.c.)*, tam bir kuvvet sahibi olmak bakımından, Kaviyy, gücünün çok şiddetli olması bakımından Metin'dir.

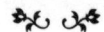

56. el-VELİYY

İyi kullarına dost olan, yardım eden...

Allah, sevdiği kullarının dostudur. Onlara yardım eder. Sıkıntılarını, darlıklarını kaldırır, ferahlık verir. İyi işlere muvaffak kılar. Her çeşit karanlıklardan kurtarır, nurlara çıkarır. Artık onlara korku ve hüzün yoktur. Herkesin korktuğu zaman, onlar korkmazlar.

57. el-HAMÎD

Ancak kendisine hamdü sena olunan, bütün varlığın diliyle biricik övülen, methedilen...

Hamd, ihsan sahibi büyüğü övmek, tazim fikri ve teşekkür amacıyla medhü sena etmektir.

Her varlık, hâl diliyle olsun, kâl diliyle olsun, Allah'ı tesbih ve takdis etmektedir. Bütün hamdü senalar O'na mahsustur. Hamd ve şükürle kendisine tazim ve ibadet olunacak ancak O'dur.

58. el-MUHSÎ

Her şeyin sayısını bir bir bilen...

İlmi her şeyi kapsayan ve kaplayan, her şeyin miktarını bilip eksiksiz sayabilen...

Allah *(c.c.)*, her şeyi olduğu gibi görür ve bilir. Bütün varlıkları toptan bir yığın hâlinde, birbirinden seçilmez karışık bir şekilde değil, cinslerini, sınıflarını, zerrelerini birer birer saymış gibi gayet açık görür ve bilir.

59. el-MÜBDİ

Mahlûkatı maddesiz ve örneksiz olarak ilk baştan yaratan...

Mubdi, bir anlamda icat demektir. İcadın bir benzeri daha evvel yaratılmış, meydana getirilmiş ise, iade değilse, yani, benzeri, maddesi olmayan yeni bir şey ise buna ibdâ denir.

60. el-MUÎD

Yaratılmışları yok ettikten sonra tekrar yaratan...

Her şey, mukadder olan ömrünü tamamlayıp öldükten sonra, Allah'tan başka kimse kalmaz; fakat varken yok olan bu insanları ahiret günü Allah Teâlâ diriltip yeniden hayatlandırır, yeniden yaratır. Sonra da dünya hayatlarında yaptıkları işlerden hesaba çeker.

61. el-MUHYÎ

Hayat veren, can bağışlayan, sağlık veren...

Allah *(c.c.)*, cansız maddelere hayat ve can verir. Her gün, her saat, her saniye, yeryüzünde milyonlarca varlık hayat bulup dünyaya gelmektedir. Bütün bunlar, Allah'ın emriyle, yaratmasıyla ve müsaadesiyle olmaktadır. Allah, yoğu var edip hayat verdiği gibi, ölüyü de tekrar canlandırabilir. Buna ihya, yani, diriltme denir. Hayatı, hiç yoktan veren zatın, ölülere yeniden hayat verip diriltmesi elbette son derece kolaydır.

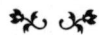

62. el-MÜMÎT

Canlı bir mahlûkun ölümünü yaratan...

Allah, yarattığı her canlıya muayyen bir ömür takdir etmiştir. Canlı varlıklar için ölüm mukadder ve muhakkaktır. Hayatı yaratan Allah olduğu gibi, ölümü yaratan da yine O'dur. Ancak bu ölüm, bir yok oluş, hiçliğe gidiş değil, bilakis fani hayattan baki hayata olan bir geçiştir.

63. el-HAYY

Gerçek hayat sahibi, diri ve canlı olan, her şeye hayat veren, can veren...

Allah *(c.c.)*, sürekli diri ve canlıdır. Allah *(c.c.)* ölmez, daima hazır ve nazırdır. Yaşayan mahlûkatın hayatını veren de O'dur. O olmasaydı hayattan eser olmazdı. O daima fenadan, zevalden, hatadan münezzehtir. Her an Âlim, her an Habir, her an Kadir'dir.

64. el-KAYYÛM

Gökleri, yeri, her şeyi ayakta tutan...

Allah Teâlâ, her şeyin mukadder olan vaktine kadar durması için sebeplerini ihsan etmiştir. Onun için her şey Hak ile kaimdir.

65. el-VÂCİD

Hiçbir şeye ihtiyacı olmayan, istediğini, istediği vakit bulan, kendisi için lüzumlu olan şeylerin hiç birinden mahrum olmayan...

Ulûhiyet sıfatları ve bunların kemali hususunda kendisine gerekli olan her bir şey, şanı yüce olan Allah'ın zatında mevcuttur.

66. el-MÂCİD

Sonsuz şan-şeref ve yücelik sahibi ve ihsanı, cömertliği bol olan...

Allah'ın kendisiyle aşinalığı olan kullarına kerem ve semahatı ifadeye sığmaz, ölçüye gelmez. Meselâ onları temiz ahlâk sahibi olmaya, iyi işler yapmaya muvaffak kılar da, sonra yaptıkları o güzel işleri, haiz oldukları seçkin vasıfları sebebiyle onları över, sitayişlerde bulunur, kusurlarını affeder, kötülüklerini mahveder.

67. el-VÂHİD

İsim, sıfat ve işlerinde ortağı olmayan, tek başına olan, yanında bir başkası olmayan...

Zatında, sıfatlarında, işlerinde, isimlerinde, hükümlerinde asla ortağı veya benzeri ve dengi bulunmayan...

68. es-SAMED

Hacetlerin bitirilmesi, ıstırapların giderilmesi için tek merci, ihtiyaç ve dileklerde kendisine müracaat edilen, arzu ve bütün istekler kendisine sunulan...

Allah Teâlâ, her dileğin biricik merciidir. Yerde, gökte bütün hacet sahipleri yüzlerini O'na döndürmekte, gönüllerini O'na bağlamakta, el açarak yalvarmalarını O'na arz etmektedirler. Buna lâyık olan da yalnız O'dur.

69. el-KÂDİR

İstediğini, istediği gibi yapmağa gücü yeten...

Allah (c.c.), kudretine bir ayna olmak üzere kâinatı yaratmıştır. Gök boşluğunun ölçülmesi mümkün olmayan genişliği içinde, akıllara hayret ve dehşet verecek derecede birbirlerine uzak mesafelerde milyarlarca güneşleri yandırmak, uzayda sayısı belirsiz âlemleri birbirine çarpmadan koşturmak, bir damla suyun içinde, birbirine temas etmeden hesapsız hayvanatı yüzdürmek Kâdir isminin tecelliyatındandır.

70. el-MUKTEDİR

Kuvvet ve kudret sahipleri üzerinde istediği gibi tasarruf eden...

Allah *(c.c.)* her şeye karşı mutlak ve ekmel surette kadirdir. Her şeye Kâdir olduğu içindir ki, dilediği şeyi yaratır ve isterse onda dilediği kadar kuvvet ve kudret de yaratır.

71. el-MUKADDİM

Takdim eden, dilediğini öne alan, ileri geçiren; her şeyi yerli yerine koyan...

Allah *(c.c.)* bütün mahlûkatı yaratmıştır. Fakat ancak seçtiklerini ileri almıştır. İnsanların bazısını dince, bazısını dünyaca, diğerleri üzerine derece derece yükseltmiştir. Fakat bu yükseltme ve seçme, kulların kendi amelleri ile ona lâyık olmaları neticesinde olmuştur.

72. el-MUAHHİR

İstediğini geri koyan, arkaya bırakan...

Allah *(c.c.)*, istediğini ileri, istediğini geri aldığı gibi, bazen de kullarının teşebbüslerini, onların bekledikleri zamanda sonuçlandırmaz, arkaya bırakır. Bunda birçok hikmetler vardır. Bu hikmetleri araştırmalı, sezmeye çalışmalıdır.

73. el-EVVEL

Her varlıktan mukaddem olan, başlangıcı olmayan...

Allah *(c.c.)*, bütün varlıklar üzerine mukaddem olup, kendi varlığının evveli yoktur. Kendisi için asla başlangıç tasavvur olunamaz. Onun için O'na EVVEL demek, "ikincisi var" demek değildir. Sabık'ı, yani "kendisinden evvel bir varlık sahibi yok" demektir.

74. el-ÂHİR

Sonu olmayan...

Her şey biter, helak ve fenaya gider; ancak O kalır. Varlığının sonu yoktur. Evveliyatına başlangıç olmadığı gibi, sonu da yoktur. Onun için Ona "Ahir" demek, kendisinden evvel bir varlık sahibi var demek değildir. O'ndan önce de, sonra da bir varlık yoktur; ezelden ebede sadece O vardır.

75. ez-ZÂHİR

Aşikâr olan, kesin delillerle bilinen...

Allah'ın varlığı her şeyden aşikârdır. Gözümüzün gördüğü her manzara, kulağımızın duyduğu her nağme, elimizin tuttuğu, dilimizin tattığı her şey, fikirlerimizin üzerine çalıştığı her mana, hâsılı, gerek içimizde, gerek dışımızda şimdiye kadar anlayıp sezebildiğimiz her şey O'nun varlığına, birliğine, kemal sıfatlarına şahittir.

76. el-BÂTIN

Gizli olan, duyu organları ile idrak edilemeyen Allah Teâlâ'nın varlığı hem aşikardır, hem gizlidir...

Aşikârdır, çünkü varlığını bildiren delil ve nişanları gözsüzler bile görmüş ve bu hakikatler hakikati yüce varlığa, eşyanın umumî şahadetini sağırlar bile işitmiştir.

Gizlidir, çünkü biz O'nu tamamıyla bilemeyiz. Ama varlığını kati surette biliriz.

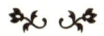

77. el-VÂLÎ

Mahlûkatın işlerini yoluna koyan, bu muazzam kâinatı ve her an biten hâdisatı tek başına tedbir ve idare eden...

Allah *(c.c.)*, bütün varlığı idare eden, biricik ve en büyük validir. Diğer valiler ve hükümdarların idaresi, O'nun izni ve müsaadesi iledir.

Allah'ın velayet ve tedbiri sınırsız, gerçek ve hakikidir. Her şey, emri ve iradesi altındadır. O, her şeyi bilir. Ondan habersiz mülkünde hiçbir şey cereyan etmez Âdile mükâfatını, zalime cezasını eksiksiz verir. Sebepler, O'nun icraat ve idaresinde yardımcı değil, sadece izzet ve haşmetini gösteren birer perdedirler. Hakikî tesir, O'nun kudretindendir.

78. el-MÜTEÂÜ

Yaratılmışlar hakkında aklın mümkün gördüğü her şeyden, her hal ve tavırdan pek yüce ve pek münezzeh...

Örneğin bir zengin hakkında, "Bu adam yarın fakir düşebilir" denebilir ve adam da zenginken fakir olabilir. Fakat Allah hakkında, bu gibi ihtimallerin düşünülmesi mümkün değildir. O, her türlü noksanlık, eksiklik, zaaf, acizlik, hata ve kusurdan münezzehtir. İsteyenler çoğaldıkça ihsanı artar, herkese hikmet ve iradesine göre verir. Verdikçe hazineleri eksilmez, bitmez...

79. el-BERR

Kulları hakkında kolaylık isteyen, iyilik ve bahşişi çok olan...

Allah *(c.c.)*, kulları için daima kolaylık ve rahatlık ister, zorluk istemez, zorluk çıkaranları da sevmez. Yapılan kötülükleri bağışlar, örter. Bir iyiliğe en az 10 kat mükâfat verir. Kul gönlünden iyi bir şey geçirmişse, onu yapmamış olsa bile, yapmış gibi kabul edip mükâfat verir. Aksine kötülükleri ise yapmadıkça cezalandırmaz.

80. et-TEVVÂB

Tövbeleri kabul edip, günahları bağışlayan...

Şüphesiz Allah'tan başka tövbeleri kabul edip, kulun günahlarını bağışlayacak kimse yoktur. Günahlarının farkında olarak bir insan ne zaman Allah'a tövbe edip ellerini açsa, O'nu bağışlayıcı olarak bulacağından şüphe yoktur.

81. el-MÜNTEKİM

Suçluları, adaleti ile müstahak oldukları cezaya çarptıran...

Allah'ın intikamı vardır. Asilerin belini kıran, canilerin hakkından gelen, taşkınlık yapan azgınlara hadlerini bildiren şüphesiz ki O'dur.

82. el-AFUVV

Affı çok...

Allah Teâlâ, günahları silen, onları hiç yokmuş gibi kabul edendir.

Bu manaya göre bu ısım, Gafur ismine yakındır. Ancak arada şu fark vardır: Gufran, Günahları örtmek demektir. Af ise, günahları kökünden kazımaktır.

83. er-RAÛF

Çok refet ve şefkat sahibi...

Mahlûkat içinde bilhassa insanlar için, Allah'ın inayeti, kerem ve refeti (esirgemesi, acıması, merhamet etmesi) hiçbir ölçüye ve ifadeye sığmayacak kadar geniş ve büyüktür.

84. MÂLİKÜ'L-MÜLK

Allah (c.c.) mülkün hem sahibi, hem de hükümdarıdır. Mülkünde dilediği gibi tasarruf eder. Hiçbir kimsenin

O'nun bu tasarrufuna itiraz ve tenkide hakkı yoktur. Dilediğine verir, dilediğinden alır. Mülkünde hiçbir ortağa ve yardımcıya ihtiyacı yoktur.

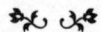

85. ZÜ'L-CELÂLİ ve'l-İKRÂM

Hem büyüklük sahibi, hem fazl-ı kerem...

Celâl, büyüklük, ululuk manasınadır. Büyüklük alâmeti olan ne kadar kemalat varsa hepsi Allah'a mahsustur. Mahlûkattaki kemalat, O'nun kemalinin zayıf bir gölgesi ve işaretidir...

Allah Teâlâ aynı zamanda büyük bir fazl-ı kerem sahibidir de. Mahlûkat üzerine akıp taşmakta olan sayıya gelmez, sınır kabul etmez nimetler hep O'nun ihsanı ve ikramıdır. O nimetlerin zerresinde olsun hiç kimsenin hakkı yoktur.

86. el-MUKSİT

Bütün işlerini denk, birbirine uygun ve yerli yerinde yapan; mazluma acıyıp zalimin elinden kurtaran...

Allah Teâlâ en üstün bir adalet ve merhametin sahibidir. Her işi birbirine denk ve lâyıktır. Zerre kadar da olsa haksızlığa müsaade etmez. Kullarına muamelesi merhamet ve adalet üzeredir. Yapılmış olan hiçbir iyiliğin zerresini bile karşılıksız bırakmaz. İnsanların birbirlerine karşı işledikleri haksızlıkları da düzelterek hakkı yerme getirir.

87. el-CÂMİ

İstediğini, istediği zaman, istediği yerde toplayan; birbirine benzeyen, benzemeyen ve zıt olan şeyleri bir araya getirip tutan...

Cem, dağınık şeyleri bir araya toplama demektir. Allah *(c.c.)*, vücutlarımızın çürüyerek suya, havaya, toprağa dağılmış zerrelerini tekrar birleştirecek, bedenlerimizi yeni baştan inşa edecektir.

Allah Teâlâ, birbirine benzeyen şeyleri bir araya getirip topladığı gibi, birbirinden ayrı varlıkları da bir araya getirmektedir. Onların iç içe birlikte yaşamalarını temin etmektedir. Sıcaklık ile soğukluk, kuruluk ile nemlilik gibi birbirine zıt unsurları bir arada tutması da yine Allah'ın Cami isminin tecellisindendir.

88. el-GANİYY

Zatı, sıfatı ve fiillerinde hiçbir şeye muhtaç olmayan... Aksine her şey ve herkes her an O'na muhtaçtır.

Ganiy, hiçbir şeye ihtiyacı olmayan, her şey yanında mevcut bulunduğu için hiçbir şekilde başkasına müracaat mecburiyetinde kalmayan zat demektir.

89. el-MUĞNÎ

İstediğini zengin eden...

Allah Teâlâ dilediğini zengin eder, ömür boyunca zengin olarak yaşatır. Dilediğini de ömür boyunca fakirlik içinde bırakır.

Bazı kullarını zenginken fakir, bazılarını da fakirken zengin yapar.

90. el-MÂNİ

Bir şeyin meydana gelmesine müsaade etmeyen...

İyi ve kötü pek çok arzularımız vardır ki, biri bitmeden diğeri ortaya çıkar. Yaşadığımız müddetçe bunlar ne biter, ne de tükenir. Biz de bu arzularımızı elde etmek için çalışır dururuz. Her arzumuz bir takım sebeplere, sebepler de Allah'ın emrine bağlıdır. Allah *(c.c.)*, isteyenlerin isteklerini dilerse verir; o zaman isteyenin tuttuğu sebepler çabucak meydana gelir. Allah Teâlâ bazı isteklere de müsaade etmez. O zaman isteyenin yapıştığı sebepler kısır kalır, ne kadar çabalanırsa çabalansın netice vermez. Bu da Mâni ism-i şerifinin tecellisidir.

Kullarının başına gelecek felâket ve musibetleri önlemek, geri çevirmek de yine Mâni ism-i şerifinin tecelliyatındandır.

91. ed-DARR

Elem ve zarar verici şeyleri yaratan...

92. en-NÂFİ

Hayır ve menfaat verici şeyleri yaratan...

Menfaati de hayır ve şerri de yaratan Allah'tır. İnsana menfaat ve zararlar belli bazı sebepler altında geliyorsa da, o sebepler, o menfaat ve zararların sahibi ve müessiri değil, birer perdesidir. Gerçekte zararın da faydanın da, hayrın da şerrin de yaratıcısı Allah'tır.

93. en-NÛR

Âlemleri nurlandıran, istediği simalara, zihinlere ve gönüllere nur yağdıran...

Bütün eşyayı aydınlatan nur, şüphesiz ki, Allah'ın zatının nurundandır. Çünkü göklerin ve yerin nuru O'dur.

Nasıl ki, Güneş'in aydınlattığı her zerre, onun varlığına bir delildir, kâinatın her zerresinde görünen aydınlık da, o aydınlığı yaratan varlığın mevcut olmasına bir delil teşkil etmektedir.

94. el-HÂDÎ

Hidayeti yaratan...

İstediği kulunu hayırlı ve kârlı yollara muvaffak kılan, muradına erdiren; her yarattığına, neye ihtiyacı varsa, ne yapması gerekiyorsa onu öğreten...

Hidâyet, Allah'ın lütuf ve keremiyle kullarına, sonu hayır ve saadet olacak isteklerin yollarını göstermesi veya o yola götürüp muradına erdirmesi demektir. Sadece hayır yolunu ve sebeplerini göstermeye irşâd, neticeye erinceye kadar o yolda yürütmeye de tevfîk denir.

95. el-BEDÎ

Örneksiz, misalsiz, acı ve hayret verici âlemler icat eden; zâtında, sıfatında, fiillerinde, emsali görülmemiş olan...

96. el-BÂKÎ

Varlığının sonu olmayan...

Bu ism-i şerif, varlığın devamını bildiren bir kelimedir. Varlığın devamı, başlangıcı ve sonu olmamakladır. Başlangıcı olmamak mülahazasıyla Allah'a Kadim, sonu olmamak mülahazasıyla da Baki denir. Bu manalara yakın Ezelî ve Ebedî ism-i şerifleri de vardır.

Allah'ın varlığı, devam bakımından zaman mefhumu içine girmez. Çünkü zaman denilen şey, kâinatın yaratılmış olduğu andan itibaren sonsuzluğa doğru akışının derecelerini gösteren bir mefhumdur. Şu halde zaman; yaratılmışlarla başlamıştır ve onlarla bitecektir. Kâinat yokken zaman da yoktu, fakat Allah *(c.c.)* vardı. Kâinat biter, zaman da biter, fakat Allah BÂKÎ'dir.

97. el-VÂRİS

Servetlerin geçici sahipleri elleri boş olarak yokluğa döndükleri zaman servetlerin hakiki sahibi...

Yüce Allah *(c.c.)* mülkün gerçek sahibi olduğu gibi, gerçek vârisidir de... İnsanların mülk sahibi olmaları geçici olduğu gibi, varislikleri de geçici ve muvakkattir. Mülkün gerçek vârisi, mülk sahibi olan Allah'tır.

Kıyamet hengâmında bütün canlılar ölecek, bütün mülk tamamıyla O'na kalacaktır.

98. er-REŞÎD

Bütün işleri ezeli takdirine göre yürütüp, bir nizam ve hikmet üzere akıbetine ulaştıran, Her şeyi yerli yerme koyan, en doğru şekilde nizama sokan Reşid isminde iki mana vardır:

1. Doğru ve selâmet yolu gösteren...

2. Hiçbir işi boş ve faydasız olmayan, hiçbir tedbirinde yanılmayan, hiçbir takdirinde hikmetsizlik bulunmayan zat manasındadır.

99. es-SABÛR

Çok sabırlı olan, günahkâr kullarını cezalandırmakta acele etmeyen, onların kendisine dönüşü için zaman tanıyan...

Allah, bir işi, vakti gelmeden yapmak için acele etmez. Yapacağı işlere muayyen bir zaman koyar ve onları koyduğu kanunlara göre zamanı gelince icra eder. Önceden çizdiği zamandan geciktirmez. Ve keza bir acelecinin yaptığı gibi zamanı gelmeden yapmaya kalkmaz. Bilakis her şeyi, hangi zamanda yapılmasını takdir buyurmuş ise, o zaman yapar.

SON SÖZ

Yüce Allah'ın varlığını bilmek için çok uzaklara gitmeye gerek yoktur gerçekte. Bulunduğunuz yerde gözlerinizle etrafa baktığınızda, ya da kulaklarınızla şu evreni dinlemeye yöneldiğinizde, güzel kokulu bir çiçeğin rayihasında, gökyüzünden gelen Güneş ışıklarının sıcaklığını vücudunuzda hissettiğinizde, yine O'nun varlığına delil o kadar çok şey bulmanız mümkündür ki!

Kitabın başında ifade ettiğimiz gibi; De ki: *"Eğer Rabbimin sözlerini yazmak için deniz mürekkep olsa, Rabbimin sözleri tükenmeden önce, deniz muhakkak tükenecekti, bir mislini daha yardımcı getirsek bile."* **(Kehf, 109)** ayet-i kerimesinin tecellisi olarak, biz bu kitapta Yüce Allah'ın varlığına dair delillerden her ne kadar bahsetsek de, bu bahsettiklerimiz, okyanuslarda bir damla suya bile tekabül etmez. "Allah Büyük!" derken, her nereye bakarsanız bakın, nereye dönerseniz dönün, hangi yöne giderseniz gidin, hangi ezgiyi dinlerseniz dinleyin, hangi kokuyu, hangi tadı alırsanız alın, her yerde ve her şeyde Yüce Allah'ın varlığına ve birliğine şehadet eden sayılarca delil ile muhatap olacağınızı anlatmak ve böylesine yüce bir yaratanımızın, dertlerimiz anında bizleri yalnız bırakmayacak ve dilerse her an bize bir şifa, bir çare, bir derman gönderecek kudrette olduğunu hatırlatmak istedik.

Allah'ın olmadığı, duymadığı, görmediği, kontrol altında tutmadığı, gözetip korumadığı hiçbir şey, hiçbir yer, hiçbir mekân yoktur. Yüce Allah, ilmiyle her şeyi kuşatmıştır. Parmağınızın ucundaki atomlardan tutun, evrende süzülen bir gezegenin seyri, O'nun ilmi ve kontrolü altındadır. Hiç bir şey, O'dan uzak, O'ndan bağımsız değildir. Dolayısıyla "Allah Büyük" derken, yaptığımız iyi ve güzel işlerde de, kötü ve çirkin işlerde de, her an şahit olan, hazır ve nazır olan Yüce Allah'ın, yaptıklarımızdan, söylediklerimizden ve hatta düşündüklerimizden, niyetlerimizden salise bile şaşmadan haberdar olduğundan bahsetmek istiyoruz. Yüce Allah, insanı yaratıp başıboş bırakmadı. O, her an insanla beraberdir; bu gözler O'nu göremese bile, O'nun yarattığı tüm şeylerde insan, Allah'ın varlığına ve birliğine şehadet eder.

Yüce Allah *(c.c.)*, yarattıklarını daima gözetir ve kollar. Mikroskobik bir canlıdan tutun, kuşlara, ağaçlara, çiçeklere, böceklere, fillere, yunuslara, kelebeklere, velhasıl canlı cansız tüm varlıklara baktığınızda, onları incelediğinizde Yüce Allah'ın muhteşem ve eşsiz sanatını görmemeniz mümkün değildir. "Allah ilmiyle her şeyi kuşatmıştır." **(Talak, 65/12)** mealindeki ayette açıkça her şeyi kuşatan, yani sonsuz olan bir ilimden söz edilmektedir. Bütün varlıklar bütün keyfiyetleriyle, Allah'ın ilmi ve kudretiyle ayaktadır. Var olmaları Allah'ın ilim kudret ve iradesine bağlı olduğu gibi, var olduktan sonra da, varlıkta devam etmeleri için yine de bu sıfatlara ihtiyaçları vardır.

Bir tek insanın trilyonlarla ifade edilen hücreleri vardır. Bütün bu hücrelerin her birisinin varlığı ve varlıkta kalması, Allah'ın sonsuz ilmi ve kudreti sayesinde mümkün olmuştur. Bütün insanların toplam hücreleri, bütün kâinatın toplam elementleri, atomları sonsuzlukla ifade edilebilir. Bu sonsuz varlıkların varlıkta kalması için her an sonsuz bir ilim ve kudret gerekir. Bu, Kayyumiyet sırrı olarak ifade edilir. Bir tek anda bu sırr-ı kayyumiyet, varlıktan yüz çevirse her şey yokluğa mahkûm olur. Demek ki, varlığımız, Allah'ın sonsuz ilminin göstergesidir.

Allah, tek mutlak varlık olarak, tüm kâinatı, tüm insanları, yerleri, gökleri, her yeri sarıp kuşatmıştır ve Allah tüm evrende tecelli etmektedir. Hadislerde rivayet edildiğine göre, Peygamberimiz *(s.a.v.)*, Allah'ın gökte olduğunu söyleyen bir şahsa doğru söylediğini bildirmiştir. Dünyanın, sizin bulunduğunuz noktasındaki bir kişi ellerini göğe kaldırarak Allah'a dua etse ve Allah'ın gökte olduğunu düşünse, Güney Kutbu'nda bir başka insan da aynı şekilde Allah'a yönelse, Kuzey Kutbu'nda bir insan ellerini göğe kaldırsa, Japonya'daki bir insan, Amerika'daki bir insan, Ekvator'daki bir insan da aynı şekilde ellerini göğe kaldırarak Allah'a yönelse, bu durumda herhangi bir sabit yönden söz etmek mümkün değildir. Aynı şekilde evrenin ve uzayın farklı noktalarındaki cinler, melekler, şeytanlar da göğe doğru dua etse herhangi bir sabit gökten veya yönden söz etmek mümkün olmayacak, tüm evreni kaplayan bir durum olacaktır.

Ancak unutulmaması gereken önemli bir husus vardır: Yüce Allah *(c.c.)* zamandan ve mekândan münezzehtir. Allah'ın Zatı başkadır ve hiç kimseye, hiçbir şeye; hele hele de yarattıklarına hiç benzemez. Allah'ın tecellileri ise her yerdedir. Bir kişi bir odaya girse burada Allah yok derse, Allah'ı inkâr etmiş olur. Allah'ın tecellileri o oda da dâhil her yerdedir. Siz her nereye dönerseniz, Allah'ın tecellisi oradadır.

Allah'ın her yeri sarıp kuşattığı, bize şah damarımızdan yakın olduğu, her nereye dönersek Allah'ın bir sanatını, bir tecellisini göreceğimiz hususu birçok Kur'an ayeti ile bildirilmiştir. Örneğin Allah, Bakara Sûresi'nin 255. ayetinde "O'nun kürsüsü, bütün gökleri ve yeri kaplayıp kuşatmıştır." diye bildirmektedir. Hud Sûresi'nin 92. ayetinde ise, "Şüphesiz benim Rabbim, yapmakta olduklarınızı sarıp kuşatandır." denilerek, Allah'ın insanları da yaptıklarını da kuşattığı bildirilmektedir.

Sonuç olarak ifade etmek isteriz ki, Allah'ın bir zaman veya mekâna ihtiyacı olmamasına rağmen her yerde ve her zamanda O'nun varlığı hissedilebilir. Gökte, yerde, denizlerde, toprağın altında, uzayın en sınırsız uzaklığında, eşyada, tabiatta ve de O'nun sevgisiyle dolmuş bir kalpte bile Allah her an hazır ve nazırdır. O ne yücedir ve her şey O'nun kontrolündedir. Kalpler ise ancak O'nu anmakla mutluluğa ve saadete erişirler.

O halde derdin varsa bile "Allah Büyük!" de, O'na, sığın, O'ndan iste. Çünkü Allah *(c.c.)* diyor ki:

"Kullarım, beni senden sorarlarsa, (bilsinler ki), gerçekten ben (onlara çok) yakınım. Bana dua edince, dua edenin duasına cevap veririm. O hâlde, doğru yolu bulmaları için benim davetime uysunlar, bana iman etsinler."
(Bakara, 186)

A'dan Z'ye İyi Kitaplar

Yalnızlık Sensizliktir / Adem Özbay
Beni Yüreğinle Dinle / E. Ali Okur
Hiç Sesler / Nurdal Durmuş
Aşkın Kırk Kuralı / Şems-i Tebrizi
Bilinmeyen Atatürk
Yüksel Mert - İsmail Çorbacı
Bilgelik Kitabı / Halil Cibran
Gelibolu Korsanı / Serkan Ertem
Allah Var Problem Yok! / Ferudun Özdemir
Sınav Psikolojisi / M. Hakan Alşan
Sensiz Kelimeler Sözlüğü / Adem Özbay
Işığı Arayan Çocuk / E. Ali Okur
Konuşmanızla Hipnoz Edin
Özlem Aktaş - İnci Aktaş
Dünya Kapısı / Ayşegül Kuşçu
Allah De Kalbim / Ferudun Özdemir
Yazmak ve Yaşamak / Nurettin Durman
Osmanlı'nın İstanbul Projeleri / Selçuk Alkan
Bilgece Yaşamak / Cuma Özusan
Aşka Gittim Dönmeyeceğim / Adem Özbay
Aşka Konan Pervaneler / Selçuk Alkan
Aşk Yüreğe Düşünce / E. Ali Okur
Engelleri Aşanlar / Turan Yalçın
Başarının Götürdüğü Yere Git / N. Fırat Eres
Yaşamını Bilgelikle Taçlandır / Taşkın Kılıç
Etkileyiciliğin Psikolojisi / Erhan Aydın
Osmanlı'yı Osmanlı Yapanlar / Mehmet Akbulut
Anne Baba Not Defteri / M. Hakan Alşan
Nasıl Başardılar? / Taşkın Kılıç
Aşkperest / Adem Özbay
Zihinsel Detoks / Şirin Kartal
Kuantum Tasavvuf / Yalkın Tuncay
Çanakkale Hakikatleri / Ulaş Salih Özdemir
365 Gün Life Is Beatiful / Ayşenur Bağmen
Sessiz Anzaklar / Serkan Ertem

Böyle Bırakıp Gitme Beni / E. Ali Okur
Pozitif Gelişim / Hakan Birol
Öğrenci Vitamini / Davut Tok
Çocuğumu İnternette Kaybettim / Kadir Akel
Kuantum Liderinin Hafızası / İlkay Tercan
Babayani / Ahmet Altay
Benim Adım Kadın / Salih Nurettin Çevik
Aşkçakal / Adem Özbay
Yazmak ve Yaşamak II / Nurettin Durman
Bulutlara Yazılmış Cinayetler / İsmail Ünver
Kafka'nın Böceği / Selçuk Alkan
Bir Tohum Ek İnsan Olsun / Adem Duran
Tarihimizde Az Bilinen Gerçekler / U. Salih Özdemir
Çaresizseniz Çare Sizsiniz! / Salih Nurettin Çevik
Ben'imle Barış / Hatice Kılınç
Komikçi Dükkanı / Erdoğan Oğultekin
Tebeşiir / Abdulfettah Nurs
Dilimdeki Güfte / Orhan Ender
Küçük Şifacı / Funda Akbulut
Dünyanın Sana İhtiyacı Var / Ahmet Rifat Sağlam
Öğrenciler İçin Nutuk / Yüksel Mert
Laf Lafı Açar / İsrafil Metin
Büyük Prens / Mikail Adıgüzel
Kuş Kıyısı / Belkıs Tunçay
Öyku Tepesi / Mehtap Altan
İğdeli Park / Selma Bayram
Yazma Sanatı ve Yazma Teknikleri / Selçuk Alkan
Gönül Hane / Yusuf Samet Çakır
Gülmek Bedava / Kader Güneş
Öğrenciler İçin Gençliğe Hitabe / Yüksel Mert
Es / Mehtap Altan
Ya Tutarsa / Erdoğan Oğultekin
Altın Kalpli İnsanlar Ülkesi / Taşkın Kılıç
Hediye Sensin / Hatice Kılınç Korkmaz

www.azkitap.com   az@azkitap.com   azkitap